**巴黎九大高级工商管理博士文库**
Executive DBA, Université Paris-Dauphine

# 品牌与企业
# 可持续发展关系研究

张涌森◎著

AN EMPIRICAL RESEARCH OF RELATIONSHIP
BETWEEN BRAND AND ENTERPRISE
SUSTAINABLE DEVELOPMENT

经济管理出版社
ECONOMY & MANAGEMENT PUBLISHING HOUSE

**图书在版编目（CIP）数据**

品牌与企业可持续发展关系研究/张涌森著. —北京：经济管理出版社，2017.7（2017.12重印）
ISBN 978-7-5096-5099-8

Ⅰ.①品… Ⅱ.①张… Ⅲ.①品牌战略—关系—企业经济—经济可持续发展—研究
Ⅳ.①F272

中国版本图书馆 CIP 数据核字（2017）第 112284 号

组稿编辑：高　娅
责任编辑：高　娅
责任印制：黄章平
责任校对：王淑卿

出版发行：经济管理出版社
　　　　　（北京市海淀区北蜂窝 8 号中雅大厦 A 座 11 层　　100038）
网　　址：www. E-mp. com. cn
电　　话：(010) 51915602
印　　刷：北京玺诚印务有限公司
经　　销：新华书店
开　　本：710mm×1000mm/16
印　　张：17
字　　数：283 千字
版　　次：2017 年 7 月第 1 版　　2017 年 12 月第 3 次印刷
书　　号：ISBN 978-7-5096-5099-8
定　　价：68.00 元

# 序一 成功企业家向成功企业思想家 转型的标志

## ——在《品牌与企业可持续发展关系研究》新书发布会上的讲话

我很荣幸来参加清华巴黎第九大学高级工商管理博士（EDBA）项目毕业生张涌森先生的《品牌与企业可持续发展关系研究》新书发布会。看着面前这本由经济管理出版社出版的十分难得的优秀专著，我由衷地欣喜。在此，我首先祝贺发布会的顺利召开，祝贺张涌森博士在自强不息的奋斗道路上取得的又一个丰硕成果！

张涌森博士的这本书是在他博士论文的基础上经过精心修改加工、大幅度充实提高而写成的。这篇论文在答辩时就受到中外教授的一致赞赏，获得了"最高荣誉"的评定，所以当这本书问世时，立即引起了不少的关注。我今天除了前来表示诚挚祝贺外，也想借此机会谈几点自己的感受。

首先，作为题外话，我想说，张涌森博士与清华有缘。

前两天，清华大学继续教育学院院长助理兼国际教育部部长卢志强博士给我打电话，邀请我参加张涌森博士的新书发布会。我和张涌森博士并不熟识，但听到名字总觉得比较亲切。为什么会如此，说不清楚。可能是我对清华大学—巴黎第九大学EDBA班素有感情，爱屋及乌。也可能是张涌森博士之前还在清华澳国立班读过硕士，而这个班从开始就有我的关注，还有可能都是江浙人士，浓浓的乡情使然。就在我脑海里盘旋"涌森"两个字时，我突然发现他的名字很有意思。"涌"，水大；"森"，树多。这不正好和"水木清华"的意境相契合吗？原来冥冥之中他和清华就有缘，所以让人有了"似曾相识燕归来"之感，同时也就不难理解他在清华大学的学习何以进步如此之大。当然这是半开玩笑，其实任何一个有志上进者，来到清华大学这个培育精英人才的摇篮，都有可能焕发出超人的智慧和才干。

其次，作为外行话，我想评论几句新书出版的意义。

第一，对张涌森博士本人，出版第一本学术专著，无疑是一件人生大事。这本凝聚了他多年心血的新书，是他胸怀大志、不懈追求的结果，是他坚持理论实践紧密结合的产物，是他从成功企业家向成功企业思想家转型的标志。他的理论研究跃上了新台阶，职业生涯登上了新高峰，确实可喜可贺。

第二，对清华大学—巴黎第九大学 EDBA 项目，意义也非同小可。巴黎第九大学高级工商管理博士文库第一本正式出版物的诞生，表明这个项目取得了重要的阶段性成果，因而具有里程碑式的意义。它向世人展示，项目的春天到来了。我记得这个项目的启动是在我退休之前，当时我很看好这个国际间强强合作的高层次学位教育课程。而首批学员入学时，我却已经退休。不过我仍然关注着项目的进展，而且还专门写了一篇《我为什么对清华大学—巴黎第九大学项目情有独钟》的文章。今天我很欣慰，这个项目一直在健康发展，不但没有让我们失望，而且还通过张涌森博士的新书向人们证明了它的巨大潜能和盎然生机。它"成就企业思想家"的宏伟目标正在一步步变成现实。

第三，也是最重要的，这本兼有理论与实际价值的新书，对处于经济转型升级关键时期的中国企业家，特别是中小企业家，有着重大的指导和启迪意义。这本书深入分析了企业品牌的内涵以及品牌与企业可持续发展的关系，提出了若干独到的创新性论点，这对广大企业家提高理论水平、拓展思路视野、造就品牌优势、增强企业可持续发展能力，是非常有帮助的。

"品牌"这个词，在中文里应算是改革开放后出现的新词。它原始的词形和词义就是产品的牌子。在英语的早期词典里，"Brand"的解释也几乎等同于"商标"（Trade Mark）。当然商标不完全是牌子，商标除了用文字表示外，还可以用图案做标识。如果某个牌子名气大、声誉好，可以说这个牌子是"Name Brand"而加以赞美。随着近代经济社会的快速进步，随着经济理论和企业管理理论的深入发展，随着人们对品牌作用认识的不断提高，品牌拥有了越来越丰富的涵义。"品"字已不只是"产品"的"品"，而应理解为产品或企业"品位"的"品"。它所传递的信息包含着人们对产品品质、企业信誉、顾客服务，乃至文化价值的综合评价和认知，因而品牌现在已经是一种具有市场地位和经济价值的无形资产。人们常说的品牌战略，显然已不再是简单的做广告宣传，而是成了一项和企业运作的方方面面都发生重要关联的系统工程。

在我国民间，有优质名牌、百年老牌、自主品牌等说法，分别从质量、声誉、可持续发展和创新能力等不同的角度，说明品牌的性质和在市场的影响力。但是对企业家而言，如果停留在这样的表述和理解水平上就显得肤浅和局限了。而且，如果说近年来企业家们对品牌的丰富内涵逐步有所感知的话，那么对于品牌与企业可持续发展能力之间的关系，可以说几乎还没有认识。因此我认为，张涌森博士的《品牌与企业可持续发展关系研究》这本书，对广大中小企业家是干旱之中的及时雨，是打开脑洞、转变观念的教科书，是激发更多人关注研讨并实践的引玉之砖。

最后，作为结束语，我想说几句不成熟的建议。

第一，品牌建设的长期性决定了品牌研究的长期性。建议张涌森博士把这次新书的出版作为深化学术研究的起点，而不是大功告成的终点。在当前互联网普及渗透、制造业转型升级、国际化环境变化、国内外政策调整等新的经济形势下，能锲而不舍，继续研究，对品牌塑造与可持续发展关系的新特点有进一步的分析。

第二，经济发展的时变性呼唤着相关教学的应变性。建议我们的教育培训机构，无论是学位教育还是非学历学位的培训研修，教学内容都要与时俱进。回顾清华大学继续教育学院十多年来的工商管理和企业经理培训，教学内容上大体有这样的变化过程：最初，主要是向西方现代理论学习。这在当时我国工商管理还十分落后的情况下是急需的。我们如饥似渴，有一种等米下锅的感觉。几年之后，随着社会上学习中国传统文化热潮的兴起，我们也增加了向东方古人智慧学习的内容。学员们增强了文化自信，有一种寻回失物的兴奋，也有相见恨晚的感叹。这两方面内容的学习都很重要，也很必要，但是它们又都有局限性，不能完全解决我们的问题。西方的理念和经验不能完全覆盖中国的国情，古人的智慧和韬略不能完全应对当前的现实。所以，我们现在的教育培训应该增补向当下先进实践学习的内容。所谓向当下先进实践学习，就是学习新思路、新做法、新经验。如果说我们当初第一阶段的课程特点是"洋为中用"，目标是"中西融会"，第二阶段的特点是"古为今用"，目标是"古今贯通"，那么现在就应该进入"知行合一"的第三阶段，目标是"务实创新"。我们学洋人，学古人，也学今人；学理论，学思路，还学实践。博采众长，努力去提升企业当下生存和未来持续发展的能力。

学习当下先进实践，包括学习同学、同事、同行的好点子和好举措，学习优秀企业的好经验和好成果，学习社会大众的好创造和好苗头，还包括总结提炼自己的实践经验或应用理论解决自己的实际问题。在张涌森博士的新书里，就有许多可以学习的当下先进实践。他所论述的企业品牌，与其说是一个理论问题，更不如说是一个实践问题。他书名的英文翻译用了"Empirical Research"这个词，也正好说明他的研究是以经验和实践为依据的。所以，张涌森博士的新书不妨拿来当作学习参考书，他书中作为样本的五个中国中小企业的生动案例不妨作为"解剖麻雀"的典型素材。其他涉及现实或实践的新书、新文章，在我们考虑课程设置和组织教学内容时，都应该纳入视野。我们要瞄准的是一个"新"字，我们要做的是帮助企业变成与传统企业不同的新的经济体，帮助企业家去当好新总裁。

一个企业只有不断求新，才能长盛不衰；一个教育培训机构也只有在教学内容上不断与时俱进，才能永葆魅力，培养出真正有用的人才。

第三，著书立说的艰巨性辉映着作者品格的坚毅性。建议清华大学—巴黎第九大学 EDBA 的同学们，无论毕业的和没毕业的，都向张涌森博士学习，不仅关注利润，而且关注理论；不仅力求企业发展，而且力求学术成长；不仅当成功的企业家，而且争取成为成功的企业思想家。人人立下志向，常有著述文章。巴黎第九大学高级工商管理博士文库不能只有一本书，它需要大家群策群力，为它添砖加瓦。希望不久的将来，这个文库变得丰富多彩，有声有色。犹如绚丽璀璨的百花园，又如优美浑厚的交响乐，美美与共，和而不同，达到最高的境界，呈现最美的景象。当然，同学们的写作不只是为了充实文库，说到底，也是为了在企业界互相交流，为了众人拾柴，为了给国家和民族以至给世界做一点贡献。

著书立说绝非易事，通往光辉顶点的必定是一条艰难崎岖的道路。但是只要我们像张涌森博士那样，有顽强拼搏的精神、坚韧不拔的毅力和精益求精的作风，"衣带渐宽终不悔，为伊消得人憔悴"，数年如一日，不懈地奋斗，那么，春天的挥汗播种耕耘，一定会迎来秋天的硕果和丰收的喜悦。

我希望张涌森博士新书的出版发行，能够一石激起千层浪，一花引来百花开，一马当先带动万马奔腾，在巴黎第九大学 EDBA 博士班中产生连锁反应，在我国的企业界产生积极正面的蝴蝶效应。

谢谢大家！

**胡东成**

清华校友总会副会长

原清华大学副校长

2017 年 7 月 1 日

# 序　二

品牌对于绝大多数中国的中小企业而言无疑是一件奢侈品！

虽然创业之初的企业家们都能够清醒地意识到，品牌为企业所带来的高附加值和超额收益是超乎想象的，但是，由于我们还处于市场经济的初级阶段，假冒伪劣盛行，任何人敢于在品牌建树方面大手笔投资建设，都觉得存在莫大的风险隐患。因此，不少急功近利的老板们都望品牌而却步，也算是一种理性的选择。但是，企业要想获得可持续发展，品牌战略则又是绕不过的必由之路。那么，如何才能通过品牌战略实施走出一条健康的可持续发展之路呢？这既是一个需要深入思考的理论问题，又是一个需要探索和实践验证的现实问题。

有关品牌的理论研究，国际上有诸多流派和观点。其中影响较大的有：品牌标志论（Room，1992）、品牌资源论（Aaker，1996；Doyle，2001）、品牌关系论（艾伦·亚当森，2007）、品牌价值论（*Finance World*，1994）和品牌财富论，等等。这些研究都从不同的理论视角刻画了品牌的特性和功能。对于我们来说也都有极其重要的理论借鉴意义。自从确立社会主义市场经济的改革方向之后，中国理论界也开始意识到品牌的重要性，但是由于舆论的误导和理论的偏颇，中国的品牌发展一度误入"名牌"的歧途。品牌战略也简化为广告宣传，品牌理论研究也限定在市场营销学的范畴而不能拓展。在这样的理论背景和舆论氛围中，中国的老板们在浮躁心态的驱动下把品牌发展理解成了"一夜成名好赚钱"，于是上演了一系列"秦池"、"爱多"等央视标王的或悲壮或滑稽的连续剧。有名无实，这是特殊历史阶段中国品牌发展名牌化的悲哀！细究起来，理论的浅薄和舆论的起哄则难辞其咎。

康德认为，凡定义一种对象，必先探究其本质。品牌的本质内涵是什么？自1992年以来的25年里，我的研究思路始终沿着这个方向在探索。拨开名牌论、品牌形象论、品牌无形资产论等笼罩在品牌上的重重迷雾，去除把品牌看得玄妙深奥、法力无边的神秘色彩，我们可以发现，品牌从根本上所代表的是产品品质、企业信誉和顾客价值，此三者才是品牌的本质。在信息越来越复杂且难以辨识的市场环境中，人们对产品的制造材料、工艺技术是否掺假、是否简化、是否有安全隐患均无从了解。一切都是雾里看花，水中望月，难以分辨哪些是真，哪些是假。面对纷繁复杂的信息，消费者对产品信息的搜寻成本远远大于收益，于是人们必须在一定的市场环境中通过对品牌产品的性能特点进行消费体验，得出产品质量和性能的可信任程度。因此，品牌所传递的就是关于产品和服务的品质，以及由此衍生出的企业信誉，进而是顾客愿意为该品牌的价值内涵所付出的货币购买力。从这个意义上，我一直坚守品牌的产品品质论和内在价值论。在战略管理层面，企业要实施品牌战略，其最终诉求也是要通过品牌建设，不断提升品牌竞争力，进而获得企业可持续发展的能力。至于品牌的知名度、美誉度和忠诚度，则是品牌传播中消费者从品牌认知到认同的信息强化过程。因此，品牌本质上是品质、是品格，甚至是商品和服务提供者品德的人格化体现。

认识的真知源于实践。品牌与其说是一个理论问题，毋宁说是一个实践问题。企业如何通过品牌塑造获得可持续发展的能力？张涌森先生在钱江弹簧品牌的塑造方面所积累的成功实践，使他在这方面更有理论探索的资本。钱江弹簧创建于1983年，创始人张涌森以"世上本无路，走的人多了，也就成了路"的勇气，在自己家里创办了一家弹簧加工的小作坊（典型的个体户），历经风雨，不断摸索，积累了弹簧制造的基本技术。1988年初冬，在杭州市有关部门的支持下，他以800元为本钱，请了8个工人，在钱塘江北岸租来的三间农舍里，创办了钱江弹簧厂。这成为杭州市首批试点的8家民营企业之一。虽然起步低，条件简陋，但张涌森相信只要认真去做，把产品当人品去做，把好质量关，小产品也有大市场。当初的张涌森凭借着市场直觉意识到做企业必须要做品牌才有发展的出路。于是在钱江弹簧创办之初，就想着去工商局注册"钱江"这个商标。有了注册商标，就有了品牌发展的基础。钱江弹簧在品牌发展方面无疑走出了一条正确的道路，即注重产品品质，不断提升技术标准，保证满足客户要求，赢得市场口碑。

作为一名浙商，张涌森先生秉承了好学、爱研究的传统精神。在经商的过程中，除了全力以赴参与各项生产经营活动外，张涌森先生还积极学习，强化自己并回馈社会，这其中包括以优异的成绩完成香港财经学院MBA和澳大利亚国立大学的科技创新管理双硕士研究生、获得巴黎第九大学工商管理博士最高荣誉学位、踊跃参加各项企业社会责任活动，以及以讲师和辅导员身份帮助其他同行和年轻创业者，正确地认识品牌和可持续发展的实践路径。学习是浙商的一种生存和传承方式。张涌森先生通过自身的努力，激励他人学习，推动中国中小制造企业和实体经济发展，成为真正意义上的企业思想家。在他看来，成功的企业家，不仅仅关注企业的利润，更重要的是建立企业诚信和美誉度及勇于承担企业社会责任，以开阔的心灵和视野，融合东方智慧和西方商业理念，才能帮助企业转型升级，从量变到质变。

在本书中，张涌森先生以经营者的经验和学者视角，利用多个不同类型的生动案例，并以丰富和具有启发性的案例分析角度，深入浅出地解析各项影响企业品牌和可持续发展的关键要素与其相互间的关系。在撰写案例的过程中，张涌森先生收集了大量的第一手资料，其中很多内容披露了创业者的初心和动机，也体现了创业者的坚持和对客户、产品、质量和创新的执着。对于读者来说，这无疑是一大宝库。"前人之失乃后人之师"，在前人无止境的探索中铺就的，有成功，有失败，由此为后人积累了丰富的经验教训，无形中起到了推动经济和社会发展的作用。通过张涌森先生的案例分析，读者可以将学习型的生存方式，融入转型升级的具体实践中去，为中国中小制造企业实现可持续发展提供一个个激发人心的生动案例。

我和张涌森先生结缘于清华大学—巴黎第九大学联合培养的工商管理博士（EDBA）项目。我作为巴黎第九大学的特聘教授，为该项目的博士生讲授《可持续发展研究》高端课程。张涌森先生作为首届 EDBA 的博士生，全程聆听了这门课程，并积极参与具体问题和案例的讨论。由于我们两人对品牌的关注都是从产品品质、企业信誉和追求可持续发展的角度来认知的，所以理论观点高度契合。课程讲授一结束，他就决定要以"品牌与中小企业可持续发展关系研究"作为其博士论文的选题，并诚恳邀请我做他的论文导师。能"得天下英才而教之"，对我而言也是求之不得的好事，所以就慨然允诺。从此我们开始一起研究品牌的本质内涵和发展规律、品牌之于中国广大中小企业健康发展的意义，讨论真正影响品牌竞争力的内在因素，建立品牌与企业可持续发展的分析模型。

对于博士论文，除了选题和文献基础，我的要求主要是规范性、严谨性和深刻性。立足于培养博士生的理论思维和抽象能力，使其能透过纷繁复杂的现象探究事物的本质，进而发现其内在规律，用于指导具体的管理实践。张涌森先生的博士论文做得很扎实。他的理论视野开阔，研究问题精准。仅文献综述就能够围绕主题，从中小企业发展、品牌理论、企业竞争力理论、企业可持续发展研究，以及品牌竞争力、企业社会责任和企业可持续发展的相关关系研究等领域展开深入的文献搜索和研究述评。在研究方法上，他立足于扎根理论，从案例的典型调查入手，把问卷调查和高端访谈结合起来，获得了大量的第一手资料，并经过信度和效度检验，为理论分析建立了很好的原始数据资源基础。他对于理论研究的严谨、认真和一丝不苟，使他的论文写作完全符合我提出的规范性、严谨性和深刻性的要求，预答辩即获完全通过。即使如此，他仍然按照做产品的精益求精精神，对论文进行各方面的精细加工和打磨，甚至一个措辞、一个标点符号的运用欠妥都不放过。正所谓"功夫在诗外"、"实践出真知"，张涌森先生能在学术上取得这样的成就，其实是以他艰苦创业、严谨精进、立足品牌发展和可持续发展的经营思路作基础的。正是有了这样深厚的实践基础作保证，对于问题的认知和讨论才有底气，研究结论才经得起检验。最终，答辩委员会给他的论文答辩以"最高荣誉"（Highest Honor）获得通过，是对他严谨认真的研究工作的最高褒奖。

清华大学—巴黎第九大学的工商管理博士项目，以"成就企业思想家"为目标。我不敢说张涌森先生经过这三年多的努力就已经是企业思想家了，但至少在品牌建设和企业可持续发展的战略思路方面，他将不会继续在黑暗中摸索了！如今，他把自己的博士论文进一步修改加工，充实提高，形成了这部凝聚自己汗水心血、思想心得和理论认知的书稿，算是对自己理论研究工作的一个总结。同时也为读者奉献出了一个中国企业家的一份心智。在中国经济面临转型升级的历史关口，如何通过品牌战略引领企业获得可持续发展的新路径，本书所透射出的理论认知和管理智慧，无疑会对中国的企业家和高层管理者有所启迪！

是为序。

**张世贤**

中国社会科学院工业经济研究所研究员

中国社会科学院研究生院教授，博士生导师

清华大学—巴黎第九大学工商管理（EDBA）博士项目特聘教授，博士生导师

2017 年 4 月 12 日

# 前　言

中国中小制造企业自主品牌建设的认知度，随着竞争环境的变化变得尤其重要。中小制造企业品牌优势体现在企业综合竞争力上。同时，企业的创新能力、产品和服务质量、企业诚信及文化内涵对企业品牌又起到了重要作用。优质企业品牌建立在企业承担社会责任的品牌信誉（客户忠诚度）上，同时企业社会责任又是保障企业可持续发展的基石。品牌与企业可持续发展两者相互依存，相互制约，缺一不可。品牌的好坏直接影响着企业的发展，好品牌具有市场地位，企业要发展，离不开企业品牌的竞争，品牌推动着企业发展。

本书以定性案例分析为指导，以五个中国中小制造企业为样本，主要采用建构性解释（Explanation Building）分析法，使用逻辑模型（Logic Models）和跨案例分析（Cross-case Analysis）为辅助分析。按照界定的命题和假设为前提，笔者运用演绎方法探讨品牌和企业可持续发展的相关关系或因果关系。笔者通过资料的收集、统计和分析来验证提出的理论主张（理论假设），并通过对假设的证实或证伪来解释概念间的各种关系，解释在个案中发现的现象及其产生原因。案例研究对清华大学—巴黎第九大学工商管理（EDBA）博士项目来说是非常合适的。首先，笔者利用丰富的管理经验对案例整体性提问（Holistic Inquiry），并得出归纳性的结论。其次，笔者认为多案例研究能够提供较好的理论发现基础和普及性应用。

本书属于多案例（Multiple Case）研究，以中国中小制造企业为样本对象，选取有代表性的企业（年收入超过 1 亿元，拥有自主品牌 10 年以上，占有市场份额超过 20%）来进行案例内分析（Within-case Analysis）和跨案例分析（Cross-case Analysis）。案例数据来源包括实地记录（Field Note）、档案记录（Archives）、访谈（Interview）、直接观察（Observation）、参与性观察（Partici-pant Observation）和实物证据。本书将利用不同种类的证据来源相互补充、相互印证，形成"测量三角形"（Triangulation）类似的效果，从而提高案例研究结论的有效性或正当性（Validity）和可靠性（Reliability）。最后，由于案例研究是实证性社会研究的一种，所以笔者以建构效度、内在效度、外在效度和可靠度这四种检验来评定案例研究的规范性和严谨性。

本书的核心发现有以下几点：

第一，质量是品牌重要的内在因素。质量是创建名牌产品和服务的基础。中国制造与国际名牌相比，最明显的差距就在质量上。随着科技的进步、市场竞争激化和消费需求的变化，质量内涵不断演进和发展。产品品质有了更丰富的内涵，包括产品的功能、特点、市场可信度、服务满意度等诸多方面。

第二，技术是企业可持续发展的重要内在因素。科技创新是品牌建设最直接和最有效的途径。企业科技投入决定着企业品牌质量和综合竞争力。质量的形成依赖于技术和知识的集约，一个品牌的技术和知识集约化程度越高，它的科技含量就越高，同时由于有巨大的科技力量的支撑，企业能够不断开发研究出新的品牌或产品。

第三，创新是企业竞争力的重要内在因素。创新特别是持续创新是企业面临的重要问题。其中，技术创新、管理创新和商业模式创新无疑是影响企业竞争力和可持续发展的重要因素。创新已经成为中国传统产业转型升级的必由之路，中国企业要在全球竞争中真正脱颖而出，必须依靠创新。

第四，市场占有率是品牌竞争力的重要内在因素。品牌竞争力是指品牌在竞争环境中所表现出来的一种区别或领先于其他竞争对手并支持自身持久发展的市场力量，从而提高企业获得市场占有率和超值利润的能力。有竞争力的品牌不一定有超值利润，但肯定有市场占有率。

第五，品牌竞争力和企业竞争力是重要的调节因素。品牌竞争力是品牌和企业可持续发展的调节变量。好的品牌不一定能保证企业可持续发展，还需要品牌有竞争力，才能为企业创造价值。因此，只有有竞争力的品牌才能为企业可持续发展提供动力。

第六，品牌和企业可持续发展是相辅相成、相互影响的。品牌和企业可持续发展具有密切的相关关系。品牌是质量的保证和信誉的基础，品牌做得好，企业的抗风险能力、融资能力、基于社会责任的美誉度、可持续发展能力等都会有很大的提高。企业的持续运营能力可以对品牌竞争力做出最好的诠释，持续运营和创新是企业品牌生命活力的源泉。企业的可持续发展离不开品牌的建设，也离不开技术和管理的创新，品牌建设重要的是品质保障与企业诚信，更重要的是企业核心骨干与员工的稳定。

　　笔者综合本书的发现和启示，帮助政府、企业家及学者更好地理解品牌和企业发展的相互关系，从而提高中国中小制造企业对品牌建设和价值观的重视度，为品牌创建规划及品牌价值管理等政府政策、管理决策和未来研究方向提出建议。笔者指出研究方法的机理及其明显特点，评价其较过去方法的优越之处。此外，笔者也对本书方法的不足之处，尤其是某些实验条件未能控制之处，以及明显的缺点也做了说明。

　　笔者认为本书还有三个局限：第一，在本书研究过程中，需要对我国中小制造企业品牌建设的历史进行回顾和总结，但我国中小制造企业品牌建设的相关资料不多，加之篇幅有限，因此未能作出更多阐述。第二，需要考虑"互联网时代"以及中国制造业转型升级的现实情况，对中小制造企业品牌建设提出对策，要真正做到这一点，难度是相当大的。第三，作为专著，虽然在课题基础上对章节增加了理论分析，但理论的原创性仍感不足，学术水平也有限。为了促进中小制造企业品牌建设的进一步发展，笔者愿同大家一起，继续关注这方面的问题，努力在理论和实践的结合上深化这一课题。

# 目　录

# 第一章　引　言

## 第一节　研究背景

与欧美制造企业的全自动化和质量控制相比，中国制造企业以劳动力成本低和区域市场为优势，主抓眼前利益，较少考虑长期发展规划。由于中国中小制造企业自身资金和资源限制，加上对品牌价值的认识不足，导致许多中小制造企业在品牌建设过程中存在以下几个方面的困惑和问题：

（1）普华永道在《2011 年中国企业长期激励调研报告》中指出，中国中小企业的平均寿命仅有 2.5 年。部分有意识建立自主品牌的中小制造企业往往面对规模小、实力弱、管理松、资金少、人才缺及企业文化观念上的障碍。平均寿命短及中小制造企业自身问题导致投入品牌建设和维护能力有限，中国中小制造企业从贴牌到打造自主品牌成功的寥寥无几。

（2）品牌建设和维护需要长期投入。除了资金成本投入，品牌的提升和维护还需要持续创新、关系维护、企业文化、品质保证、诚信运营等。实际上许多中国中小制造企业还是依赖于贴牌加工生产、管理及成本核算简单、人力资源配置低端及资金投入量少。设计研发、生产工艺、原辅材料和运行成本等都来自于委托方。所以导致许多中小制造企业不愿意在自主品牌建设和维护上投入心血，缺乏品牌意识。

（3）除品牌意识和建设能力外，中国中小制造企业还面对许多客观条件。从微观分析来说，中小制造企业品牌建设和维护需要不断地在设计研发、生产技术、产品质量、管理制度和营销模式上创新。企业创新需要人才、资金、知识和技术积累，这是中国中小制造企业面对的瓶颈。

从宏观分析来说，中国中小制造企业缺乏良好的商业环境支持，媒体的不客观报道、政府缺乏知识产权保护执行力、企业商誉侵权和危机处理能力、社会信誉体系建立不健全、农村消费群体缺乏品牌意识等导致中小制造企业在维权和品牌保护方面有心无力，对品牌建设缺乏动力。

# 第二节 管理实践中提出的问题

2009 年，《商业周刊》评选世界品牌 500 强的排行榜中入围的中国品牌仅占 15 席，入围前 200 强的更是只有 6 家企业，包括中国移动（第 63 位）、中国中央电视台（第 65 位）、海尔（第 104 位）、联想（第 129 位）、中国工商银行（第 198 位）、国家电网（第 199 位）。在这 6 家企业里面，国有企业占有 4 个席位，换句话说，自由竞争的中国企业入围世界品牌 500 强前 200 强的仅有海尔与联想两家民营企业。好的品牌必然有品牌竞争力。2012 年，中国社会科学院和中国市场学会品牌管理委员会联合发布了《中国企业品牌竞争力指数报告》。这次发布的 16 个行业企业品牌竞争力指数报告，分别对各行业品牌竞争力总体竞争态势、指数排名、指数评级以及品牌价值排名等有关问题进行了研究，对各行业的企业分别按照区域和省份经济分区进行了分析，对入选企业品牌从财务表现力、市场竞争表现力、品牌发展潜力和消费者支持力四个方面进行综合分析，并对提升企业品牌竞争力提出策略建议。

在《中国企业品牌竞争力指数报告》发布会上，中国社会科学院经济学部主任陈佳贵针对我国经济发展、产业升级以及品牌强国战略发表了重要讲话。陈佳贵认为随着中国经济登上全球经济的大舞台，越来越多的中国企业开始在国际经济舞台崭露头角。伴随着中国经济加入全球经济一体化的进程，品牌竞争将呈现国际化、激烈化的趋势。品牌不仅是企业的立身之本，是市场竞争的利器，也是衡量一个国家经济实力和发展潜力的重要标志。只有不断提升中国企业的品牌竞争力，才能更好地应对跨国公司的挑战与竞争，真正实现中国制造向中国创造的转变。中国自主品牌发展还很薄弱，与中国在世界经济贸易中的地位还很不相称。中国虽然每年新增几十万个品牌，但品牌生命周期平均不足两年，并且由于缺乏核心技术的知识产权，自主品牌的附加值偏低，对 GDP 贡献率不足 20%。这使得有无品牌差别不大，品牌仅仅体现为一个商标。现实表明，中国企业在加强竞争力、进行战略性品牌管理方面还没有一个标准化的、持续的基础性参考指标。提升中国企业品牌竞争力，建立科学、客观、系统的品牌管理体系已迫在眉睫。中国品牌竞争力到底存在什么问题？

张世贤（2007）提出了困扰品牌竞争力的八个方面的问题，这包括：品牌缺乏足够的市场影响力、品牌不具备消费的征服力、品牌创新能力的缺失、品牌缺乏抗风险能力、品牌的融资能力有限、品牌的产业整合能力低下、品牌的国际化能力弱以及品牌的可持续发展能力堪忧。陈佳贵强调，中国企业经历了这么多年的发展，虽然已经涌现出一批国际知名自主品牌，如华为、海尔、联想、比亚迪等。然而，我国企业在品牌建设上还存在着很大的随意性，难以形成有效的品牌形象，真正发挥品牌优势。近年来，许多优秀的民族品牌被外资企业并购而最终陨落，如美国吉列收购南孚、法国 SEB 收购上海红心和浙江苏泊尔、联合利华收购中华牙膏、雀巢收购太太乐、强生收购大宝……中国企业的品牌建设形势不容乐观，品牌建设和维护品牌竞争力已经成为中国企业提升竞争力的头等大事。为什么要研究企业品牌竞争力和企业持续发展，这是两个看似孤立但又息息相关的概念？

虽然目前国内外学者对品牌的内涵，甚至是名牌价值计量进行了大量研究，但是在对品牌和企业持续发展的研究上却是孤立的、分开的。很多研究显示，品牌是企业可持续发展的综合能力表现，但系统地对两者之间的关系研究却是比较缺乏的。品牌竞争力指数（CBI）虽然可以反映企业的品牌拥有区别于其他竞争对手或在行业内能够保持独树一帜、能够引领企业发展的独特能力，但影响企业持续发展的因子有很多，这包括产品质量、生产科技、企业文化、管理规划、市场营销、战略执行和风险管控等。从企业不死（即持续发展）的观点来看，品牌确实为企业抗风险、危机处理和人才聚集方面提供了一定的保障。金碚谈到对品牌的理解时举例，"3·15"期间，中央电视后曝光了诸如麦当劳的负面消息，但骂而不倒，如果换作一个中国企业那就是灭顶之灾了。这就是品牌的作用，中国有多少企业能做到这样呢？因此，通过扎根理论案例研究方式，尤其是对中国中小制造企业在品牌建设的困惑和其价值导向，定性研究其自变因素和可控因素，可以为中国管理者解开品牌竞争能力和企业可持续发展之谜。

# 第三节　研究目的和价值

中国中小制造企业品牌竞争力和企业可持续发展研究，可以帮助政府、企业家及学者更好地理解品牌和企业发展的相互关系。通过本案例研究结果，笔者希望能帮助政府了解中国中小制造企业的品牌建设和企业发展状况，从而为整合社会资源、辅导企业自主品牌建设和引导企业可持续发展提出新的观点。同时，企业家通过对品牌和企业发展的研究和分析，可以发现企业自身在品牌运营方面的优势和劣势，从而有针对性地加强对品牌资产的培育和利用，增强企业品牌竞争力和企业生命力。本书的研究结果还可以提高中国中小制造企业对品牌建设和价值观的重视度，理性投入品牌创建的条件和成本，合理规划及管理品牌价值在企业发展各阶段的投入、评价、分类、选择、取向、创造、演进及管理等一系列重要决策。最后，学者可以通过品牌竞争力指数了解中国中小制造企业的品牌困惑和发展状况，从而提出更深入的实证研究课题和范畴。

# 第四节　本书结构和内容安排

本书主要分为六大部分：

第一部分为引言。主要阐述了问题提出的现实背景、相关理论上的空缺、拟解决的问题，提出研究的预期目标以及采用的研究方法，最后对行文的逻辑框架、技术路线、具体研究内容以及拟创新点和潜在贡献进行说明。

第二部分为文献综述。对国内外有关品牌发展、企业竞争力和可持续发展研究的既有成果进行梳理，主要涉及对中国中小制造企业发展、企业品牌、企业品牌竞争力以及企业可持续发展相关概念界定、机理分析、测评体系、模型及方法论等研究领域展开综述，从中得到一些启示，也发现一些欠缺。针对困扰中国中小制造企业的品牌、品牌竞争力和企业可持续发展理论解释力的不完善，笔者提出了五个前沿性的研究方向。

第三部分为理论框架。提出核心研究问题、相应的核心理论、理论框架及研究假设。本书以定性案例分析为指导，以五个中国中小制造企业为样本，主要采用建构性解释（Explanation Building）分析法，以使用逻辑模型（Logic Models）和跨案例分析（Cross-case Analysis）为辅助分析。例如，笔者的理论主张（理论假设）是品牌竞争力能帮助企业提高和延伸企业生命力。以界定的命题和假设为前提，笔者运用演绎方法探讨品牌和企业可持续发展的相关关系或因果关系。笔者通过资料的搜集、统计和分析来验证提出的理论主张（理论假设），并通过对假设的证实或证伪来解释概念间的各种关系，解释在个案中发现的现象及其产生原因。

第四部分为方法论。主要阐述了案例研究所要采用的研究设计、研究理论和编码等内容。首先，笔者阐述选择案例研究对 EDBA 来说是非常合适的理由，通过笔者的丰富管理经验对整体性的要求，来得出归纳性的结论。其次，笔者认为多案例研究能提供较好的理论发现基础和普及性应用。笔者随后阐述了本书属于解释性案例研究（Explanatory Case Study）的意义，研究目的是通过中国中小制造企业的实际案例研究来解释品牌竞争力和企业可持续发展的关系。本书属于多案例（Multiple Case）研究，以中小制造企业为样本对象，选取有代表性的企业（年收入超过 1 亿元，拥有自主品牌 10 年以上，占有市场份额超过 20%），来进行案例内分析（Within-case Analysis）和跨案例分析（Cross-case Analysis）。案例数据来源包括：实地记录（Field Note）、档案记录（Archives）、访谈（Interview）、直接观察（Observation）、参与性观察（Participant Observation）和实物证据。本书将利用不同种类的证据来源相互补充、相互印证，形成测量三角形（Triangulation）类似的效果，从而提高案例研究结论的有效性或正当性（Validity）和可靠性（Reliability）。最后，由于案例研究是实证性社会研究的一种，所以笔者将以构建效度、内在效度、外在效度和可靠度这四种检验来评定案例研究的规范性和严谨性。

第五部分为案例研究。笔者阐述了案例分析过程、相应的理解与诊断、内部案例及跨案例分析发现。本书共采用了五个案例（笔者自身企业、EDBA 同学企业和朋友企业）作为研究对象，在案例内分析部分，笔者阐述了该案例样本的企业基本情况、该案例样本处在行业的市场分析、该企业的历史和运营情况、关键发展历程、品牌建设内涵和发展路径、企业可持续发展核心理念、品牌和可持续发展关系以及该案例样本反映的理论框架论证和补充。而跨案例分析部分，笔者主要阐述了跨案例共性发现和启发以及跨案例特殊发现和启发。

第六部分为讨论和结论。讨论案例分析结论以及局限，并对未来研究方向提出意见。本章首先对全书研究结论和潜在贡献进行总结。其次在理论分析和实证研究成果的基础上提出管理启示和政策建议，从技术创新、企业核心竞争力、企业品牌定位、品牌竞争力、品牌资产和企业可持续发展等方面提出具有实际意义的管理启示，从政府、企业和学界三位一体的企业品牌塑造和可持续发展工程，将品牌建设作为中国中小制造企业转型升级可持续发展的新路径，中国创造及中国品牌将成为未来中国经济发展主题等方面提出政策性意见和建议。最后分析本书存在的问题，明确未来研究的发展趋势以及进一步的研究领域。

# 第二章　文献综述

## 第一节　中小制造企业研究

中小企业（Small and Medium Enterprises），又称中小型企业，它是与所处行业的大企业相比，人员规模、资产规模与经营规模都比较小的经济单位。此类企业通常可由单个人或少数人提供资金组成，其雇用人数与营业额皆不大，因此在经营上多半是由业主直接管理，受外界干涉较少。

不同国家、不同经济发展的阶段、不同行业对中小企业界定的标准不尽相同，且随着经济的发展而动态变化。各国一般从质和量两个方面对中小企业进行定义，质的指标主要包括企业的组织形式、融资方式及所处行业地位等，量的指标则主要包括雇员人数、实收资本、资产总值等。量的指标较质的指标更为直观，数据选取容易，大多数国家都以量的标准进行划分，如美国国会 2001 年出台的《美国小企业法》对中小企业的界定标准为雇员人数不超过 500 人，英国、欧盟等在采取量的指标的同时，也以质的指标作为辅助。

中小企业划型标准规定是我国根据《中华人民共和国中小企业促进法》和《国务院关于进一步促进中小企业发展的若干意见》（国发〔2009〕36 号）制定的。根据规定明确中小企业的企业类型，完善企业制度和收税标准的规定。2011 年 7 月 4 日，工信部等四部门联合发布《中小企业划型标准规定》。中小企业划分为中型、小型、微型三种类型，具体标准根据企业从业人员、营业收入、资产总额等指标，结合行业特点制定。工业类规定从业人员 1000 人以下或营业收入 4000 万元以下的为中小微型企业。其中，从业人员 300 人及以上，且营业收入 2000 万元及以上的为中型企业；从业人员 20 人及以上，且营业收入 300 万元及以上的为小型企业；从业人员 20 人以下或营业收入 300 万元以下的为微型企业。

## 一、中国中小企业的经营问题

近几年，由于劳动力、资金、原材料、土地和资源环境成本不断攀升，人民币总体处于升值通道，中国已经逐步告别低成本时代。对于依赖成本驱动，并处于全球产业链低端的中小企业而言，做实业变得越来越难，特别是面对发达国家再工业化的新趋势，中小企业将面临新的冲击。

事实上，中小企业感到实业难做的一个重要原因是，传统制造业利润被成本上涨因素抵消殆尽。改革开放以来，中国经济保持了高速增长，其中农村劳动力转移和劳动人口占比持续上升，这不仅为中国经济发展提供了充足的劳动力供给，也通过高储蓄率保证了资本存量的不断增加。但这一增长动力在 2010 年之后开始弱化。2010 年前后，中国东南沿海出现了低端劳动力供给紧张的问题，制造业成为用工荒的重灾区，随后一些中部地区，如湖南、河南等农村劳动力的流出省份，也出现了用工紧张的现象。

中小型企业在国民经济中处于重要地位，提供分散式高覆盖用工需求，正逐步成为发展社会生产力的主力军，在农村经济中处于主体地位，也是大型企业不可缺少的伙伴和助手。①

## 二、中国中小型企业的经营特点

第一，中小企业由于自身规模小，人、财、物等资源相对有限，既无力经营多种产品以分散风险，也无法在某一产品的大规模生产上与大企业竞争，因而，往往将有限的人力、财力和物力投向那些被大企业所忽略的细小市场，专注于某一细小产品的经营来不断改进产品质量，提高生产效率，以求在市场竞争中站稳脚跟，进而获得更大的发展。

第二，大企业往往难以满足市场某些小批量的个性化需求。中小企业作为个体普遍存在经营品种单一、生产能力较低的缺点，但从整体上看，由于量大、点多，且行业和地域分布面广，它们又具有贴近市场、靠近顾客，机制灵活、反应

---

① 张茉楠. 小企业应以全球来应对全球 [EB/OL]. 中证网，2013-09-13。

快捷的经营优势，因此，利于适应多姿多态、千变万化的消费需求。

第三，产品的小型化、分散化生产为中小企业的发展提供了有利条件。在新技术革命条件下，许多中小企业的创始人往往是大企业和研究所的科技人员或者大学教授，他们经常集治理者、所有者和发明者于一身，对新的技术发明创造可以立即付诸实践。

第四，中小企业往往面对抵御经营风险的能力差、资金薄弱、筹资能力差的普遍问题。由于资金积压在原材料及中间材料库存，中小企业自有资金如公积金、保留利润等被大量用于扩大再生产、基本建设等投资，造成流动资金在很大程度上依赖银行。但是据不完全统计，中小企业贷款申请遭拒率达56%。[①]

### 三、中国中小制造企业的经营特点

第一，中国中小制造企业是通过地理上的产业聚集，即依据外部分工和专业化协作来获得规模经济效应。例如，在外界印象中以中小企业为主导的浙江经济发展，它的一个重要背景就是立足于一乡一品、一县一品乃至一市一品，将许多同类企业的生产经营活动集中在某一地区进行，因而使这些企业的生产成本、交易成本随着整个地区产业规模的扩大而不断降低，经济效益大大提高，有效地构成了其在国内和国外市场的竞争能力，逐步形成具有产业特色的地区规模经济，从而有力地带动地方经济发展。

第二，中国中小制造企业与大型企业通过分工和专业化建立稳定而密切的协作关系，成为大规模、集中化生产体系的组成部分，这样既有利于改进专业化生产技术，保证产品质量，又可以使中国中小制造企业降低生产经营成本，获得规模经济效益；另外，大型企业的发展也离不开为其提供零部件生产和服务的中国中小制造企业。例如，国内主要汽车主产区几乎都建立了汽车产业园区，被当地政府确认且具有一定规模的已超过30个，如一汽集团、二汽集团、上汽集团、广汽集团、北汽集团、重庆长安汽车、河北长城汽车、芜湖奇瑞汽车、浙江吉利汽车等。中国汽车产业园区是企业或政府为促进汽车产业的充分发展、实现聚集效应、增进产业联系、学习及快速发展而规划的专业化产业区，是汽车产业发展

---

① 中国网（2013）博鳌亚洲论坛 2013 年中小企业发展论坛，2012 年 12 月 27 日；建设工程教育网（2010）中小企业财务管理现状分析及对策研究，2010 年 5 月 4 日。

的一种空间布局和专业化产业环境，以整车厂为核心，中小配件企业为辅助的产业生态环境。①

# 第二节　品牌理论研究

20 世纪 50 年代至今，品牌理论研究大体经历了四个阶段：

（1）品牌概念理论阶段（20 世纪 50 年代至 80 年代），提出了品牌概念和特征。

（2）品牌资产理论阶段（20 世纪 80 年代末至 90 年代），主要以品牌资产理论的提出为标志。

（3）品牌关系理论阶段（20 世纪 90 年代末至 21 世纪初），主要以品牌关系理论的深入研究为标志。

（4）品牌社区理论阶段（21 世纪初至今，主要以品牌社区理论，即品牌用户之间可以建立有组织的社交关系，为研究主要方向。

## 一、品牌概念论

品牌概念理论阶段是品牌学理论的最初形成阶段，首先，侧重于从品牌的定义、命名、标识、商标等方面对品牌的内涵和外延进行规范研究；其次，从塑造角度提出了许多具有战略性意义的品牌理论，如独特销售主张理论、品牌生命周期理论、品牌形象理论、品牌个性理论、品牌定位理论、品牌延伸理论等。

早期学者推崇品牌个性理论观点，并以提高广告效果创造销售为目标。瑞夫斯（Reeves，1962）提出的独特销售主张理论（USP）。该理论有三条原则，即通过每则广告都向顾客提出同一个主张，但这个主张必须是竞争对手所不能或不曾提出的，并且必须有足够的促销力来打动顾客。其中，寻找产品或服务的独特是 USP 理论的根本。20 世纪 90 年代，广告发展到品牌至上时代。瑞夫斯重新审视 USP，继承并发展了这一理论，即 USP 的创造力在于揭示一个品牌的精髓，并强

---

① 清华总裁班（2015）"中小企业的发展战略选择"。

有力地证实此品牌的独特性。

1955 年，Burleigh B.Gardner 和 Sidney J. Levy 在《哈佛商业评论》上发表了第一篇有关品牌的论文《产品与品牌》，在这篇文章中已经隐含着把品牌作为生命体的认识，从而开创了品牌个性理论的启示。他们认为：品牌的发展是因为品牌具有一组能满足顾客理性和情感需要的价值，品牌的创建要超越差异性（Differentiation）和功能主义（Functionalism），它应该注重开发一种个性价值（Personality）。美国营销协会（American Marketing Association；AMA）在 1960 年将品牌定义为："品牌系指一个名称（Name）、语词（Term）、标志（Sign）、象征（Symbol）以及设计（Design），或是上述各项的组合，以借此辨识出一个或一群销售者的产品或服务，进而与竞争者的产品或服务有所区别"。在期初阶段，品牌被认为是使某种产品和服务能够区别于其他产品和服务的名称、标识和其他可展示的标记而已，学者对品牌的认识也仅局限于企业层面。

国内外学者普遍认为品牌是有生命周期的。品牌生命周期理论最早由布鲁恩（Bruhn M.，1979）提出，并指出品牌生命周期由六个阶段组成：品牌的创立阶段、稳固阶段、差异化阶段、模仿阶段、分化阶段和两极分化阶段。著名营销学家菲利普·科特勒（Philip Kottler，2002b）认为，应该用产品生命周期概念加以分析，即品牌也会像产品一样，经历一个从出生、成长、成熟到最后衰退并消失的过程。英国学者琼斯（Jones，1999）对上述传统的品牌生命周期理论作了较为深入的实证研究，研究结果发现，传统的生命周期理论存在以下缺陷：①品牌发展过程并不完全遵循成熟后必衰退的规律；②品牌的生命周期是一个自我实现的概念，而不是一个自然生长的概念；③产品可能会过时，但品牌不一定会随产品而进入衰退期；④品牌生命周期学说往往会诱导企业不恰当地将旧品牌向新品牌转移，造成真正的资源损失。在此认识的基础上，琼斯（1999）对品牌成长发展的过程作了进一步的深入研究，认为品牌发展过程应分为孕育形成阶段、初始成长周期阶段和再循环阶段。中国学者普遍认同品牌具有生命及生命周期的说法，并做了一定的补充。潘成云（1999）认为，品牌生命周期可分为品牌的市场生命周期和品牌的法定生命周期。陆娟（2002）认为，品牌进入成熟期后并不意味着绝对的衰退，因此也不赞同品牌会严格遵循生命周期的过程。

Ogilvy（1963）提出的品牌形象（Brand Image）理论。该理论有三个原则，即随着产品同质化的加强，消费者对品牌的理性选择减弱；人们同时追求功能及情感利益，广告应着重赋予品牌更多感性利益；任何一则广告，都是对品牌形象的长期投资。成功的典型案例是大家熟知的万宝路（Marlboro）和可口可乐品牌形象。

随着对品牌内涵的进一步挖掘，20 世纪 60 年代，美国 Grey 广告公司提出了品牌性格哲学，日本的小林太三郎（1957）提出了企业性格论，从而品牌个性理论（Brand Character Theory）逐渐形成。该理论认为：①品牌个性是特定品牌使用者个性的类化；②品牌个性是其关系利益人心中的情感附加值；③品牌个性是特定生活价值观的体现。

Trout 和 Ries（1972）提出品牌定位理论，该理论有三条法则，即聚焦法则、牺牲法则和延伸法则。定位的概念最早是从解决品牌市场传播效率的角度提出来的，定位的概念就由单纯的传播方法演变为对产品或品牌进行战略管理，增加品牌资产的一种系统管理工具。定位的本质是让品牌在顾客的心智阶梯中占据最有利位置，使品牌成为某个类别或某种特性的代表品牌。品牌定位方法主要有三种，即抢先占位、关联定位、为竞争对手重新定位。

1979 年，Tauber 发表重要论文品牌授权延伸，新产品得益于老品牌之后，作为现代品牌经营的一个重要领域。品牌延伸是将著名或成名品牌使用到与原产品或现有产品不同的产品上，它是企业在推出新产品过程中经常采用的策略，也是品牌资产利用的重要方式。品牌延伸在越来越多的企业得到广泛应用。然而它却像把双刃剑，在帮助企业走向成功的同时，也蕴含着巨大的风险。品牌概念理论阶段主要学派的研究发现和影响如表 2-1 所示。

**表 2-1　品牌概念理论阶段主要学派的研究发现和影响**

| 发表时间 | 主要研究成果 | 研究理念、贡献和影响 |
|---|---|---|
| 20 世纪 60 年代 | 瑞夫斯（1962）提出的独特销售主张理论<br>Gardner 和 Levy（1955）发表的第一篇品牌专业性论文《产品与品牌》，提出的情感性品牌和品牌个性思想<br>美国营销协会（1960）对品牌的定义，强调了品牌作为一个实体，以识别一个卖方的商品或服务区别于其他卖方的其他特征 | 开始时主要是个体生产者拥有消费品品牌利用广告刺激消费。主要在广告方面突出了品牌的宣传，有了新的管理方式，即品牌由职能部门管理 |

续表

| 发表时间 | 主要研究成果 | 研究理念、贡献和影响 |
|---|---|---|
| 20 世纪 60 年代 | Ogilvy（1963）提出的品牌形象理论<br>20 世纪 60 年代，美国 Grey 广告公司提出了品牌性格哲学，日本的小林太三郎提出了企业性格论，从而品牌个性理论逐渐形成 | 许多企业开始尝试实施品牌管理系统，特别是消费品企业，重塑品牌忠诚，品牌管理和品牌营销在市场营销中的地位和作用充分体现了出来，有学者开始对品牌管理理论进行研究 |
| 20 世纪 70 年代 | Trout 和 Ries（1972）提出的品牌定位理论。"Positioning（定位）不是什么您做对产品，而是针对人心采取的行动。也就是说，根据潜在购买者的想法定位产品。"<br>Tauber（1979）在发表的论文《品牌授权延伸，新产品得益于老品牌》中，首次提出了品牌延伸的思想问题<br>布鲁恩（1979）提出的品牌生命周期理论，即品牌生命周期由品牌的创立、稳固、差异化、模仿、分化以及两极分化等 6 个阶段组成 | 自此，市场营销人员开始运用定位技术在目标市场上构建产品、品牌的形象以及企业身份，开始关注那些会影响潜在购买者感知的因素。定位营销同样是一项相对于竞争者的市场技术。典型的定位营销工具包括感知图（Graphical Perception Mapping）、市场调研（Market Surveys），以及其他一些统计技术 |
| 20 世纪 80 年代 | Tauber（1988）、Boush（1987）等学者对品牌延伸理论的构建。这些研究主要集中在消费者对原品牌的态度、原有品牌与延伸品牌的关系、品牌联想对延伸品牌的影响、消费者评价延伸产品的过程、品牌延伸对原品牌的影响、品牌延伸对市场份额和广告效率的影响等方面 | 一系列的理论研究认为品牌的强势度与产品相关性是决定品牌延伸成功的两个核心要素。其中品牌强势度受到品牌感知度、定位度和知名度三个因素影响，而产品相关性受到具体产品相关度和受众相关度两个因素影响。但也有学者品牌应该是专门化，不应该将品牌延伸到一个新产品上去。一个知名品牌的确立，它依赖于消费者对于产品（品牌）的认知和在长期使用中逐渐建立的对该品牌的信赖感，这种认知和信赖是消费者在使用产品的过程中通过亲身体验而获得的，最后品牌便依附消费者对产品的体验的无意识归纳得以存在 |

资料来源：笔者整理。

## 二、品牌资产论

品牌资产理论阶段是品牌概念学理论的深化发展阶段，主要包括品牌权益资产及价值的理论、管理和运作模型三个方面的内容。品牌权益（资产、价值）理论。20 世纪 80 年代末 90 年代初开始，品牌权益（资产、价值）理论研究成为新的、重大的学术热点领域。目前，在国外文献中，存在品牌资产（Brand Asset）、品牌权益（Brand Equity）和品牌价值（Brand Value）等几个与品牌资产有关的概念。品牌资产是从资产分类的财务会计角度对品牌的静态描述，属于结果性概念；品牌权益描述的是品牌资产形成的动态过程以及各个影响因素之间的相互作用，属于过程性和关系性概念；而品牌价值是从哲学和经济学本源上描述品牌资产能够存在的根本原因，为品牌资产和品牌权益的研究奠定理论基础，属于原因性概念。

美国营销科学研究院：品牌资产是指"品牌的顾客、渠道成员和母公司等对于品牌的联想和行为集合，这些联想和行为使品牌可以获得比在没有品牌名情况下更多的销售量或利润，并赋予品牌超过其竞争者的强有力的、持续的和差异化的竞争优势"（Keller，1998a）。Farquhar（1989）认为，品牌资产是指"对企业、经销商或消费者而言，品牌所赋予产品的附加价值"。Aaker（1991）认为，品牌资产是指"与品牌（包括品牌名和品牌标识）联系在一起的一系列资产或负债，它们可以增加或减少产品或服务本身提供给企业或顾客的价值"。Brodsky和Geis（1991）认为，品牌资产是指"与新品牌相比，由于成年累月的营销努力让品牌享受的销售和利润效应"。Srivastava和Shocker（1991）认为，"品牌资产可分为品牌实力和品牌价值。前者是指品牌的顾客、渠道成员和母公司等对于品牌的联想和行为集合，它使品牌享有持续的和差异化的竞争优势。后者是指品牌管理者通过战略及战术行为以杠杆品牌实力所产生的能提供优异的当期及未来利润并降低风险的财务结果"。

品牌咨询公司Market Facts认为，品牌资产是指"人们继续购买品牌的意愿。为此，品牌资产的测量与忠诚度密切相关，需要测量从品牌的坚定忠诚者到三心二意者的各类用户"（Keller，1998）。Smith和Park（1992）认为，品牌资产是指"体现在品牌交易中，因成功的营销规划与行动而产生的可测量的金融价值，它们为产品或服务增值"。品牌资产委员会认为，品牌资产是指"品牌向消费者提供的可拥有的、可信的、相关的、独特的承诺"（Keller，1998b）。Biel（1993）认为，"品牌资产可视为将产品或服务冠上品牌名之后，所产生的额外现金流。按经济术语来定义，品牌资产是一种超越生产、产品、所有有形资产以外的价值"。诚如Winters（1991）所说，如果让10个人去定义品牌资产，那一定会得到10种甚至11种不同的答案。

品牌权益已成为品牌领域中使用最广泛但歧义也最多的概念之一。其中，美国市场营销科学研究院（MSI）、Farquhar（1989）、Aaker（1991，1995，2000，2004）、Kamakura和Russell（1991）、Keller（1993，1998a，2002）、Park和

Srinivasan（1994）、Kapferer（2010）等学者的定义最具代表性。该领域的研究，主要集中在对品牌权益的形成机理及其测评上，即以探究品牌权益的构成要素及相互关系为出发点，寻找隐藏在品牌资产的经济价值后面的本质驱动因素。这类方法关注的是品牌权益形成的原因和过程，偏重对品牌与顾客的相互影响进行定性研究。主要的核心文献包括，如 Y&R（Brand Asset TM Valuator）、Total Research（Equity Trend TM）等咨询公司开发的以管理决策为导向的测评方法，Pitta 和 Katsanis 的《九十年代品牌资产管理计划》，艾克（1991，1995）的品牌权益五星模型和品牌资产十要素模型（Brand Equity Ten），Keller（1993，1998）基于消费者的品牌权益模型（Customerbased Brand Equity）等。

品牌价值研究主要集中在从经济学本源上描述品牌资产的使用价值和价值。其中，使用价值表现为它具有识别功能、竞争功能和增值功能，价值包括成本价值和增值价值。而缺乏从价值哲学的高度出发，探讨品牌价值的本质、评价、分类、选择、取向、创造、演进及管理等一系列的系统问题。该领域的研究代表有 Arvidsson（2005）、Turkel（2006）、Lehu（2006）等学者。

品牌权益（资产、价值）管理理论。随着对品牌权益、资产和价值概念及其理论研究的深入，人们认识到，为保证品牌权益、资产或价值的有效形成和长期发展，必须设专门的组织和规范的指南进行管理。为此，品牌权益、资产和价值管理理论研究应运而生。这方面的主要研究成果有：Aaker（1991）的《管理品牌权益》、Kapferer（2010）的《战略品牌管理：创造和测评品牌权益的新方法》、Keller（1998a，2002）的《战略品牌管理》及论文《品牌报告卡》（2000）、Davis 的《品牌资产管理：通过自主品牌驱动利润增长》（1999，2002）、Nilson（1998）的《竞争性品牌塑造：通过增加品牌价值赢得市场地位》、Hill 和 Lederer 的《无限的资产：管理品牌以建立新价值》（2001）、Ellwood（2002）的《品牌必备书：100 余种增加品牌价值的技巧》、Mozota（2004）的《设计管理：使用设计以建立品牌价值和公司革新》、Haig（2004）的《品牌忠诚：世界品牌 100 强如何繁荣和生存》、Durkin（2005）的《忠诚的优点：使公司、消费者和品牌富有活力的必备步骤》、Lehu（2006）的《品牌维护：如何通过对品牌的保护、强化和增加价值以防止品牌衰老》、Turkel（2006）的《建立品牌价值：利润传递的七个简单步骤》等。

品牌权益（资产、价值）管理运作模型。在上述品牌权益、资产和价值管理理论研究的基础上，实践界特别是咨询界，围绕如何做好品牌权益（资产、价值）管理实践，提出了不少运作模型，例如奥美的品牌管家（Brand Stewardship）、萨奇的全球品牌策略、电通的品牌传播、达彼思的品牌论（Brand Wheel）、智威汤逊的整体品牌建设（Total Branding）等。总体来说，在此阶段，品牌开始上升为公司战略和管理中重大的新兴领域。

兰能（Lannon，1994）后来发展了上述观点，并利用人类学来探索品牌作为一种象征性手段所增加的价值。Alvin A. Achenbaum（1993）认为，"使一个品牌与无品牌的同种产品相区别并使该品牌具有净值的是消费者对产品特征、产品功能、品牌名称以及名称所代表的意义和使用这一品牌的公司的总体感觉和知觉"。Keller K.L.（1998）认为，"品牌是一个可感知的存在，植根于现实之中，但映射着个人的习性"。从切纳瑞和麦克唐纳（Chernatory、McDonald，1998）对品牌所下的定义中也能透视出品牌生命的认识。大卫·A. 艾克（1993，1998，2000）甚至提出了品牌群落的概念。

Leventhal（1996）指出，"品牌除了是由产品及服务所提供的有形及无形利益外，它还包括了完整的消费者经验以及传达此经验有关的资产"。而陈伟航（2003）则指出，品牌会渗透人心，因而形成不可泯灭的无形资产，品牌资产的妥善运用可以给企业带来无穷的财富。韩志锋（2008）认为，品牌是企业内在属性在外部环境中创造出来的一种资源，它不仅是企业内在属性的外部环境集中体现出来的（外化的）有价值的形象标志，而且因为其能整合企业外不同资源对企业内在属性发展产生反作用，它更是一种资源。美国营销学权威菲利普·科特勒2002进一步分析认为，"品牌是一种或一组为了辨认某个销售者区别于竞争者的产品和劳务的名称、名词、标记、符号或设计。品牌拥有文化象征、个性特征、利益、属性、价值体现、用户暗示等六层含义"。Biel A. L.（1993）认为，品牌资产是一种超越生产、商品及所有有形资产以外的无形资产，其带来的好处是可以预期未来的进账远超过推出具有竞争力的其他品牌所需的扩充成本。

总的来说，按品牌资产理论，品牌化的新定义是一个价值的集合，可实现独特且受欢迎的体验的承诺，一个标识体系，用符号代表市场营销网络中的意义。具体来说是一系列的外部市场营销（作出承诺）、互动市场营销（履行承诺）、内部市场营销（实现承诺）无形承诺的关联关系。品牌从来没有一个统一定义，但是一个在不断演变的系列背景和视角下可以观察得到的现象。在此阶段，品牌开

始上升为公司战略和管理中重大的新兴领域。品牌资产理论阶段主要学派的研究
发现和影响如表 2-2 所示。

表 2-2 品牌资产理论阶段主要学派的研究发现和影响

| 发表时间 | 主要研究成果 | 研究影响 |
| --- | --- | --- |
| 20 世纪 80 年代末 90 年代初开始 | 品牌权益研究主要集中在对品牌权益的形成机理及其测评上,即以探究品牌权益的构成要素及相互关系为出发点,寻找隐藏在品牌资产的经济价值后面的本质驱动因素 | 当时西方许多国家都面临着经济不景气,企业不得不采取各种方法降低成本提高利润,广告费成为被削减的对象,企业频繁使用以降价和促销为重点的营销方式,虽然促进了短期销售的增长,但却损害了品牌形象和企业长期发展的利益。广告学界认为这样做是非常危险的,为了提醒企业重视品牌对于企业长期发展的重要作用,避免价格促销对品牌所造成的负面影响,于是提出了品牌权益这个概念 |
| 20 世纪 90 年代末 21 世纪初开始 | 品牌资产研究主要集中在品牌资产财务价值评估,也就是品牌资产的价格评估上 | 品牌资产是 20 世纪 80 年代在营销研究和实践领域新出现的一个重要概念。20 世纪 90 年代以后,Aaker(1991)、Kapferer(2010)、Keller(1993)等逐步提出并完善了基于消费者的品牌权益(Customer Based Brand Equity)概念 |
| 20 世纪 90 年代末 21 世纪初开始 | 品牌价值研究主要集中在从经济学本源上描述品牌资产的使用价值和价值。其中,使用价值表现为它具有识别功能、竞争功能和增值功能,价值包括成本价值和增值价值 | 价值理论的多样化,使得品牌价值被赋予了不同的内涵。根据劳动价值理论:品牌价值是品牌客户、渠道成员和母公司等方面采取的一系列联合行动,能使该品牌产品获得比未取得品牌名称产品有更大的销量和更多的利益,还能使该品牌在竞争中获得一个更强劲、更稳定、更特殊的优势 |

资料来源:笔者整理。

### 三、品牌关系论

品牌关系理论阶段是品牌学理论的全面发展阶段,除在品牌概念和资产理论进一步创新、完善和相互渗透之外,主要包括品牌关系和品牌竞争力理论、品牌塑造方法、战略性品牌管理理论、范畴性品牌理论(源于品牌的外延不断扩展)及其他新兴品牌思想等几个方面的内容。

20 世纪 90 年代中期以来,随着对营销认识逐渐由职能论、交易营销向过程论、关系营销的转变和对品牌权益(资产、价值)形成机理的深层反思以及受新兴战略管理理论(如利益相关者、组织生态系统等)的交叉渗透,学术界开始出现了以品牌关系为研究中心的热潮。纵览品牌关系理论的研究范式和发展历程,大致可概括为两类型、三阶段和五层面,即物理型品牌关系和生态型品牌关系,传统品牌关系阶段、深层品牌关系阶段和生态型品牌关系阶段,品牌与产品/市

场之间的关系层面、品牌与相关品牌之间的关系层面、品牌与顾客或利益相关者之间的关系层面、品牌与资源之间的关系层面、品牌与环境之间的关系层面。其中，前两个阶段的思想根源，主要是基于物理的片面思维和视角。

传统品牌关系阶段认为，品牌关系是品牌与产品、市场，或品牌与顾客之间的关系。第一个方面的文献很多，如传统标识、商标、品牌延伸、品牌定位和品牌起源等理论；第二个方面的核心文献包括：Webster（1992）、Mokenna（1997）和 Gordon（1998）的关系营销论，Schultz 和 Barnes（1997, 1999）的战略品牌传播理论，Peppers 和 Rogers（1993）的客户关系管理，Blackston（1992）的品牌关系概念模型，Fournier 和 Yao（1997）的品牌关系分析架构，Blattberg 和 Deighton（1996），Rust、Lemon 和 Zeithaml（2001）的客户资产论，Vaidyanathan 和 Aggarwal（2000）的品牌关系交往规范研究，卢泰宏、周志民（2003）的品牌关系指数模型，McAlexander、Schouten 和 Koenig（2002）的品牌社群理论模型等。

深层品牌关系阶段认为，除传统观点外品牌关系应是品牌与顾客或利益相关者，或品牌与相关品牌之间的关系。第一个方面的核心文献包括：Duncan 和 Moriarty（1998）的品牌价值范畴概念和整合营销模型，Chernatory（2000）的企业品牌和利益相关者关系论，Sartain 和 Schumann（2006, 2009）的品牌与员工关系论；Shin Kwang Yong（2013）的整合营销传播战略思想，Foley 和 Kendrick（2006）的品牌——利益相关者均衡关系理论等。第二个方面的核心文献包括：Aaker 和 Joachimsthaler 基于单个企业的品牌群概念（1995）、品牌识别理论、品牌关系谱和品牌结构模型（2000），Aaker（2004）的品牌组合战略 Hill 和 Lederer（2001）基于企业生态系统的品牌组合分子模型，Blackett 和 Boad（1999）的品牌联合思想等。

生态型品牌关系阶段认为，品牌关系是品牌与品牌化事物或市场、相关品牌、顾客或利益相关者、资源、环境之间的关系体系。核心文献包括：Davidson（1997）的品牌冰山概念；Winkler（1999）的品牌生态环境思想；王兴元（2000）的名牌生态系统学说；张锐和张焱（2003）提出的品牌生态概念、品牌生态系统结构模型、品牌生态管理思想、生态型品牌关系框架模型等；陈云岗（2004）的品牌资源构成模型、品牌环境构成模型；以及营销学中的环境论等。

Michael Perry 认为，品牌是消费者如何感受一个产品，它代表消费者在其生活中对产品与服务的感受而滋生的信任、相关性与意义的总和。Gracia、Bakker

和 Grau（2011）认为，品牌就是一种类似成见的偏见，成功的品牌是长期持续地建立产品定位及个性的结果，消费者对它有较高的认同。Duncan T. & Moriarty S.（1997）提出用知名度、可信度、一致性、接触点、同应度、热忱心、亲和力、喜爱度八个指标来评价消费者与品牌之间的关系。古德伊尔则将品牌发展划分为非品牌阶段、参考型品牌阶段、个性化品牌阶段、偶像化品牌阶段、公司型品牌阶段和政策性品牌阶段六个阶段来解释消费者与品牌之间的关系。王新新（2000）认为，品牌是一种关系性契约，品牌不仅包含物品之间的交换关系，而且还包括其他社会关系，如企业与顾客之间的情感关系。苏晓东（2003）认为，品牌是一种复杂的关系符号，它包含了产品、消费者与企业三者之间的关系总和，基于这个认识从而架构了 720 度品牌管理系统（Brand Management System）。

詹姆斯·摩尔（James F. Moore）在 1996 年出版的《竞争的衰亡：商业生态系统时代的领导与战略》中提出商业生态系统时代概念，他认为任何企业或者组织都必将与其所生存的商业环境之间相互影响、相互作用。在商业生态系统时代概念的基础上，越来越多的学者从生态系统的角度展开了对品牌创建和管理的全新视角的研究。Aaker（1996）首次将生态学的种群概念引入品牌理论的研究中，明确地提出了基于单个企业品牌系统的品牌群概念，并指出这是品牌研究的一个全新视角；Agnieszka Winkler（1999）提出了品牌生态环境的新概念，并指出品牌生态环境是一个复杂、充满活力并不断变化的有机组织的论断。

在国内，品牌生态说一经提出便引起了强烈的研究兴趣。孙成章（1996）的《现代企业生态学概论》是国内最早有关生态思想在经济管理中应用研究的著作。王子平等（1996）在《企业生命论》中系统地提出了企业生命的内涵、组织等新思想。王玉（1997）的《企业进化的战略研究》，系统研究了企业的进化特性及其机制。品牌具有生命及生命周期的说法在国内学术界也得到了普遍认同。学者潘成云（1999）将品牌生命周期分为品牌的市场生命周期与品牌的法定生命周期。王兴元（2000）提出了名牌生态系统的概念和理论，并系统探讨了名牌生态系统的竞争与合作、名牌生态系统的诊断与评价、演化过程及运行机制、结构及利益平衡等相关问题。张焱（2003）则提出了品牌生态系统、品牌生态管理和品牌生态学等一系列概念。品牌关系理论阶段主要学派的研究发现和影响如表 2-3 所示。

**表 2-3　品牌关系理论阶段主要学派的研究发现和影响**

| 理论学派 | 主要研究成果 | 研究影响 |
|---|---|---|
| 传统品牌关系阶段 | 品牌关系是品牌与产品/市场，或品牌与顾客之间的关系，第一个方面的文献很多，如传统标识说、商标说、品牌延伸理论、品牌定位和品牌起源理论等 | 品牌关系的研究开拓了人们对品牌的视野和理解。传统的品牌管理以产品和交易为中心，强调品牌资产；品牌关系管理以顾客为中心，强调顾客资产。品牌资产强调产品销售、吸引顾客和与顾客进行交易；顾客资产强调顾客超过产品，强调关系超过交易，强调保持顾客超过吸引顾客 |
| 深层品牌关系阶段 | 除传统观点外品牌关系应是品牌与顾客/利益相关者，或品牌与相关品牌之间的关系 | 品牌价值和各利益相关者之间的研究是借用人际关系互动的观察方法，从信息形成态度的角度出发，把品牌关系态度互动转化为品牌与消费者的信息互动。祁顺生和廖鹏涛（2006）在谈到企业品牌与顾客的关系时说："企业品牌不仅是以企业名称命名的品牌，它同时也是企业自身的代表，有着产品、文化和市场价值的不同角度的内涵。" |
| 生态型品牌关系阶段 | 品牌关系是品牌与品牌化事物/市场、相关品牌、顾客/利益相关者、资源、环境之间的关系体系 | 一个真正的品牌或名牌是一个公司的整体努力，即从所有利益相关者和相关品牌出发的全方位事业，决非仅仅停留在客户关系管理、关系营销、整合营销传播等层面上。生态型品牌关系的概念，其实质就是经营品牌生态系统中的各种互动关系网络。生态型品牌关系可以分解为企业品牌与相关品牌、利益相关者、资源和环境等四类关系的集合，它们共同构成生态型品牌关系的框架体系 |

资料来源：笔者整理。

## 四、品牌社区论

　　品牌社区理论阶段是基于无线通信网络发展的品牌社会学全新发展。品牌社区定义为"品牌用户之间可建立有组织的社交关系，这些品牌用户的亲密关系、历史和文化来源于对该品牌的消费"（Muniz & O'Guinn，2001）。围绕某种产品或服务形成的社区（Schouten & McAlexander，1996）是消费社群对品牌的共同体验关系。当代品牌社区学认为必须在消费者之间建立联系（Arnould & Price，1983），社会联系可能比产品或服务本身更重要（Cova，1999）。品牌社区的三大标志：类群意识、道德责任和共同的习惯和传统。Schau H. J.、Muñiz A. M.和Arnould E. J.（2009）认为，"品牌社区的习惯做法创造价值"，提出品牌社区协同创造价值的过程，并指出按照四个主题组合将品牌社区内的 12 个习惯做法进行分类，这些做法有助于消费者实现超出公司创造或期望价值之外的价值。图2-1 为 Dauphine EDBA 课程关于品牌社区的关系图。

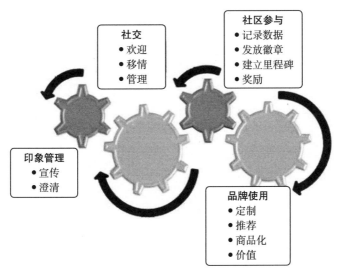

**图 2-1　品牌社区关系**

资料来源：Dauphine EDBA 营销研究课程。

# 第三节　企业竞争力研究

波特（Michael Porter，1980）从强势竞争力的角度将竞争力概念界定为："企业竞争优势，是指一个公司在产业内所处的优势位置。"对竞争力比较权威的论述是 WEF（1985）的定义：企业的竞争力是"企业目前和未来在各自的环境中以比它们国内和国外竞争者更有吸引力的价格和质量进行设计、生产并销售货物以及提供服务的能力和机会"。1994 年又进一步将这一概念发展为："一公司在世界市场上均衡地生产出比其竞争对手更多财富的能力。"通过梳理文献我们发现，国外对企业竞争力的研究主要有以下三个学派：

第一，资源学派。以 Wemerfelt（1984）为主要代表的资源学派认为，"资源差异能够产生收益差异，企业间资源差异的存在导致企业竞争优势差异，企业具有的价值性、稀缺性、不可复制性以及企业能以低于价值的价格获取的资源是企业获得持续竞争优势以及成功的源泉，企业竞争力就是企业独有的特殊资源"。

第二，能力学派。该学派认为能力的差异是企业持久竞争优势的源泉，强调以企业生产经营行为和过程中的特有能力为出发点，制定和实施企业竞争战略。关于能力学派的学说较多，通常可以概括为三类：组织能力学说、核心能力学说和流程能力学说。其中核心能力是企业竞争力理论的核心内容。该理论创始人Prahalad 和 Gary Hamel（1990）认为企业的竞争优势根本源于企业具有的核心能力（Core Competence）。他们把核心能力（又称核心竞争力）定义为"组织中的累积性学识，特别是关于怎样协调各种生产技能和整合各种技术的学识"。核心能力是企业技术和技能的综合体现，是企业的整体能力渗透在企业的组织中，其他企业难以模仿，具有持久性，可形成企业持续竞争优势。

第三，市场结构学派。该学派的创始人及代表人物是 Michael Porte。他侧重于企业外部市场结构的分析，认为一个企业获得竞争力优势的前提是研究它所在行业的竞争结构，企业要获得竞争优势在于如何在产业竞争环境中确定竞争战略及其如何实施，其主要观点可概括为三个方面：一是五力模型。一个企业的竞争力是相对它所处行业的其他厂商而言的。培育并形成企业竞争力必须考察本行业及行业以外的因素。他提出驱动产业的五种基本竞争作用力：进入威胁、替代威胁、买方砍价能力、供方砍价能力及现有竞争对手的竞争。二是三种基本战略。企业可以采取不同的方法抗击五种竞争力量，但主要有三种基本战略：总成本领先战略、差异化战略、目标集聚战略。三是价值链与企业竞争优势。波特引入价值链作为分析企业竞争优势来源的基础工具。他将企业创造价值的过程分解为一系列互不相同但又相互关联的经济活动，其总和即构成企业的价值链，每一项经营管理活动就是这一价值链上的一个环节，竞争者之间价值链的差异是企业竞争优势的一个关键来源。

（1）竞争力理论，主体分为优势理论和技术创新理论。优势理论起源于对国际贸易理论的研究，其经历了"绝对优势理论—比较优势理论—竞争优势理论"三个阶段，优势是竞争力理论的基础，所以优势理论也成为竞争力理论的基础。

1）绝对优势理论：绝对优势理论起源于亚当·斯密（Adam Smith）的《国富论》一书，该理论认为，每个国家都有适用于自己的绝对有利于某些产品的生产条件，这种商品在价格上占有绝对优势，从而使得每个国家都按有利于自己绝对优势的生产条件生产产品然后进行交换，即进行国际贸易，这种绝对优势是区位的成本优势。根据这种理论，没有绝对优势的地区就不会进行国际贸易，这与事实显然不符，由此说明了绝对优势理论的不足。

2）比较优势理论：比较优势理论从产生到发展经历了三个阶段，大卫·李嘉图（Ricardo D.，1817）为代表的古典比较优势理论、赫克谢尔和俄林（H-O）理论、里昂惕夫之谜和新要素理论。大卫·李嘉图为代表的古典比较优势理论认为，即使一个国家没有具有低成本的产品，但仍然可以进行国际贸易，即通过出口有比较优势的商品和进口比较劣势的商品来获取利益，这就对亚当·斯密无法回答的问题进行了解释，李嘉图认为比较优势来源于劳动生产率的相对差异，但劳动生产率的差异并不是唯一的来源，如自然资源等也有影响，但是他并没有对各国的劳动率和生产成本会存在相对差异的原因进行深入研究。赫克谢尔和俄林（H-O）理论认为不同国家的同种商品在生产函数相同的情况下，比较优势产生的根源是各国生产要素禀赋相对不同，即不同商品的生产在使用要素密集形式上的不同。由此各国应该利用自己有利的生产要素，输入本地稀缺要素并生产需要的商品，输出本地相对丰富廉价的生产要素的商品，因此一国占主导地位的生产要素的比较优势决定了该国的贸易结构和产业竞争力。在亚当·斯密和大卫·李嘉图的贸易理论中，都把劳动看作是唯一的生产要素，而技术是外生变量，而 H-O 理论则认为劳动并不是唯一的生产要素投入，但他们在生产规模不变和完全竞争的市场结构方面的看法是一致的。随着规模经济的引入、技术进步和国际资本流动的变化，H-O 理论已不适用于这种动态竞争力的变化。舒尔茨（Schultz Theodore W.，1956）提出的人力资本论认为，人力资本的积累是创造社会财富的源泉，人力资本是影响产业竞争力的重要因素。美国经济学家波斯纳（M. A. Posner）在《国际贸易与技术变化》一文中提出，胡弗鲍尔（G. A. Hufbauer）等对技术差距理论（Theory of Technological Gap，1961），又称模仿与创新理论进行了完善，他们认为，某一国家在技术创新上获得突破后，在其他国家尚未掌握这一技术之前，就与其他国家有了技术差距，并依靠这种先进技术生产的产品，只要外国的仿制品尚未进入市场，该产品就具有较强的国际竞争力。由基辛（D. B. Kessing）人力资本理论、雷蒙德·弗农（Vernon Raymond，1966）《产品周期中的国际投资与国际贸易》等理论中提出的研发要素论认为，研究与开发费用越高，产业的国际竞争力越强，研发是影响产业国际竞争力的重要因素。

3）竞争优势理论：迈克尔·波特（Michael E.Porter）在 20 世纪 90 年代初出版的《国家竞争优势》一书中提出了竞争优势理论。迈克尔·波特认为，自然资源禀赋差异是潜在的比较优势，竞争优势才是各国的现实优势，是以比较优势为基础的多种要素的综合结果。比较优势强调在国际贸易中产业互补的关系，而竞争优势则强调产业替代的关系。区域比较优势和竞争优势共同构成区域综合竞争力。迈克尔·波特还指出一国的产业竞争力主要取决于生产要素、需求条件、相关产业与支持性产业、企业战略、企业协同、同业竞争等关键因素。

（2）技术创新理论：约瑟夫·熊彼特（J. A. Joseph Alois Schumpeter）是技术创新理论的创立者，他认为经济增长过程就是不断打破经济均衡状态的过程，只有进行技术创新才能打破这种均衡状态，而创新就是要建立一种全新的生产函数，或者改变原有的生产函数。创新的形式主要包括开发新产品、新要素、新市场、运用新方法和改变企业组织形式。哈德·门茨继承并发展了熊彼特的技术创新理论，他认为，技术创新推动经济发展的生命周期性波动，并根据 1740~1960 年技术创新变化的资料推出每次技术创新都会产生新的产业部门，继而推动经济增长。经济增长具有周期性，总会由繁荣进入衰退阶段如此反复，而每次经济危机都需要技术创新来打破才能推动经济发展。

## 一、核心竞争力论

1989 年，Gary Hamel、C. K. Prahalad 和 Yves. L. Doz 在《哈佛商业评论》上发表的 "*Collaborate with Your Competitors—and Win*" 一文中指出企业产品的质量和性能是决定企业竞争力的短期因素，而在长期，培育新产品的核心技巧，即企业的核心竞争力将是决定性因素。

Hamel 和 Prahalad 在首次提出核心竞争力时指出，它是"组织中的积累学识，特别是关于如何协调不同的生产技能和有机结合多种技术流派的学识"。他们认为，核心竞争力是组织边界范围内的沟通、投入和对工作的深深承诺，是集体学习，并将核心竞争力划分为技能和技术两个维度。该定义表述简单，仅仅关注了核心竞争力和生产制造之间的关系，目光较狭窄，但是却使核心竞争力受到了学术界和企业界的高度关注。

Leonard-Barton（1992）认为，核心竞争力是使公司区别于其他公司，并对公司提供竞争优势的一种知识群，是一种行动能力，是一个组织能力长期形成专有能力，从而为顾客提供价值的关键所在。该观点从知识与技能、管理体系、技术系统、价值观和规范四个维度出发，体现了核心竞争力的制度化关联、专有性、提供价值持久性等主要特征。

Henderson 和 Rebecca Cockburn（1994）在文章中指出，核心竞争力是元件能力（资源、知识技能、技术系统）及构架能力（合成能力、管理系统、价值标准、无形资产）的组合。将核心竞争力关注的焦点转移到了元件能力和构架能力，表明每个核心竞争力都是独一无二的。以 Gallon（1995）为代表的学者认为，核心竞争力是一个组织竞争能力因素的协同体，反映在职能部门的基础能力、SBU 的关键能力和公司层次的和谐能力。这一观点重视了公司的基础结构能力，强调了影响组织竞争能力的各个因素之间的协同关系。1996 年，Foss 又提出了新的观点，他认为，核心竞争力不仅是组织资本也是社会资本，它们使企业组织的协调和有机结合成为可能。该论点从组织资本和社会资本的角度入手，揭示了核心竞争力有价值、异质、不能模仿、难以替代的重要特征。

刘世锦和杨建龙（1999）认为，就具体的企业而言，并不是每种竞争力都同样重要，企业竞争力中那些最基本的，能使整个企业保持长期稳定的竞争优势、获得稳定的超额利润的竞争力，就是企业的核心竞争力。核心竞争力是企业获得长期稳定的竞争优势的基础，是将技能、资产和运作机制有机融合的企业组织能力，是企业推行内部管理性战略和外部交易性战略的结果。

程杞国（2000）则提出了企业核心竞争力是由核心产品、核心技术和核心能力构成的，它使企业能在竞争中取得可持续生存与发展的核心能力。他首次将核心竞争力划分为硬核心竞争力和软核心竞争力，前者包括核心产品、核心技术等，后者则主要包括经营管理能力。从核心竞争力的逻辑结构层次出发，王毅等（2000）认为，企业核心能力是蕴藏于企业所涉及的各个层次（包括经营环境、企业、学科、技术、产品、核心子系统等层次），由能力元和能力构架组成的、能使企业获得持续竞争优势的、动态发展的知识系统。该理论不仅有助于我们研究国有企业经营管理的基本规律问题，也有助于企业有效地管理核心能力的建立、提高和应用，成功地向基于能力的竞争范式过渡。

通过对核心竞争力的特征的分析，许正良和王利政（2003）发现，现有三个层面上的能力具备了这五个特征，即企业文化力、学习力和创新力。并认为这三力对于企业竞争优势的产生起到了决定性的作用，核心竞争力正是这三力有机结合构成的企业竞争优势的能量源，通过企业文化力以及在企业文化力作用下产生的学习力和创新力三者的有机结合表现出来。该理论认为核心竞争力本身就是一个动态发展的体系，正是它内部三力之间能量的不断传递、循环与放大，使企业获得了源源不断的竞争优势。管益忻（1999，2000，2003）在经过多年的研究后认为，核心竞争力是以企业核心价值观为主导的，旨在为顾客提供更大（更多、更好）的消费者剩余的企业核心能力的体系。核心竞争力的本质内涵是消费者剩余。企业特有的、足以胜过竞争对手的所有要素都构成企业核心竞争力的一部分。

张建民（2011）总结性地指出，核心竞争力是存在于企业内部的、能提供具有特异性或成本优势的关键性产品或服务的能力，或者能为企业带来持续竞争优势的能力组合。核心竞争力是企业内部一系列互补的知识和技能的组合，它能使企业的一项或多项关键事业达到业界一流水平。通过对国内外的不同观点的总结发现，人们对核心竞争力的认识从最初的资源、能力角度慢慢扩大开来，逐步丰富了核心竞争力的内涵，对其本质、特征和结构做出了带有不同侧重点的解释。核心竞争力已不再是单独的一个概念，它与企业的技术、知识、文化、环境、制度有着密不可分的联系。

在核心竞争力的构成要素问题上，不少学者已经取得了比较一致的看法，技术被认为是核心竞争力中很重要并且很关键的一个组成部分。然而，分歧还是存在的。王毅等（2000）的观点是两维系统构成论，认为企业核心能力是由能力及能力构架与层次组成的一个两维知识系统。企业是一个能力系统，核心能力是其子系统，它蕴藏于企业所涉及的各个层次由能力元和能力构架组成，能使企业获得持续竞争优势并在动态中发展。核心竞争力的各构成要素就是能力元，而能力元之间的关系属于能力构架，能力元是关于企业涉及的各层次构成元件的知识，是企业核心能力系统的基本构成要素，是掌握与运用能力的基础。能力构架是企业所涉及的各层次构成元件之间的关系，知识以及各层构成要素之间的关系知识。

持有三要素构成论的周卉萍（2000）认为，技术和体现这一技术的新产品、新服务方式；管理文化氛围（上下同心同德的适应企业发展共同价值观）；新理论、新经验的学习率和传递率（从领导人开始，各阶层都不断学习和吸收国内外新理论、新经验，了解新的形势、新变化，并把新东西迅速传递出去）这三个领先于竞争对手的要素构成。邹海林（1999）认为核心竞争力应由五个要素构成。这五个要素分别是：研究开发能力、创新能力、将技术和发明创造成果转化为产品或现实生产力的能力、组织协调各生产要素进行有效生产的能力以及应变能力。左建军（2000）经过深入的研究之后认为，制度是基础的核心竞争力，先进的企业体制与制度是企业最基础的核心竞争力，是企业竞争力系统的平台，体制与制度与在此平台上延伸的人才、技术创新、管理、品牌、专业化等方面共同组成核心竞争力系统。

总的来说，凡是企业所特有的，难以被竞争对手模仿并且能为企业带来价值的能力都是核心竞争力的组成部分。这些要素涵盖了市场开发、生产经营、管理决策、人力资源开发、品牌营销、企业创新、文化环境等一系列的程序、资源和机制。

在认识到了核心竞争力对企业发展的重要性之后，任何一个企业都希望能够拥有核心竞争力，学者们便开始了对构建和培育核心竞争力的思路、方法和模式的研究。陈通、张国兴（1999）在明确了核心竞争力的内涵和特征之后指出，培育企业核心能力的基本途径，大体包括自我发展和外部并购两个方面。自我发展是从"路径依赖"的视角考察。管理当局应动态地审视所拥有的各种资源和能力，识别现有的核心能力，重新部署和完善核心能力，并通过对核心产品、最终产品的持续改进，获取竞争优势。外部并购是从"环境依赖"的视角考察，企业可以引进互补性的技术，与拥有互补性优势的企业形成战略联盟，也可以收购兼并拥有某种专长的企业及资源。

李兴旺（2003）认为，核心能力的培育是一个复杂的过程，这一过程以战略意图为理念，以竞争战略为方向，在战略环节上培育核心技术，围绕核心技术形成组织能力，在企业文化的作用下使组织能力具有独特性、难以替代性和不可交易性，最终形成核心能力。在该过程中，战略意图和企业战略始终对战略环节、核心技术和组织能力产生影响作用；战略环节的选择要符合战略意图和企业战略的要求；核心技术的方向要与战略意图和企业战略方向相一致；组织能力以及企业文化的培育也与组织的雄心、战略实施的要求相吻合。廖志溶和章征文（2006）在文章中指出，企业培育核心能力至少可以从以下几方面努力：确立企业发展战略意图；加强企业技术开发与创新，形成自己的核心技术；与其他企业或机构建立知识联盟；加强组织管理体系和企业文化的建设，创建企业自身独特的管理模式和企业文化；提高员工和组织的学习能力，构建学习型组织（企业）。

李学荣、刘小利（2008）则从权变观的角度对核心竞争力的识别和构建进行了研究。他们认为，要构建企业的核心竞争力，首先需要的是不断创新，做好技术创新和管理手段创新，从权变观出发，及时培育和更新企业的核心竞争力，维护与提升企业的竞争优势。其次是组织的虚拟化，通过将大量经营职能外包出去，给企业带来经营成本的降低。最后，企业要在全面分析自己的优劣、企业资源和能力的基础上，确定企业的战略目标及核心竞争力构建的努力方向，特别是企业的核心技术的优势分析及核心产品的技术实现形式。关于核心竞争力的内涵、特征、要素等基本理论的研究已越来越少，学术界和社会界关注的焦点逐步转移到了对核心竞争力与竞争优势、文化、学习、创新和绩效之间的关系的认识和研究上，以期明确组织内部要素和绩效与核心竞争力的联系和作用机制。

谢恩、李垣（2001）是国内较早开始研究核心竞争力与竞争优势，组织学习和核心竞争力之间作用关系的学者。他们认为，核心竞争力是一种制度化的相互依存、相互联系的知识体系，它包含了一系列的经验和知识，运用这些知识和经验能够有效地缩短创立新的战略性资产所需的时间和成本。通过缩短关键资源的创立时间，不断地创建新的关键资源，企业就通过具备的核心竞争力，获得了持久的竞争优势。并且，核心竞争力在由竞争力基因到竞争力体系的发展过程，与在组织中三个不同层次上开展的学习活动是密不可分的，组织学习是核心竞争力的生成、发展和更新的源泉。

谢洪明等（2006）用实证研究的方法证实了以下结论：组织文化通过影响组织学习进而影响核心能力；组织学习影响核心能力进而影响组织绩效；核心能力对组织绩效有正向影响；组织文化对组织绩效没有显著的直接影响，但通过组织学习和核心能力的构建间接影响组织的绩效；组织学习对组织绩效没有显著的直接影响，但通过核心能力的构建间接影响组织的绩效。虽然本书的结论会受到样本结构、调查数据等因素的影响，但是对组织文化、组织学习以及核心能力的相关理论和实践具有一定的价值和意义。

谢洪明等（2007）基于战略的资源基础观，整合学习理论、创新理论与核心能力理论，首先构建了一个新的理论模型，再以华南地区202家企业为样本运用结构方程模型进行检验和修正，明确了学习并不是企业绩效提升的直接影响因素，学习也不能直接带来企业的核心能力，学习导向必须通过创新才能提高核心能力，并进而提升绩效；创新并非直接提升组织绩效，而是有一个培育核心能力的中间过程。此外，一部分学者开始了对行业、地区的核心竞争力展开了分析和研究。毛艳华（2004）、李晓敏等（2009）、陈昊雯等（2009）、戴雯（2010）等分别分析和探讨了电信、医疗器械、烟草、铁路客运等行业的核心竞争力，并提出了相关问题和对策。还有一些学者利用核心竞争力的思想来对不同地区的战略发展路线进行规划，如吴帮模（2010）。

## 二、品牌竞争力

竞争力研究的兴盛起源于美国哈佛大学教授 Michael Porter 的《竞争战略》（1980）、《竞争优势》（1985）到《国家竞争优势》（1990）。20 世纪 90 年代，中国学者金碚、张世贤、胥和平、赵英等主要参与了产业竞争力的研究；魏后凯、陈耀等部分中国学者开拓了区域竞争力研究的先河。改革开放后（1979 年），中国学者开始关注企业竞争力，细分研究领域包括产品、技术、品牌等竞争力的研究。张世贤（2007）指出，"竞争力是指在竞争性市场上，一个经济体所具有的能够持续地比其他竞争对手更有效地向市场提供产品和服务的能力，以及由此所获得的盈利能力和发展潜力"。他认为，企业竞争力是竞争力的基础和核心。国家、产业、区域、行业、城市等竞争力，最终都依托企业竞争力来体现。进一步分析，企业竞争力事实仍然是一种综合竞争力，主要由产品、创新、营销和品牌竞争力支撑。张世贤（2007）认为，"企业竞争力的所有因素最终都体现在品牌上"。由此看来，品牌是企业综合竞争力的表现。图 2-2 为张世贤（2007）的竞争力体系框架。

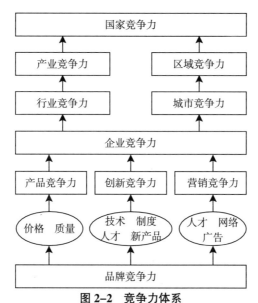

**图 2-2 竞争力体系**

资料来源：张世贤. 现代品牌战略［M］. 北京：经济管理出版社，2007.

Chernatory（1996）对品牌竞争力的定义是："一个成功的品牌能帮助顾客识别产品、服务、人员或地方，把品牌加在产品、服务上，能最好地满足购买者需要的独特附加价值，而且，品牌的成功源于其在竞争环境下，能持续地保持这些增加的价值。"张世贤（2007）是较早提出品牌竞争力的概念的国内学者，中国品牌竞争力的研究主要集中在两大方面：市场占有率和超值创利能力。张世贤（2007）认为品牌价值就是品牌竞争力的具体体现，一个品牌有无竞争力就是要看它有没有相对优势的市场份额，有没有一定的溢价能力。同时，研究品牌竞争力也要研究品牌的市场领导能力、国际化能力、知名度、发展趋向、扩展能力等，即对品牌竞争力、品牌价值的量化研究，在要素取舍、方法确立、模型设定等诸多方面都有极其相似的地方，品牌会为产品带来附加价值，这种附加价值就是品牌竞争力。

对于品牌竞争力的理解，可以从形象特质理论和结构功能理论方面来探讨。形象特质理论学派的代表人物有季六祥（2002），他认为，品牌竞争力是在竞争中品牌有效的、良好的市场认同和支持的整体形象特质，主要是以企业形象为核心，是企业战略、管理模式、技术路线、文化及形象等形象特质的有机结合体。Kotler P.（2002）认为，品牌实际上是企业和消费者之间的无形契约，企业以对产品服务质量等项目作出商业承诺为内容，消费者向企业支付品牌溢价，他们之间形成一种对等的市场交换关系，这种契约的深入就是品牌竞争力的形成。美国著名广告人、奥美广告公司的创始者大卫·奥格威第一次打破了对传统品牌的认识，提出了品牌形象理论。他认为品牌是一个错综复杂的象征，它既是品牌属性、名称、包装、价格、历史、声誉、广告方式的无形总和，同时也应根据消费者对其使用的印象和自身的经验来界定，品牌是消费者对产品的一切感觉的总和。因此，品牌不仅包含标记和情感因素，也包括了消费者对产品可界定的感觉总和。

也有学者如 David A. Aaker（1991）认为，品牌竞争力就是塑造强势品牌和维护持久品牌发展的能力，强势品牌的持续发展具有价值性、不可模仿性、延伸性和独特性的特质。结构功能理论派学者胡大立和谌飞龙（2007）认为品牌竞争力是一种品牌所展现出来的市场力量，使得品牌有区分或另行于其他竞争对手并支持自身长期发展的内部动力。李光斗（2004）认为品牌竞争力有不可取代的市场差异化能力，使得新进入者需要花巨大的代价克服消费者对原有品牌的忠诚度。刘迎秋等（2007）指出品牌竞争力是企业生产组织能力、研发和技术创新能力、市场影响能力与开拓能力等为基础的市场占有能力。最后，李长江和汪艳霞（2006）则表示品牌竞争力是一个相对的概念，是在动态的市场规则中逐渐形成的，主要表现为品牌的市场辐射能力、顾客的品牌忠诚度和品牌自身的创新发展能力的表现。

邴红艳（2002）从产业竞争性（行业竞争力量、产业组织规模）、企业要素（技术要素、人力资源要素、文化要素和信息要素）和品牌自身（品牌获利和品牌优势）三个层面分析影响品牌竞争力的主要因素，并提出提高品牌竞争力的对策。许基南（2005）通过企业内外部因素研究分析品牌竞争力影响因素：内部因素有市场原因（产品、价格、分销渠道、促销和品牌传播）和产品原因（企业制度安排、企业管理、技术、人力资本、企业家精神、创新、企业文化等）。外部因素有产业定位、政府政策、教育文化和战略联盟等。胡大立、谌飞龙（2007）认为品牌竞争力受到四种因素影响，分别是基础因素（产品性能、品质指标等）、构成因素（名称、商标等）、支持因素（经营能力、资金实力、人力资源等）和强化因素（公共关系、广告和售后服务等）。

施鹏丽、韩福荣（2008）将品牌竞争力影响归纳为品牌市场力、品牌创新力、品牌文化力和品牌领导力。普雪梅（2009）则把品牌竞争力影响因素归纳为品牌商品力、品牌经营力、品牌开发力和品牌销售力。诸多学者尝试从不同的角度解释品牌竞争力，都只是在盲人摸象（看问题总是以点带面、以偏概全的比喻），企业之间比拼的是综合实力。因此，品牌可以理解为企业综合竞争力的表现。张世贤（2007）对品牌竞争的战略要素有更全面的认知。品牌的战略意义由八大因素组成：质量（品牌的本质）、信誉（品牌的生命）、管理（品牌的基础）、创新（品牌的活力）、文化（品牌的依托）、形象策划（成功品牌胚胎）、广告宣传（品牌腾飞的翅膀）、资本（孕育品牌的母体）。按照张世贤（2007）的说法，品牌竞争力就如同木桶原理中的各块木板，木桶的容量并不是取决于最长的木板，而是取决于最短的那一块木板。因此，任何一块木板的长短，都会构成木桶整体容量的损失（张世贤，2007）。

品牌竞争力是品牌价值的延伸。许基南（2004）认为，品牌竞争力指某一品牌有超越其他同类产品无法模仿的能力，是开拓市场、占领市场并获取更大市场份额的能力。品牌竞争力使企业更具备议价能力，以同样的价格占据更大的市场空间，甚至在市场很不景气和激烈的市场竞争中求得生存与发展。品牌竞争力的特征包括具有可比较性、超越利益性、竞争动态性、恒久过程性以及资源整合性。有学者认为品牌竞争力由八大能力组成：品牌核心力、品牌市场力、品牌忠诚力、品牌辐射力、品牌创新力、品牌生命力、品牌文化力和品牌领导力，从核心力向领导力依次延伸递进。

张世贤（2007）认为，知名度是品牌竞争力的基础，品牌知名度的提升除了受众面这种数量指标的扩大以外，还受到：①自身的质量指标；②品牌的产品谱系；③品牌产品的市场定位；④品牌的文化特征；⑤品牌的母体等综合因素影响。品牌除了渠道传播外，还要有良好的口碑，也就是美誉度。品牌美誉度是靠产品质量、企业信誉和客户价值体现的。知名度是横坐标、美誉度是纵坐标。没有美誉度，知名度反而是负价值。要客户愿意持续给品牌埋单，还需要客户忠诚度。忠诚度是指消费者认同品牌提供的价值，在同类产品中不轻易更换品牌，体现优良品牌的议价溢价能力。张世贤（2007）说："在视察规模一定的条件下，三者之间的差别越小，品牌竞争力也一定越强。""品牌对消费者的征服力表现为消费者对品牌的忠诚度。由于品牌的忠诚度是靠实际的购买和消费行为来表现的，所以反复购买行为就构成品牌忠诚度的重要解释变量。"图2-3为张世贤（2007）关于品牌竞争力的金字塔模型。

**图2-3　品牌竞争力的金字塔**

资料来源：张世贤. 现代品牌战略 [M]. 北京：经济管理出版社，2007.

### 三、品牌价值—品牌竞争力的衡量

了解了品牌竞争力的定义和体系后，下一个问题是如何计量品牌竞争力。范秀成（2000）提出了基于价值创新的品牌竞争力构建理论，为中国品牌竞争力的计量和评比奠定了基础。范秀成认为，我国品牌竞争力低的主要原因是企业采取传统的竞争战略，它的核心是打败竞争对手，采取以同类的产品，通过价格和质量两个方面来维持已有的市场份额。范秀成提倡价值创新的新战略思维，通过提供优越的或全新的顾客价值，来获得市场扩张或创造新的市场空间，其核心是赢得顾客，而不是打败竞争对手。

品牌能给企业整体资产增值，为所有者带来溢价收益，但却是很虚无和不可抵押的。它是企业的声誉，好的声誉能创造价值，给企业带来持续的盈余收益、超额利润和市场占有率。品牌作为一种无形资产，当然也需要用计算资产价值的单位进行计量。按照张世贤（2007）的说法，"品牌资产的价值计量依据的是品牌所能够带来的实际收益所表现的资产价值"。

表2–4为品牌价值衡量的具体方法。

**表2–4　品牌价值衡量的具体方法**

| 品牌价值计算方法 | 计算方法和公式 | 优劣势和局限分析 |
|---|---|---|
| 超额收益现值法 | $P = (T - E \times I) / R$<br>P代表品牌价值，T代表企业预期年收益额，E代表企业各单项资产评估价格之和，I代表行业平均利润率，R代表本金化率 | 收益现值法的优点是容易理解和使用简单。按照统一财务标准，上市公司品牌价值可比性强。但应用收益现值法评估资产必须具备三个条件：①被评估对象必须是经营性资产，而且具有持续获利的能力；②被评估资产是能够而且必须用货币衡量其未来收益的单项资产或整体资产；③产权所有者所承担的未来经营风险也必须能用货币加以衡量。这局限于收益现值法的广泛应用 |
| 市场价格法 | 完全按照品牌买卖双方通过讨价还价所确定的市场价格来计量品牌的价值 | 市场价格法的优点是市场化定律，一个品牌的价值由市场通过交易金额来决定。但是缺点明显是市场环境（牛市或熊市）将影响市场价值判断。还有局限是需要有买卖才能评价品牌的价值 |
| 整体资产溢价法 | 如果将一家企业整体资产上市融资或整体出售，购买者愿意支付的整体资产价格，减去厂房、设备等有形资产的价值，再减去技术专利等可以计量的无形资产的价值，剩余的差额就是品牌资产的价值 | 资产溢价法同样是基于市场化价格来计量品牌价值，受到市场变化影响。该方法局限是需要有资产整体融资上市或出售才能评价品牌的价值 |

续表

| 品牌价值计算方法 | 计算方法和公式 | 优劣势和局限分析 |
|---|---|---|
| 美国《金融世界》的市场结构模型法 | (1) 测算出已知价值品牌和被评估品牌的三种能力数值。市场占有能力 = 企业销售收入/行业销售总收入。市场创利能力 = 净资产收益率 – 行业平均净资产收益率。市场发展能力 = 销售增长额/上年销售额<br>(2) 求出被评估品牌每种能力占已知价值品牌相应能力的百分比，再根据行业的具体情况如企业规模、行业特征等对三个能力的百分比进行权数的调整，然后进行加权平均计算<br>(3) 代入公式被评估品牌价值 = 某一可以比照品牌的价值×调整后的加权平均百分比 | 该方法考虑了品牌的市场占有率、营利性和成长性，较为客观地评价了品牌的价值。但实际操作性存在问题，因为前提条件是已知某一相同或类似行业品牌价值，这个价值如何计算出来？即使有的话是否准确？因为前提的偏差或错误会导致后续数据的错误，这个问题是困扰着市场结构模型法应用困难的一大原因 |
| Interbrand 的品牌价值评估模型 | 品牌创造的价值在未来一段时间是稳定的，通过计算品牌收益与品牌的强度系数来确定品牌的价值。计算方法为：$V = I \times G$，其中 V 是品牌价值，I 是品牌给企业带来的年平均利润，G 是品牌强度系数 | Interbrand 模型缺点和局限首先是要剔除非评估品牌所创造的利润和同一品牌中其他因素创造的利润。其次对品牌的利润要进行加权平均的调整，并根据经济发展趋势和通货膨胀率进行相应的调整，以确保数据的可比性和利润的稳定性。最后还要通过专家打分的方式来确定品牌强度系数。因此，在实际操作中定性判断很大程度上影响了可比性 |
| Kemin 模型 | 以企业品牌的市场表现和企业拥有的技术创新能力，并且考虑到了市场的一般资金利率水平 | 由于没有考虑品牌未来的收益，所以只能得出新旧品牌价值的市场反映，不具有对品牌长期发展的指导意义，但它最大的优点就是简单易行 |
| 国际通用品牌价值量化公式 | 品牌价值 = (营业利润 – 资本×5%) × 强度倍数。在这个方程中，营业利润额是最有价值的计算基数，它决定价值的大小。减掉资本的 5%，是因为市场上没有品牌的企业也可以获得 5% 的资本收益。强度倍数是由专家根据某些资料或印象估计的 | 国际通用价值品牌评价法从利润倒推出品牌价值，好的品牌能帮助企业提高产品议价能力，从而使企业增加盈利能力。缺点是强度倍数是定性化判断，缺乏科学依据 |
| 具有中国特色的品牌价值量化公式 | 品牌价值 = 品牌的市场占有能力 + 品牌的超值创利能力 + 品牌的发展潜力<br>品牌的市场占有能以销售收入指标为基准的，即是把营业额或销售收入直接作为品牌价值的一个权重<br>品牌的超值创利能力以利润作为重要指标<br>潜力系数是通过指标量化辅助分析计算出来的。它的重要指标主要包括：①企业商标在国内外注册数量与范围，也就是法律保护状况；②品牌已经使用的时间年限，也就是品牌的稳定使用历史；③产品出口或海外经营状况，就是品牌超越地理和文化边界的能力；④广告宣传投入也就是品牌所获支持的力度，技术领先如专利开发能力等 | 中国特色的品牌价值量化公式更看重销售收入指标，国际通用价值品牌评价更看重利润指标。因为改革开放 (1979) 以来，为了与国际品牌竞争，中国行业排头往往采取牺牲利润保市场的策略。另外，由于品牌集中度不够，加之地方保护、行业保护等非市场因素还存在，市场导致竞争成本加大，都直接影响利润 |

资料来源：笔者整理。

周玫等（2005）根据 Keller（1998）基于顾客的品牌资产价值理论，对从企业内部品牌管理角度出发的品牌竞争力评估模型进行了改进，提出品牌竞争力的评估应坚持以下几个基本原则：①面向未来，品牌竞争力的评估应注重品牌未来的市场表现，应着重考察品牌的未来收益能力；②品牌竞争力的评估应该反映品牌竞争力的主要来源，提供给企业有助于改进经营管理的信息；③测评方法应具有可操作性；④测评指标应具有灵敏性，通过测评可以及时反映品牌竞争力的实际变化。

周玖等（2005）引入了品牌顾客价值竞争优势因子概念（见图 2-4）。

顾客价值优势因子 = 品牌产品价值 – 品牌产品成本
竞争品牌产品价值 – 竞争品牌产品成本

品牌竞争力 = 顾客价值优势因子 × 权重（1）×［市场占有率 × 权重（2）+
超额利润率 × 权重（3）+ 知名度 × 权重（4）］

**图 2-4 品牌顾客价值竞争优势因子概念**

总的来说，我国的民营企业普遍缺乏对自身品牌的塑造和经营。我国民营企业要做大做强，就必须树立品牌意识，提升品牌竞争力。朱磊和马翠柳（2009）建立了一个四维模型，即品牌信用度、选择成本、选择效率和生产效率模型（The Model of Brand Credit Degree, Choice Cost, Choice Efficiency and Production Efficiency, BCCP），并指出在信息过剩的条件下，品牌作为一种利益或价值符号，之所以能使消费者从需求直接到品牌，核心是品牌能够降低消费者的选择成本。朱磊和马翠柳（2009）认为，"核心竞争力主要取决于技术创新和管理创新。技术创新由核心技术开发和关键技术应用两个层面构成。核心技术形成核心产品，最终创造品牌竞争力；关键技术应用产生成本、技术、管理和市场四大优势，进而创造技术优势型核心竞争力；管理创新产生核心管理战略，进而形成管理优势型核心竞争力"。

中国社会科学院工业经济研究所《中国企业品牌竞争力指数（CBI）研究》课题组和中国市场学会品牌管理专业委员会（www.chinanb.org.cn）及时组织专家学者在充分调研收集数据的基础上，分行业对我国企业品牌竞争力进行系统全面的分析评估，及时发布部分行业 CBI 报告，为政府和企业品牌建设发展策略提供依据，也为广大消费者提供品牌价值判断。其发布的 16 个行业企业品牌竞争力指数报告，分别对各行业品牌竞争力总体竞争态势、指数排名、指数评级以及品牌价值排名等有关问题进行了研究，对各行业的企业分别按照区域和省份经济分区进行了分析，对入选企业品牌从财务表现力、市场竞争表现力、品牌发展潜力和消费者支持力四个方面进行综合分析，并对提升企业品牌竞争力提出策略建议。报告共包含四部分内容：各行业品牌竞争力指数总报告、2011 年度各行业品牌竞争力区域报告、2011 年度各行业品牌竞争力指数分项报告和各行业品牌竞争力提升策略专题研究报告。

中国企业品牌竞争力指数模型将企业在市场上的表现划分为财务表现和市场表现两部分，将企业支持归为品牌发展潜力评价体系，将客户支持作为独立的一级指标，这样保证了评价指标体系的系统性（企业内部如发展潜力、财务表现和市场表现指标，企业外部如消费者支持）、动态性（现状情况如市场表现、财务表现和消费者支持指标，未来状况如发展潜力指标）和科学性（定性指标如发展潜力和消费者支持指标，定量指标如市场表现、财务表现）。

中国企业品牌竞争力指数系统（CBIS）是一套采用多指标综合评价分析方法、以指数形式反映中国企业品牌竞争力强弱和品牌竞争力发展趋势的指标体系（4 个一级指标、18 个二级指标、72 个三级指标）。该体系将影响企业品牌竞争力强弱的多种构成要素进行加权平均，进而得出反映其品牌竞争力变动趋势的统计数值就是品牌竞争力指数，用以反映企业的品牌拥有区别于其他竞争对手或在行业内能够保持独树一帜、能够引领企业发展的独特能力。关于指标体系的选择和权重的确定经过了三次德尔菲法，第一次为课题组内部专家打分，第二次为社科院相关专家打分，第三次为国内品牌管理权威专家打分，按照以上权重计算方法，最终确定中国企业品牌竞争力评价指标体系权重集。CBIS 是一套采用多指标综合评价分析方法，以指数形式反映中国企业品牌竞争力强弱和品牌竞争力发展趋势的指数集合系统，包括企业品牌竞争力指数，品牌竞争力分指数（CBI–X）、品牌竞争力应用指数（CBI–Y）和品牌竞争力分指标指数（CBI–Z）。品牌竞争力分指数（CBI–X）是按照不同层次（如不同行业、不同区域等）对企业品牌竞争力总体状况进行分类评价的指数。品牌竞争力应用指数（CBI–Y）是将某品牌竞争力指数与其他品牌竞争力指数进行对比，得出一些对品牌管理有指导意义的工具，分别从时间序列、竞争差距和健康状况三个方面来考虑。品牌竞争力分指标指数（CBI–Z）可以分为若干个指标指数，如财务指标指数、市场指标指数、品牌发展潜力指数等。

# 第四节　企业可持续发展的研究

可持续发展是 20 世纪 80 年代人们广泛讨论的课题，人们开始对传统发展模式进行深刻反思。联合国环境和发展大会（UNCED，1992）把可持续发展作为人类迈向 21 世纪的共同发展战略。中国政府也非常重视可持续发展的观点，并提出了自己的科学发展观：以人为本，全面、协调、可持续的发展观，把可持续性发展提到一个非常高的地位。刘力钢（2000）认为可持续发展就是企业追求创新，在所处行业内持续保持竞争优势，实现企业战略目标。在企业发展的过程中不仅需要增加市场份额，扩大规模，还要与环境变化适应，有效利用自然资源，不断提升企业获利能力。刘力钢认为企业在考虑可持续发展时要充分考虑企业的生命周期和可持续发展的内容。

李占祥（2000）指出企业可持续发展体现在企业逐步发展的过程中。第一是持续性。根据企业生命周期理论，企业的经营时间可以认为是企业的持续发展的体现，参照业界企业标准，以业界平均企业寿命为标杆，可以判断企业可持续发展状态。第二是成长性。企业的成长就必然体现在企业的规模不断扩大，企业的能力不断增强，一个企业在成长的过程中必定会遇到很多问题和困扰。企业通过解决发展过程中所面临的问题和战略重新定位，积累了经验，可持续发展能力由此逐步提高。肖海林和王方华（2004）认为企业通过摸索获取发展经验，自身能力会稳步提升。企业作为创造财富价值的组织，会在满足企业利益相关者需求的同时不断提升资源配置效率，实现自我超越，让企业可持续发展。芮明杰和吴光飙（2001）的研究显示企业的可持续发展是一个长期持久的过程，企业必须有合理利用资源的能力，以扩大市场份额为目的，要求企业具有分析和解决自身发展问题的能力，以及具备一种良性发展机制。王旭晓（2004）定义企业可持续发展战略为企业在追求自我生存和永续发展的过程中，既要考虑企业经营目标的实现和提高企业市场地位，又要保持企业在已领先的竞争领域和未来扩张的经营环境中始终保持持续的盈利增长和能力的提高，保证企业在相当长的时间内长盛不衰。

综上所述，企业可持续发展主要关注：增加企业获取利润的能力；保持或增大企业在所从事行业的市场份额；提高企业资源利用率；企业拥有不断创新、不断学习的能力；企业的发展要与环境相适应。这与学习型组织和知识型组织的理论及要求很相似。学习型组织（Learning Organization）由美国学者彼得·圣吉（Peter M. Senge）在《第五项修炼》（The Fifth Discipline）一书中提出，他认为，企业应建立学习型组织，其含义为面临剧烈的外在环境，组织应力求精简、扁平化、弹性因应、终生学习、不断自我的组织再造，以维持竞争力。知识型组织Knowledge-based Organization）最早由瑞典企业家与财经分析家 Karl-Erik Sveiby（1997）在《新组织财富——管理与度量以知识为基础的资产》一书中指出。通过对知识型上市企业的分析，Karl-Erik Sveiby 发现知识型组织有一个共同特点，即在战略上都涉及如何在人类所拥有的知识与诀窍的基础上建立持久性组织。在一个生存与竞争的环境中，知识是企业获得持续竞争优势的重要源泉。Karl-Erik Sveiby 把无形资产分成三部分：员工能力、内部结构（比如专利和理念等）和外部结构（诸如客户关系和公共形象），这与品牌竞争力有很多相似的内涵。

从长远来看，现代企业战略目标已不再关注实现当前利润最大化，而是转向为合理安排当前收益与未来收益、拥有长久生存能力和持续获利的能力。这样企业可持续发展的内涵也得到了拓展，对企业可持续发展内涵研究也具有了重要的意义（周全，2009）。目前学术界对企业可持续发展内涵认识存在三个层次，分别是：生态可持续发展（保护环境和合理运用自然资源为指导原则）、经济可持续发展（着重长期收益和持续利润）和社会可持续发展（注重自然环境保护和对社会的贡献程度）。生态可持续发展主要着重强调了企业的一切生产活动都要最大限度地节约资源、减少消耗、提高资源利用率、综合利用资源，废物利用并承担对生态环境的保护责任。经济可持续发展强调每个企业的生产水平相比于历史水平都要逐步提高或保持稳定。社会可持续发展关注以人为本，强调社会效益的发展。

企业可持续发展能力的主要评价方法如表 2-5 所示。

刘力钢（2000）认为企业可持续发展影响因素有三点：①企业的核心竞争力。企业找寻竞争优势的基础在于了解自身竞争力，尤其体现在技术创新层面，企业通过不断增大在研发方面投入，才能提升企业在商业环境下的综合竞争力水平。②拓展企业业务范围。企业可持续发展的过程中往往受到经营业务范围的制约。企业如果寻求长期稳定的发展，就要不断开拓新的业务，避免当前企业主营

表 2-5 企业可持续发展能力的主要评价方法

| 可持续发展能力评价方法 | 主要文献 | 优劣势和局限分析 |
|---|---|---|
| 单一财务指标法 | 周水银和陈荣秋（2000）在衡量公司是否具备可持续发展的能力时使用净资产收益率这一指标，因为净资产收益率可以体现企业长期发展的获利能力。宋剑锋（2000）发现每股收益（EPS）的对投资者评估上市公司可持续发展能力至关重要 | 该方法经常被投资者作为快速评价企业获利和投资指标的依据。但由于单一财务指标缺乏真实性，容易被企业技术型操作，所以根据财务单一指标对企业可持续发展很难有准确评价 |
| 多重财务指标法 | 徐国祥、檀向秋和胡穗华（2000）选择盈利指标、偿债指标、资产管理指标、成长指标、股本扩张指标和业务营运指标来评估上市公司可持续发展能力 | 很多证券公司选择了一些主要财务指标（如流动比率、总资产收益率、净资产收益率、利润增长率、负债比率和资本化比率等）作为上市公司可持续发展能力的衡量标准，但只是局限于对公司经济层面的评价 |
| 运用不同时间点的横截面回归分析法 | 陈静（1999）通过实证研究的方法，发现预测模型可以有效地评估企业可持续发展状况。姜秀华、任强和孙铮（2002）通过研究创建一个预测模型，可以判断企业是否出现财务危机，同时利用4个变量（毛利率、短期借款比重、应收账款比重和股权集中度）的上市公司治理结构可以对会影响企业可持续发展的情况进行评价 | 虽然这方法采用不同时间和变量比重的回归分析法，但是这种方法也存在着局限性。它认为公司财务绩效方面陷入持续性危机，进而企业可持续发展能力受损。此种方法无法证明上市公司如果财务绩效良好，企业的可持续发展就不存在问题 |
| 从财务层面构建特定模型法 | 朱开悉（2001）研究表明上市公司的市值是企业良性发展的主要体现，研究通过建立每股收益可持续增长模型，计算上市公司的市值变化反映企业可持续发展状态。苏冬蔚和吴仰儒（2005）的研究深入阐述了国内上市公司长期绩效的形成机制，利用可持续发展计量模型，厘清了多种衡量可持续发展指标间的关系，客观合理地评估了上市公司综合能力。黄永红（2002）的研究利用可持续增长率（SGR）这一指标衡量企业的发展状况 | 模型着重考量企业的长期盈利能力和核心竞争能力。但是没有把公司的环境效益和社会效益纳入模型中考虑，因此，该方法也就不能准确衡量上市公司的可持续发展能力 |
| 从社会、经济和环境角度建立综合绩效的评价模型法 | 郭复初（2006）所创建的企业可持续发展的财务评价体系相比于之前的研究方法更好地体现了企业自身价值，该体系应用 EVA 和平衡计分卡也同时符合国家提出的科学发展观的要求。温素彬和薛恒新（2005）总结出一个全新的企业绩效评价体系，这一体系不仅包含了三个层面（经济层面、社会层面、环境层面）上的考虑，而且结合静态和动态分析，经初步应用能较好地克服之前研究体系的不足 | 前四种方法均采用了财务绩效指标这一个方面反映可持续发展能力，而第五种方法所构建的评价指标体系能够从经济绩效、环境绩效、社会绩效三个维度准确地评估企业可持续发展能力。由此可见，最后一种可持续发展指标体系更为全面和科学，可以准确地评估企业的可持续发展能力 |

资料来源：笔者整理。

业务的市场份额滑落。③管理和创新能力。企业可持续发展要求企业高管团队高效管理公司，企业文化重视创新理念，将其作为企业可持续发展的动力。其中管理和创新的范围还可以进一步细分，如管理分为：战略管理和人力资源管理。创新同样可以进一步细分：企业技术创新、企业管理模式创新、企业制度创新、企业营销模式创新和企业组织制度创新。上述因素在企业可持续发展过程中具有极其重要的作用，每个因素的改善都会对企业可持续发展能力的提升有一定程度的影响。

刘帮成和姜太平（2000）从企业层面考虑，主要有四大因素影响企业可持续发展：①企业经营哲学。通常企业面临经济效益和环境效益的两难抉择，基于以上条件，企业追求的目标往往定得比较狭隘。②企业制度。大多数公司缺乏可持续发展研究管理部门。③企业文化。不少企业不重视企业的可持续发展，公司内部缺少良好的企业文化氛围，企业员工忽视维持公司的企业形象对公司长远发展的必要性。④企业自身条件问题。如现金流短缺、研发费用较少，部分产品、设备无法达到标准等。对于上市公司，企业的可持续发展过程难免会受到控制权私人收益的影响。上市公司的大股东为了得到私人收益，很可能做出对上市公司的长期发展不利的决策。这点着重体现在大股东在上市公司股权结构中占有重要地位。

通过以上分析，发现国内学术界对企业可持续发展的研究依然还不够深入，研究内容还有所局限。①企业可持续发展研究主要集中在企业可持续发展影响因素，企业可持续发展战略，企业可持续发展评价体系这些领域。②大部分学者在衡量可持续发展能力时仅仅从经济效益层面考虑，缺乏对环境效益和社会效益的全面考虑。③目前国内企业可持续发展方面的学术研究涉及领域较少。

# 第五节　品牌竞争力、企业社会责任和企业可持续发展的相关研究

张世贤（2007）说："对于实施品牌战略的公司而言，信用无疑是品牌的生命。建立品牌信誉最根本的是诚实可信……真正的品牌信誉是建立在高尚的企业社会责任上的，企业只有认真肩负起社会责任，做合格企业公民，才能构成公司更高层次的品牌信誉……因此，承担社会责任是企业品牌信誉的最高层次。"张

世贤（2007）说："企业社会责任包括很多方面：①在强劲的收益率基础上为客户提供价值，尊重和保护员工，与相关利益者合作；②坚持依法纳税，可持续发展，不破坏环境；③强化人文关怀的价值观，为社区和更广泛区域内的人服务，重视企业在非商业层面的社会贡献。"通过以上所述说明，品牌竞争力是基于企业承担社会责任的品牌信誉上（客户忠诚度），同时企业社会责任又是保障企业可持续发展的基石。品牌竞争力与企业可持续发展的关系，两者互相依存，互相制约，缺一不可。品牌的好坏直接影响着企业的发展，好品牌具有市场地位。企业要发展，离不开企业品牌的竞争，品牌推动着企业发展。图 2-5 为张世贤（2007）关于企业社会责任、品牌竞争力和企业可持续发展关系模型。

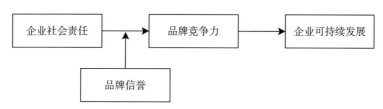

**图 2-5 企业社会责任、品牌竞争力和企业可持续发展关系**

资料来源：张世贤. 现代品牌战略 ［M］. 北京：经济管理出版社，2007.

其他学者普遍支持张世贤（2007）的有关品牌竞争力、企业社会责任和企业可持续发展的学术观察。张燕平（2010）认为，企业社会责任的履行与企业实现可持续发展是紧密联系的，只有企业承担应有的社会责任，才能实现可持续发展，只有企业可持续发展，才能实现企业和社会的双赢。她研究表明："企业社会责任核心论是企业主动追求和承担社会责任，社会责任为企业社会资本的竞争力，把履行社会责任置于企业发展战略的高度予以重视，从而实现企业的可持续发展；企业社会责任外部性论是企业视社会责任为外部因素，是企业生存和发展的必要条件。企业履行社会责任是企业实现利润最大化及可持续发展的重要条件，也是规避风险、增强竞争力的有效保障；企业社会责任倒逼论是企业被动承担由于内外部环境的压力导致的社会责任，企业在外部环境恶化及内部秩序规律的倒逼下，被迫承担一定的社会责任，形成一种内外部环境倒逼企业承担相应的社会责任现象"。以上所述的企业社会资本—竞争力，涵盖了企业的综合竞争力的表现，即品牌竞争力。

企业通过承担社会责任，可以赢得较好的声誉，为企业发展营造更好的社会氛围，使企业得以保持生命力，保持长期可持续地发展。冯巧云（2010）提出，"①企业承担社会责任能提升企业的诚信度，改善企业形象，增强企业的品牌竞争力。②企业承担社会责任有助于降低企业的生产经营成本，提高企业的经营绩效。③企业承担社会责任是企业实现持续经营的需要。④企业承担社会责任有利于打造优良的企业文化"。马红岩（2008）提出，"要了解现代企业社会责任的基本类型，需要对现代企业的利益相关者进行必要的分析。所谓利益相关者，是指与现代企业持续发展有利益关联的个体和组织。这里主要包括：第一，核心利益相关者，即雇员和顾客；第二，直接利益相关者，即投资者（这里的投资者包括股份公司、上市公司的个体股东和机构投资者）、合作伙伴与供应商；第三，间接利益相关者，政府、新闻媒体、社区和当地居民……现代企业只有较多地关注其社会责任，才能够获得持续发展。只有自觉地承担起企业应负的社会责任，才能做到感恩社会、回馈社会，才能保证企业树立以人为本、与社会和谐相处的科学发展理念，促进企业可持续发展，才能把企业做成真正的百年老店"。

有竞争力的品牌对中小制造企业生命力有着决定性的主导因素，对企业长期可持续发展也起到重要作用。中小制造企业自主品牌建设的认知度，随着竞争环境的变化变得尤其重要。企业的创新能力、产品和服务的质量、企业诚信及文化内涵对品牌竞争力起着重要性作用。企业必须不断地进行产品创新，才能适应消费者日新月异的消费需求。而产品创新的前提是技术创新，只有持续不断地技术创新，才能推动品牌竞争力的持续提升（晏双生、章仁俊，2004）。数据分析结果表明，顾客满意感是忠诚感的重要前提因素，产品和服务质量与企业品牌竞争力之间有着密切的关系（汪纯孝等，2003）。良好的企业信誉是企业生存与发展的重要保证。对企业而言，诚信蕴含着巨大的经济价值，它不仅能提高交易效率，降低交易成本，而且有助于消费者树立企业品牌的忠诚意识（董昭江，2003）。面对世界经济一体化潮流的冲击，我国企业如何提升品牌竞争力是企业赢得市场的关键。国内企业必须重新审视企业自有品牌的文化和内涵，实施具有现代化、人性化、国际化的企业品牌战略，从而提高其国际品牌竞争力（范二平，2005）。综上所述，品牌竞争力能帮助企业获得更大的销量和更多的利益，在竞争中获得一个更强劲、更稳定、更特殊的优势（凯文·凯利，2003）。品牌作为一种无形资产能为企业带来更高的溢价、未来稳定的收益和满足消费群体一系列情感功能的效用。

中小制造企业的品牌竞争力对企业的综合竞争力、反经济周期适应力、资源集聚力和占领高端市场能力有正面的影响。品牌之间的差异越大，对消费者的垄断力就越强，品牌之间的竞争强度越弱，消费者对价格的敏感度下降，垄断的可能性就越大。这点说明了品牌竞争力对企业综合竞争力和占领高端市场能力有决定性的影响（许基南，2004）。品牌竞争力是企业的一种重要资源，是企业综合力的集中表现，这种资源是以企业的品牌为载体。从企业内部来说，是对企业的各种资源（包括人力资源和物力资源）有效配置后产生的结果，而在企业外部则表现为高的市场占有率和高额的利润、附加值高、生命周期长、良好的客户关系等方面明显优于竞争对手的特点，并且具有长期性、难以模仿性、激励性和延伸性的特点（孙苏，2007）。企业可以通过品牌竞争力强化反经济周期适应力和资源集聚力，从而达到企业健康发展目标。

企业的生命力是指一个企业生存发展，尤其是持续发展的能力。企业的生命力可以简言为适应环境变化的、生存和发展的、新陈代谢的自组织力。它与竞争力不同。生命力（包括竞争力）所适应的环境由竞争环境和非竞争环境两部分构成。生命力包括生存和发展两部分，不仅是生存及生存水平，还是全面发展。生命力是自身内在的新陈代谢的过程，是有内在生命周期的过程。竞争力的周期变化主要是由外在竞争决定的。生命力只能是企业的自组织力。企业生命力主要在意志、形态、组织、素质、交流、反馈六方面的自组织统一，它是通过本体的协调发展来适应环境变化，最终体现在企业的可持续健康发展。企业要持续发展，领导者不是单纯地控制企业，而是驾驭各方面变化（陈枫等，2005）。注重生命力健康，一味追求业绩，一味强化竞争力，终成短暂的明星。不少盲目走出去的企业，由于生命力不够健康已经衰疲了，所以也难以创出新路。

品牌竞争力和企业生命力（可持续发展能力）有相互联系作用并形成的一个系统概念。这一定义强调了品牌竞争力的构成因素和形成原因，还有对企业生命力的影响。根据企业经营目标的定位，企业的经营业绩应主要体现为求生存、蓄力量、谋发展的能力上。这种经营业绩观的特征是生存导向、业绩定义及实现方法的期间性、重视非财务指标。企业经营业绩的评价主要包括融资能力、市场开拓能力、投资机会把握能力、结构调整状况、创新与研发能力、人才储备状况及管理者应变能力等方面（张蕊，2009）。总的来说，有竞争力的品牌能帮助企业提高和延伸企业生命力。

# 第三章　理论框架

## 第一节　中小企业发展状况

改革开放以来，我国中小企业和民营经济发展迅速，并逐步成为经济发展中的重要力量。但是，最近几年，中小企业也面临着市场萎缩、融资难、用工贵、招工难、原材料价格上涨、出口退税政策调整、人民币升值等一系列问题。正确认识我国中小企业发展的现状和所面临的问题，对于促进我国国民经济健康可持续发展具有十分重要的现实意义。中国制造企业的平均寿命为 11.1 年，其中寿命达 20 年以上的仅 7.9%，不足一成。近日，一份来自环球市场年度盘点调研报告透露出的上述数据，抽取的样本是来自珠三角和长三角的 1000 多个优质制造业群体，60% 的样本来自珠三角，40% 来自长三角。既然是优质样本，所得出来的结果自然比普华永道的 2.5 年稍长。拥有 30 年以上历史的企业非常少，大多是台资或者港资企业。报告指出，国内企业寿命不足 5 年的制造业企业占 17.9%；寿命为 6~10 年的占 27.4%；寿命为 11~15 年的占 32.3%（这 11~15 年的企业寿命区间是最庞大的群体），寿命为 16~20 年的占 14.5%，达 20 年以上的仅占 7.9%。

随着人口红利逐渐消失，中国制造正在遭遇着空前的危机。中国正经历制造产业空心化，以服装、鞋子、打火机等引以为傲的产业正在失去光环。需求要素再不改变，中国制造过不了几年将会消失。未来的中国制造，其内涵应更多体现的将是品牌和创新。中国制造到该升级的时候了，出路是走品牌化路线。中国向来被称为制造大国，品牌小国，以制造业闻名，却少有拿得出手的品牌，这对想长久发展的制造业可不是什么好事。综观国外发展百年的企业，无一不是走品牌化路线。从产品生产、技术创新、提高管理入手，将产品做到极致。在现代，尤其是伴随着移动互联网时代的到来，人们的消费理念已经发生了变化，简单粗暴的产品已经不能适应市场发展需要，制造企业要想发展下去，就要走品牌化路线，将产品做到极致。中国制造业要想如此，唯有提升全要素生产效率，而未来的中国制造，其内涵应更多体现的将是品牌和创新，而不再只是简单的模仿和山寨。

因此，技术创新和品牌化经营是中国中小制造企业的一个产业升级的重要拐点。笔者自身从业中小制造业 30 多年，对技术创新和品牌化经营的重要性深有体会，尤其是对企业可持续发展的深刻影响。为此，笔者希望通过自身企业和 EDBA 同学企业对品牌和可持续发展关系研究为中国中小制造企业找出一条新的发展道路。

# 第二节　核心理论：资源基础理论

资源论的基本思想是把企业看成是资源的集合体，将目标集中在资源的特性和战略要素市场上，并以此来解释企业的可持续的优势和相互间的差异。资源基础理论为，企业是各种资源的集合体。由于各种不同的原因，企业拥有的资源各不相同，具有异质性，这种异质性决定了企业竞争力的差异。本节将分析资源基础论的发展、核心思想和在本书的理论应用。

## 一、资源基础理论的缘起和发展

资源是企业竞争优势的根本源泉，是资源基础论的核心理念。1933 年，经济学家 Chamberlin 与 Robinson 对企业拥有的特定资源的重要性进行了研究，提出了特殊的资源或匹配的能力是保证企业在非完全垄断竞争状态下获取经济回报的关键要素。他们认为这些要素是企业异质性的体现，Chamberlin 还专门列举了几种资源，包括我们所熟知的管理人员协调配合的能力、技术能力等，从中可以比较清晰地看出资源基础理论与资源概念的原型（张伯伦，1961）。

1959 年，Penrose 在 "*The Theory of the Growth of the Firm*" 一文中把企业描述成 "被一个行政管理框架协调并限定边界的资源集合"。她认为企业的内部资源是企业的增长动力和源泉，企业的增长是资源过剩和关于资源认识水平提高的产物，并将企业成长归结为企业内部资源的运用（Penrose，1959）。但更准确地说，早在《经济学理论》一书中马歇尔就曾提出了企业内在性特征对企业绩效的影响问题，将企业成长规律阐述成 "一个企业成长、壮大，但以后也许停滞、衰朽，在其转折点，存在着生命力与衰朽力之间的平衡或者均衡"。因此，从这个意义上说，马歇尔才是资源基础观的先驱创始者（马歇尔，1979）。

20 世纪 80 年代是资源基础理论的快速发展期，1984 年，Wernerfelt 提出了公司内部资源对公司获取经济利润并维持竞争优势的重要意义。他认为，企业内部的组织能力、资源和知识的积累是解释企业获得超额收益、保持竞争优势的关键，与外部环境相比，公司内部资源具有更重要的意义，并对企业创造市场竞争优势起着决定性的作用。他的观点对 90 年代以来的企业成长理论研究产生了非常深远的影响（Wernerfelt，1984）。后来的 Winter、Barney、Dierickx、Cool、Schendel、Conner、Petaraf、Foss、Heene、Collis、Shuen 等对企业持续竞争优势作了进一步探求，从公司内部资源和能力的角度对公司竞争优势的产生和维系进行了研究，共同形成了所谓的资源基础理论学派。

国内一些学者对资源基础理论也有较深入的本土理论和应用研究。例如，杨杜从经营资源的概念出发，通过对经营资源的数量、性质、结构和支配主体特性四个方面考察企业成长，分析了构成企业成长理论之核心的规模经济、成长经济和多样化经济，以及它们的结合状态——复合经济。他指出企业成长包括质和量的成长，企业成长表现不仅是一种单纯的数量扩张，还必须包括质的变化，特别强调了未充分利用的资源是企业成长的源泉（杨杜，1996）。张林格对企业竞争能力资源与企业规模的关系及竞争能力资源与事业结构即多元化的关系进行了研究，并在杨杜的二维成长模型基础上提出三维企业成长模型，在三维模型中添加了企业竞争能力这个维度。他认为竞争能力与企业规模的关系呈 S 形曲线，随着规模扩大，竞争能力逐渐提高，超过一定最优规模后，竞争能力递减。竞争与事业能力呈 X 型关系。随着多元化向专业化转变，规模效益提高，竞争能力逐渐提高，当多元化超过一定程度时，竞争能力下降（张林格，1998）。周三多在杨杜研究成果的基础上将企业成长的过程总结为：单一产品—主导产品—多元化经营的过程，并分析了张格林提出的三维企业成长模型中企业规模、事业结构与竞争能力三者的关系之后，结合美国学者马基兹（Markides，1995）的归核化理论，认为企业的成长过程遵循专业化—多元化—归核化的路径（周三多，2002）。

## 二、资源基础理论的核心思想

企业异质性是资源基础理论建立的基础。异质性资源的一大特征是企业之间流动性极差，Dierickx 和 Cool（1989）认为异质性资源完全是不能流动和不可交易的。笔者认为品牌是企业特有的综合竞争力的表现，是消费者的信任和认可，也是一种不可复制和替代的异质性资源。那么，拥有独特性、价值性、稀缺性和非流动性的品牌资源自然而然是企业获得超额利润的源泉，而且这种资源难以被其他资源替代，也是企业赖以持续发展的能源。因此，企业要获取有利或统治性的竞争地位必须要具有一定的内部资源条件（如品牌竞争力、管理体系和技术创新能力），尤其是那些其他企业所缺乏的具有战略性资财特性的企业资源（如技术、渠道、垄断、人才和品牌），这是资源基础理论的推导逻辑基础。

资源基础理论中的资源是一个集合概念，这和目前中国企业经常说的资源整合概念非常相似，早期资源基础理论研究者只是将一些有形的战略性资源（如货币资金）作为决定竞争地位的源泉。Wernerfelt（1984）首次把资源定义为："任何可以被认为是一个给付于企业力量或弱点的东西。更正式地说，一个企业的资源可以被定义为企业所永久性拥有的（有形和无形的）资产。资源的例子是品牌、内部的技术知识、高技能的雇员、贸易联系、机器、高效的程序、资本等。"Berney（1991）则把企业资源定义为："一个企业所控制的并使其能够制定和执行改进效率和效能之战略的所有的资产、能力、组织过程、企业特性、信息、知识等。"Peteraf（1993）进一步认为资源的异质性体现在资源的供给有限，至少其供给不可能快速扩大，所以这些企业可以因拥有对这些资源的垄断而获得超过平均利润的 Rent（租金）。Olive（1997）从企业内部审视，认为企业内部稀缺的生产流程、商誉、专利、专有技术以及和客户、社区乃至政府这样的制度参与者形成的制度资本都是资源的体现。

总的来说，资源基础理论是一种内生的路径依赖的理论。资源既是企业的基础，又是企业扩张的诱因。而管理能力决定了企业边界范围，企业扩张的最大极限是由企业为扩张储备的现有管理服务与单位投入扩张所需要的管理服务的比率所决定（如技术、研发、渠道和品牌效应等），扩张需要的管理服务依赖于扩张本身的特点、市场环境、新业务与现有业务的关系及扩张的方法（如品牌建设的投入也会影响市场和业务扩展的速度和规模）。导致企业扩张的内部诱因主要来源于企业存在着剩余生产性服务、资源和特别的知识，由于这些资源的不可分性，资源功效的多重性及资源的不断创新性导致企业永远存在剩余资源，不可能存在完全出清的均衡状态，因此企业存在永远的成长动力。例如，一家有品牌价值和竞争力储备的企业，在市场拓展方面会比没有这方面资源的企业来得有效和快速。还有小米、三星和苹果品牌价值的体现是利用更少的资源达到更好的市场效果（许晓明和徐震，2005）。

### 三、基于资源基础理论的品牌竞争力和可持续发展研究

品牌价值的创造和积累主要存在于企业持续运行中，也反映出品牌作为资源的一种延伸和储备。品牌增值表现为产品和服务竞争力在企业内的复制、消化与转化，体现了企业通过资源集聚、积累及成长等方式实现了品牌化经营的发展与转变模式。品牌展现的是企业综合竞争力的积累性增长，表明企业经过资源整合为品牌增值，同时品牌价值为企业资源集聚和利用提供空间。因此，品牌资产的积累、扩张，达到企业综合竞争力的积累性增长，将引发创新、变革及战略的资源外取与集成，实现企业资源的发展与再造，它反映着新的提升跨越以及创造出的企业生命壮大，从而不断获取企业竞争优势所需的技术和能力，创造企业可持续发展的土壤。

动荡变化、复杂纷繁的外部环境会对企业竞争优势所依赖的资源产生实质性影响，因为只有那些对外部环境变化能够资源再生的企业才能继续得到生存和发展，企业成长也就更多地要受到不可预期因素的制约。既然企业竞争优势来源于企业异质性资源，那么资源的持续性必然会受资源的不可模仿性决定。在经济利益的驱动下，没有获得经济租金的企业肯定会模仿优势企业，其结果是企业趋同，租金消散。因此，企业竞争优势及经济租金的存在说明优势企业的特殊资源肯定能被其他企业模仿（许晓明和徐震，2005）。例如，触屏智能手机由苹果引导并垄断市场，随后三星克服该技术壁垒快速占领智能手机一席之地，之后小米基于 MTK 芯片的去技术化应用，进入被忽略的低收入群体市场。智能手机的市场价格一直走低，说明该技术资源已经被克隆模仿，不再成为企业竞争优势。

资源基础理论的研究者们对这一问题进行了广泛的探讨，他们认为至少有三大因素阻碍了企业之间的互相模仿：逻辑主因关系不确定、路径依赖和模仿成本（王开明和万君康，2001）。如果三个阻碍模仿的因素被克服，在决定资源的竞争优势是否会持续上，资源的成长性和动态性就变得异常重要了。因此，最早明确提出动态能力概念的是 Teece 和 Shuen（1997）的资源战略观的框架。动态资源观点认为企业成长在非动态时点的选择上是有限度的，今天获得竞争优势或成功的原因部分是由于前期所追求的战略和所得到的经验和效率，而将来的竞争优势孕育于今天的过程之中。按照动态能力的资源理论，如果继续实施静态的资源观将对以稀缺资源的控制作为利润源泉的话，企业的竞争优势也将消失殆尽。因此，必须积极通过创新与管理，重构企业的竞争力和品牌价值，管理层需要具备不断重构已经拥有的与资源匹配的能力，建立企业动态的资源优势，也就是可持续发展能力的储备。

# 第三节　理论框架

本书的理论框架如图 3-1 所示。

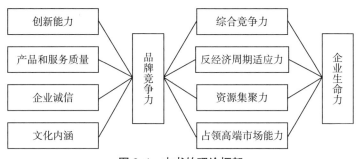

**图 3-1　本书的理论框架**

品牌竞争力对中国中小制造企业的生命力起着决定性的主导作用，对企业长期可持续发展也起到重要作用。中国中小制造企业自主品牌建设的认知度，随着竞争环境的变化变得尤其重要。企业的创新能力、产品和服务质量、企业诚信及文化内涵对品牌竞争力有着重要作用。企业必须不断进行产品创新，才能适应消费者日新月异的消费需求。而产品创新的前提是技术创新，只有持续不断地技术创新，才能推动品牌竞争力的持续提升（晏双生和章仁俊，2004）。数据分析结果表明，顾客的满意感是忠诚感的重要前提因素，产品和服务的质量与企业品牌竞争力之间有密切关系（汪纯孝等，2003）。良好的企业信誉是企业生存与发展的重要保证。对企业而言，诚信蕴含着巨大的经济价值，它不仅能提高交易效率，降低交易成本，而且有助于消费者树立对企业品牌的忠诚意识（董昭江，2003）。面对世界经济一体化潮流的冲击，我国企业如何提升品牌竞争力是企业赢得市场的关键。国内企业必须重新审视企业自有品牌的文化和内涵，实施具有现代化、人性化和国际化的企业品牌战略，从而提高其国际品牌竞争力（范二平，2005）。

总之，品牌竞争力能帮助企业获得更大的销量和更多的利益，在竞争中获得一个更强劲、更稳定、更特殊的优势（凯文·凯利，2003）。品牌作为一种无形资产能为企业带来更高的溢价，未来稳定的收益和满足消费群体一系列情感功能的效用。

# 第四节　研究问题

2014 年 11 月 13 日，Interbrand 发布了 2014 年最佳中国品牌价值排行榜。Interbrand 认为品牌代表着企业未来的竞争力和盈利能力。判断一个企业未来的发展，品牌实力比财务现况更有指导意义。对于一个企业而言，品牌不仅意味着市场份额，更意味着生存发展。因此，从品牌的角度来发展企业的业务，更有利于帮助品牌打造可持续的竞争能力。研究中小企业可持续发展主要有以下几个问题：

（1）中小制造企业如何理解有竞争力的品牌？

（2）品牌竞争力的提高需要哪些方面的因素？

（3）品牌竞争力究竟是企业的核心竞争力，还是综合竞争力？

（4）有竞争力的品牌和企业可持续发展能力有什么关系？

（5）提高中国中小制造企业品牌竞争力的路径和法则是什么？

# 第四章　方法论

## 第一节　研究设计

扎根理论（Grounded Theory）被认为是定性研究方法中最科学的一种（Hammersley，1990）。扎根理论的主要宗旨是从经验资料的基础上建立理论。研究者在研究开始之前一般没有理论假设，直接从实际观察入手，从原始资料中归纳出经验概括，然后上升到理论。扎根理论在理论建立的整个过程中不断运用比较原则，从收集到的第一份资料开始，研究者就进行比较以刺激思考，并能全面、扼要地抓住研究现象的主要特质。借助比较，资料得以整理，可以发现数据之间的秩序，看到各种现象之间的关系。这是一种自下而上建立实质理论的方法，即在系统收集资料的基础上寻找反映社会现象的核心概念，然后通过这些概念之间的联系建构相关的社会理论（毛基业和张霞，2008）。

作为一门实践导向的学科，管理学，尤其是企业管理学为案例研究这样一种经验性、贴近现实的研究方法提供了发展和繁荣的沃土。1908 年，哈佛商学院率先将案例研究方法引入企业管理教学。随后的 50 年时间里，哈佛商学院充当了在企业管理领域普及、应用案例教学法的旗手的角色，并开创了很多高质量的案例及应用范式。20 世纪六七十年代，美国企业面临的社会经济环境中的不确定性因素不断增加。这种形势为经验主义学派和权变理论学派的兴起创造了有利条件。这两个管理学派都高度重视案例研究方法，虽然二者在研究思路上又各有不同——经验主义学派侧重于研究个体企业管理实践，在服务于个案研究这一目标之下，才考虑做多个企业案例的比较研究与归纳、概括；而权变理论学派侧重于通过多案例研究，归纳、总结出若干基本模型，以指导管理实践。20世纪中后期，案例研究方法在管理学领域中的发展之迅速、涉及面之广度和研究进展之深度，极为引人注目。今天，无论是在战略管理或组织管理领域，还是在管理会计、市场营销管理、生产作业管理、信息技术管理领域，都可以看到丰硕的案例研究成果（余菁，2004）。

虽然案例研究对实证和扎根理论有很好的帮助，但作为一种社会科学研究方法，案例研究总体上仍然有很多局限。首先，该科研领域的专业性、知识权威在很大程度上必须表现为令人信服的经验性判断；其次，正确的经验性判断必须来源于对以往的历史事件的认识和积累；最后，案例研究方法在专业知识、经验的积累和传承的过程中，起着其他研究方法不可替代的作用（余菁，2004）。这三个前提条件下的案例研究对EDBA来说是非常合适的，能通过笔者的丰富管理经验对整体性的要求来得出归纳性的结论或预测未来。案例研究不仅可以用于分析受多种因素影响的复杂现象，它还可以满足那些开创性的研究，尤其是以构建新理论或精练已有理论中的特定概念为目的的研究需要。因此，本书是一种实证主义定量的（Positivist Quantitative）研究范式，也是另一种解释主义定性的（Interpretivist Qualitative）研究范式（Creswell，1994）。伴随着研究工具和方法的交融，多案例研究的应用范围正逐步突破其产生只是研究者们设定的"仅限于对相对单一的社会经济现象或有关事例的深入研究"这一狭窄的研究范围。因此，笔者认为多案例研究能提供较好的理论发现基础和普及性应用。图4-1为扎根理论研究程序示意图。

Yin（1994）认为案例研究不同于扎根理论，其认为案例研究事先可以有研究理论框架或假设，但他又指出探索性案例研究遵循的正是扎根理论的方法。事实上，很多探索性案例研究主要采用的便是扎根理论研究方法。Yin（1994）的系统化案例研究方法对案例研究的科学化、规范化做出了特殊贡献。Yin（2003）将案例研究的适用范围进行了清晰的界定，并指出案例研究兼具描述、解释和探索的功能。更为重要的是，如同定量研究有严格的程序和步骤一样，各种类型的案例研究都要遵循规范化的步骤：案例研究设计、数据收集、数据分析和撰写研究报告四步，每个步骤又包含了多种实现方法和手段。Yin（2003）认为尽管案例研究不能得出统计意义的普遍性结论，却可以得出分析的普遍性结论。案例研究是一种经验性的研究，而不是一种纯理论性的研究。案例研究的意义在于回答

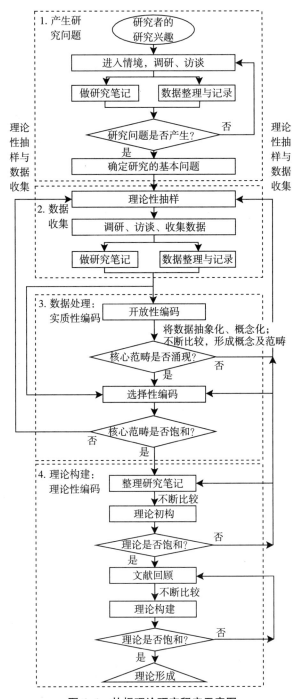

**图4-1　扎根理论研究程序示意图**

资料来源：贾旭东，谭新辉. 经典扎根理论及其精神对中国管理研究的现实价值［J］. 管理学报，2010，7（5）：656-665.

是为什么和怎么样的问题。

Eisenhardt（1989）综合了 Glaser 和 Strauss（1967）的扎根理论、Miles 和 Huberman（1994）的定性数据分析方法、Yin（1994）的案例研究框架和三角证据法等方法，展现了如何通过案例研究来创建理论的途径——证据三角形（Triangulation）。三角测量强调对同一现象采用多种手段进行研究，通过多种数据的汇聚和相互验证来确认新的发现，避免由于偏见而影响最终判断，解决了研究的构念效度问题（Yin，1994）。与其他学者相比，Eisenhardt 更加强调多案例研究，认为案例数目过少的话，得出的经验不能令人信服（除非是单个案例中含若干小案例）。Eisenhardt（1989）认为，从案例研究中构建理论至少需要四个以上的案例，或一个案例中嵌套几个小案例，否则结论不能令人信服。

案例研究基本可以分为三个阶段进行：第一是研究设计阶段，明确的研究问题。对任何实证研究来讲，在开始阶段明确定义研究问题都是最重要的步骤之一。这些问题可以用什么人、什么事、在哪里、怎么样和为什么来表示，而案例研究最适合怎么样和为什么这两类研究问题（Yin，1994）。第二是数据收集阶段，Miles 和 Huberman（1994）强调数据收集和分析过程应被记录，在最后的报告中要加以说明。这样其他人原则上遵循同样的程序可以得到相同的结论，或者更有可能追随下去并评价内在的逻辑。这对证明案例研究结论的信度和效度来说是非常重要的一个方面（Benbasat，1987）——采用多种数据收集的方法。案例研究的一个重要优势就是有机会收集不同的证据来展示整个事件丰富的画面（Yin，1994）。第三是数据分析阶段，这包括实地记录（Field Note）、对原始数据编码和数据展示。Miles 和 Huberman（1994）认为利用编码技术可以帮助研究人员从实地记录及其他资料中分析概括出一些构念和关系，将那些片段的、局部的数据系统化地展示，并推断数据之间的逻辑关系。随着数据收集和数据分析的进行，研究人员需要不断地推断、修正数据之间的逻辑关系，推理出研究结论。最后以时间序列分析和模式匹配分析方法来展示研究结果（毛基业和张霞，2008）。

Yin（2003）认为案例研究根据研究目的的不同可以分为三种类型：解释性案例研究（Explanatory Case Study）、描述性案例研究（Descriptive Case Study）和探索性案例研究（Exploratory Case Study）。解释性案例研究通常用于因果关系的探索，通过案例的多维信息来阐明某个问题的逻辑关系；描述性案例研究则在研究前就形成一个明确的理论导向，以此作为案例描述和分析的理论框架；探索性案例研究往往会超越已有的理论体系，运用新的视角、假设和方法来探索某种复杂现象，形成关于该现象的新知识和新理论。本书的研究类型是解释性案例研究，研究目的是通过中国中小制造企业的实际案例演技解释品牌竞争力和企业可持续发展的关系。

本书将紧紧围绕中国中小制造企业品牌和可持续发展问题进行研究，研究中将借助品牌学、经济学、传播学、管理学、战略管理学、心理学、人力资源管理学、消费者理论、公共管理理论等学科知识，并将这些理论放在中小制造企业品牌和可持续发展问题上进行综合性研究。鉴于研究明确的目标，本书将采用理论与实证、历史与现实分析相结合，中小制造业品牌和可持续发展实践对比分析等方法，从文献研究开始，着重案例分析和直接观察（Observation）两个角度。案例分析我们分别选择了中国中小制造企业主要代表行业的代表性企业，通过这些代表性企业的品牌化经营历史与现状、品牌化经营和可持续发展取得的成功因素、品牌化经营和可持续发展面临的困境等问题研究，将从点上分析出行业代表性企业的品牌化经营和可持续发展问题。同时，我们还将运用直接观察，对案例企业进行实地考察，只对所发生的事或人的行为进行直接观察和记录。在观察过程中，笔者所处的地位是被动的，也就是说笔者对所观察的事件或行为不加以控制或干涉。例如，在进行企业生产环境实地考察时，笔者并不访问任何人，只是观察现场的基本情况，然后记录备案。笔者将考察发现和访谈记录进行对比分析，以提高数据的可信度和质量。在此基础上，我们将研究结果进行综合，最终概括撰写本书的报告。具体研究思路与方法如图 4-2 所示。

李茁新和陆强（2010）认为案例研究可以分为单案例研究与多案例研究。单案例（Singlecase）研究是对一个案例进行深入详尽的描述、探索和分析；多案例（Multiple Case）研究则是遵循理论抽样（Theoretical Sampling）的复制法则（Replication Logic），选择多个案例进行案例内分析（Within-Case Analysis）和跨案例分析（Cross-Case Analysis）。从多个案例中推导出的结论往往被认为更具说服力，整个研究也常常被认为更经得起推敲。但是，单案例研究在特定的条件下有其独到的价值，而且许多适用于进行单案例研究的场合并不适合进行多案例研究。本书的研究类型属于多案例研究，以中小制造企业为样本对象，选取有代表性的企业（年收入超过 1 亿元，拥有自主品牌十年以上，占有市场份额超过20%），来进行案例内分析和跨案例分析。案例数据来源包括：实地记录、档案

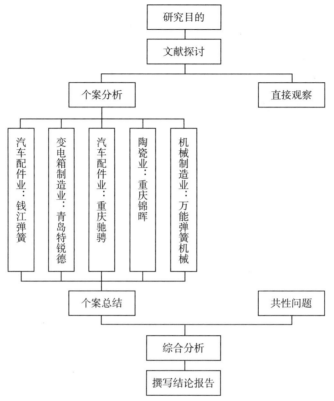

**图4-2 研究流程和研究方法**

资料来源：笔者整理。

记录、访谈、直接观察、参与性观察和实物证据。本研究将利用不同种类的证据来源相互补充、相互印证，形成测量三角形类似的效果，从而提高案例研究结论的有效性或正当性和可靠性（Eisenhardt，1989）。

笔者从事制造业已有30多年，对中国中小制造业面对的品牌竞争力和企业持续发展问题有深刻理解和观察。从行业参与者和经营者的角度来看，笔者是局内人（Insider），但站在案例选择和观察的研究者角度，笔者是局外人（Outsider）。以局外人的身份、局内人的视野进行研究，可以用更加客观和理性的态度来探索案例情景，而这些细节又非常重要，直接观察被作为重要的数据收集和分析方法。在这种复杂的情况下，笔者必须尽量采取各种方法降低这种偏见对研究成果的影响。被实践证明有效的方法包括：严格遵循案例研究的程序，进行透彻的、全面的文献综述，明确界定行动者和研究者的不同功能，充分尊重导师的纠偏和修正等（李苗新和陆强，2010）。

数据分析是案例研究方法构建新理论的关键环节，也一直是案例研究中发展最慢、最难掌握的一个环节（Yin，2003）。它是一个多样化、没有固定范式（Paradigm）的过程，很多判断取决于研究者。Miles 和 Huberman（1994）把数据分析的过程概括为三项主要活动：数据提炼（Data Reduction）、数据展示（Data Display）和结论推导或验证（Conclusion Drawing/Verification）。数据提炼是将数据加以筛选、聚焦、简化、抽取，包括将现场记录加以整理；数据展示是一个将数据加以适当组织、压缩、集成，以便进行归纳的过程；数据推导是指确认数据中隐含的模式、规则和逻辑关系的过程。本书的分析单位（Unit of Analysis）是组织层面，即个案企业对象。

Yin（2003）强调了分析策略（Analysis Strategy）的重要性，描述了三个主要策略：第一个策略是使用研究者已经形成的理论主张（理论假设）来指导研究，这些理论主张（理论假设）（Theoretical Proposition）有助于研究者聚焦到相关的数据，并组织案例研究。第二个策略是确定并检验竞争性（备选）（Rival or Alternative）解释。如果数据不支持竞争性（备选）假设，那么原解释的可信度就提高了。第三个策略是形成组织案例研究的描述性框架。这一策略无须理论主张（理论假设）作指导，描述性框架可以是关于研究对象的各个维度或各个方面的。Yin（2003）还提出了五种具体分析技术，包括：模式匹配（Pattern Matching）、建构性解释（Explanation Building）、时序分析（Time Series Analysis）、使用逻辑模型（Logic Models）和跨案例分析（Cross-Case Analysis）。灵活适当地使用分析策略和分析技术可以提高研究的规范性。笔者将按照 Yin（2003）推荐的方法，对采集的数据与笔者的理论主张（理论假设）（Theoretical Proposition）对比以聚焦相关的数据，验证假设并组织案例研究。在众多的分析技术上，笔者将主要采用建构性解释分析法，以使用逻辑模型（Logic Models）和跨案例分析为辅助分析。

Gall 和 Borg（1996）从分析过程的总体特征出发，将数据分析过程归纳为三类：解释性分析（Interpretational Analysis）、结构性分析（Structural Analysis）和反射性分析（Reflective Analysis）。笔者将主要采用解释性分析法，通过对数据的深入考察，找出其中的构造主题和模式。扎根理论（Grounded Theory）的编码（Coding）技术（Strauss & Corbin，1990）是一种典型的解释性分析。编码过程包括以下所介绍的三个阶段。在开放编码（Open Coding）阶段，研究者对数据库中的数据进行细分。比如：一个问题和一个回答都可以成为一个数据细分，然后设计出一系列的类目（Categories）对数据进行合并；每一个数据类目都代表一种现象（Phenomena）。在轴向编码（Axial Coding）阶段，依据类目与子类目间的因果关系、类目与类目间的连接关系和模式，数据被重新归类整合；在选择编码（Selective Coding）阶段，核心类目被选择或者创建，数据的内在逻辑以一种统一的形式展示出来，从而使模式和命题的发现变得容易。

根据实证案例研究数据采集和分析结果，本案例研究成果可能包括：①验证了某一领域现有知识、理论或模型的正确性。通过在新的情况下检验这些理论和模型，进一步提高其正确性和通用性（Generalizability）。②细化（Refine）或者丰富（Enrich）了某一领域的现有知识、理论或模型，使其更准确、更完整地反映某种情况。③驳斥了某一领域现有知识、理论或模型的正确性。通过案例研究证明现有理论无法解释某种情况，甚至存在背离。④构建新的理论框架。

最后，由于案例研究是实证性社会研究的一种，所以笔者将以构建效度、内在效度、外在效度和可靠度这四种检验来评定案例研究的规范性和严谨性。建构效度是用来检验研究是否已经为要研究的概念建立了正确、可操作的测量标准。内在效度是仅用于解释性或因果性案例研究，这种标准要求研究者的推导符合逻辑和正确的因果关系，防止产生不正确的结论。外在效度是建立一个范畴，把研究结果归纳于该类项下，用来评判研究结论能否被推广。可靠度是要求案例研究的每一步骤（如资料收集过程）都具有可重复性，并且如果重复这一研究，就能得到相同的结果（李茁新和陆强，2010）。本书的研究设计列表如表 4-1 所示，研究执行步骤如图 4-3 所示。

本书遵循理论探索—实证研究—对策建议的研究思路。首先是理论探索，包括文献梳理与理论模型创新两部分。其次是实证研究，综合考虑时间、地区和产业等相关因素，利用实际统计数据，结合理论模型，完成实证模型估计与检验。最后是对回归结果的分析，考察品牌和企业可持续发展的关系，以及有竞争力品牌对制造性企业发展和绩效的影响，为企业家建设有竞争力品牌和持续发展提供建议。本书的技术路线图如图 4-4 所示。

**表 4-1 研究设计列表**

| 母系理论 | 品牌理论和企业可持续发展理论 | |
|---|---|---|
| 研究问题 | 品牌和企业可持续发展的关系研究 | |
| 研究内容和局限 | 研究内容 | 第一部分：定性研究品牌和企业可持续发展的关系<br>第二部分：定量研究品牌和企业绩效的影响 |
| | 决策者 | 企业家 |
| | 行业 | 有代表性的企业（年收入超过 1 亿元，拥有自主品牌 10 年以上，占有市场份额超过 20%） |
| | 区域 | 中国中小制造企业 |
| | 时间 | 2012~2015 年 |

资料来源：笔者整理。

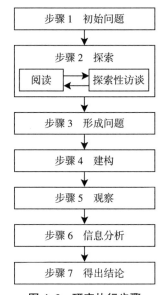

**图 4-3 研究执行步骤**

资料来源：巴黎第九大学 EDBA。

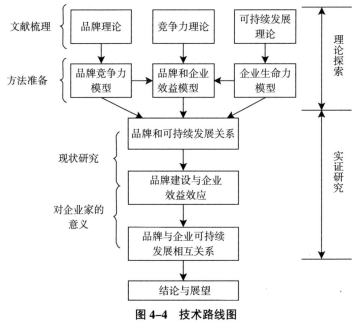

**图4-4　技术路线图**

资料来源：笔者整理。

# 第二节　个案和受访者的选择

案例选择的标准与研究的对象和研究问题有直接关联，它确定了什么样的属性能为案例研究带来有意义的数据。案例研究可以使用一个案例或多个案例。单个案例研究可以用作确认或挑战一个理论，也可以用作提出一个独特的或极端的案例。多案例研究的特点在于它包括两个分析阶段，案例内分析和交叉案例分析。前者是把每一个案例看成独立的整体进行全面的分析，后者是在前者的基础上对所有的案例进行统一的抽象和归纳，进而得出更精辟的描述和更有力的解释。

本书所采用的研究类型是属于多案例（Multiple Case）研究，以中国中小制造企业为样本对象，选取有代表性的企业（年收入超过1亿元，拥有自主品牌十年以上，占有市场份额超过20%）来进行案例内分析（Within-Case Analysis）和跨案例分析（Cross-Case Analysis）。本书共采用了五个案例（笔者自身企业、EDBA同学企业和朋友企业）作为研究对象。各案例公司的详细介绍在案例研究部分呈现。以下是五个案例公司的简介。

**案例一：钱江弹簧集团（联系人：笔者张涌森）**

钱江弹簧创建于1983年，当初只靠200元人民币在自己家里办起了一家弹簧加工的小作坊（个体工商户），请来一两个工人，就这样白手起家，为别的企业做一些吃力不赚钱的贴牌产品（小弹簧），也是改革开放后较早的个体工商户之一。1988年，钱江弹簧以800元人民币（100美元不到）、8个工人、200多平方米农舍（租用），成为杭州市首批试点的八家民营企业之一，企业从无到有，从小到大，从弱到强，现已发展成为中国弹簧行业综合实力第一的弹簧制造企业。旗下拥有杭州市钱江弹簧厂、杭州市钱江弹簧研究所、钱江弹簧（杭州）有限公司、钱江弹簧（美国）有限公司、钱江弹簧（北京）有限公司是研究、制造各类弹簧的专业工厂。主要产品有：汽车弹簧（悬架弹簧、稳定杆、扭杆、发动机气门弹簧、油泵弹簧、皮带张紧轮弹簧、离合器系列弹簧、变速箱弹簧、制动系统弹簧、刹车系统弹簧、转向系统弹簧、动力系统弹簧、传动系统弹簧、行李箱扭杆弹簧、内饰系列弹簧等）、航空航天弹簧、军工弹簧、高档家用电器弹簧、电动工具弹簧、工程机械弹簧、铁路轨道系列弹簧、高压开关弹簧、电梯系列弹簧等。钱江弹簧主要为世界500强企业、全球行业领军企业和世界著名品牌配套生产，产品出口欧美及东南亚地区。

钱江弹簧积极实施"布局中国、服务全球"战略，企业自创立以来，一路突飞猛进，迅速做大做强，在长三角经济圈—杭州和环渤海经济圈—北京，各拥有一个大型制造基地，凭借自主创新和资源互补形成的竞争优势，牢牢占据全球制造高端产业链，成为具有国际影响力的中国弹簧品牌。

钱江弹簧杭州公司和钱江弹簧北京公司都是国家级高新技术企业，现拥有60多项国家专利和300多项行业核心技术，参与编制国内外弹簧相关标准20多项，在行业内率先通过ISO9001质量管理体系认证、美国QS9000质量管理体系认证、德国VDA6.1质量管理体系认证、ISO/TS16949质量管理体系认证和ISO14000环境管理体系认证，并率先推行ERP系统管理和三定5S管理等一系列现代化管理手段，研发能力、工艺水平、质量管理等，都能达到世界最高水平。

钱江弹簧恪守"追求卓越、奉献价值"的理念，以"让中国弹簧走向全世界"为己任，创造出无数辉煌业绩，谱写出无数动人篇章，因而获誉"小弹簧奏出大乐章"。企业曾多次获得国家、省、市、区多种荣誉称号。钱江弹簧拥有强劲的品牌竞争力和影响力。

**案例二：青岛特锐德电气股份有限公司（联系人：于德翔，EDBA 2012 班同学）**

青岛特锐德电气股份有限公司成立于 2004 年 3 月 16 日，是中德合资的股份制企业，国家级高新技术企业；2009 年 10 月成功上市，成为创业板第一股，股票代码：300001。公司注册资本金 2.004 亿元，总资产 18.9 亿元；公司占地面积 200 亩，总建筑面积 124000 平方米；年设计箱变产能 5000 台，年设计产值 20 亿元。青岛特锐德电气股份有限公司的主营业务是 220 千伏及以下的变配电设备的设计、制造、租赁并提供相关的技术服务，拥有专利和专有技术 100 多项，主力打造青岛特锐德-TGOOD 品牌。

**案例三：重庆驰骋轻型汽车部件股份有限公司（联系人：戚守柱，笔者朋友）**

重庆驰骋轻型汽车部件股份有限公司是一家民营股份有限公司，现有员工 780 人，中高级技术人员 78 人。工厂占地面积 72600 平方米；建筑面积 50000 平方米、现净资产 1.8 亿元。公司决策机构为：董事会，组织机构实行总经理负责制。公司为了提高综合竞争能力，在渝北区委、区政府及各有关部门的支持下，于 2002 年搬迁入住渝北科技产业园，投资 1.2 亿元建设了新的生产基地和企业技术开发中心。公司主要生产产品：微车及轿车的前后副车架（前梁托架）、侧围外覆盖件、前后稳定杆总成、后轴总成、微车及轿车多种大型车身覆盖件。公司主要客户：重庆长安集团公司、昌河集团公司和哈飞集团公司。公司生产的产品在以上三大集团的市场占有率均在 60%，前十名客户近三年销售额合计占到总销售收入的 95%。公司连续几年被长安集团公司、昌河集团公司、哈飞集团公司评为质量先进单位，十佳优秀供应商。2014 年收入为 3.5 亿元，净利润为 340 万元。公司品牌为重庆驰骋。

**案例四：重庆锦晖陶瓷有限公司（联系人：张民，EDBA 2014 班同学）**

锦晖陶瓷是由华陶瓷业（原兆峰陶瓷）按现代企业制度改制而成立的股份公司。主业设计、制造和经销高档陶瓷酒瓶、高档日用瓷，产能达 8000 万件，包括硬质瓷、强化瓷、超骨瓷、精细炻瓷和超级硬质瓷六大瓷种，拥有全套德国制瓷设备和工艺，近百项国家发明专利、设计专利和版权，是日用瓷和陶瓷酒瓶的领导者。国内战略伙伴包括郎酒、剑南春、五粮液、茅台、沱牌、水井坊、西凤酒、稻花香、古井贡酒等名企；为人民大会堂、钓鱼台、中南海和驻外使馆专供国宴用国徽瓷，以及万豪、洲际、希尔顿、凯宾斯基等国际连锁五星酒店的定点供应工厂；国际伙伴如美国俄伦达和利比、意大利亚利和古之妮、比利时贝高福和迪士特、俄罗斯 PIK 等国际名牌。

### 案例五：浙江万能弹簧机械有限公司（联系人：金苗兴，笔者朋友）

浙江嵊州市万能弹簧机械有限公司位于全国闻名的越剧之乡、领带之乡、浙江嵊州市经济开发区，专业生产电脑弹簧机械设备及配套产品，被列为中国弹簧专业协会会员单位，公司下属弹簧机械研究所，集弹簧测试、科研与开发于一体。公司占地面积 2 万平方米，现有员工 180 多人，其中高级工程师 2 人，工程师 6 人，专业工程技术人员 15 人，可根据用户要求设计制造各种规格的产品。经过 20 多年的艰苦创业，企业规模日益壮大，目前已拥有电脑数控卷簧机、自动卷簧机、扭簧机、磨簧机、回火炉、调直机六大系列 30 多个品种，连续三年获中国零部件协会优秀新产品奖，产品已获得多项国家专利，成为省级弹簧机械的龙头企业，产品销往全国各地，并远销东南亚等国家和地区。

表 4-2 为五个案例目标公司的比较。

**表 4-2 案例目标公司比较**

| 比较维度 | 钱江弹簧 | 重庆驰骋 | 特锐德电气 | 锦晖陶瓷 | 万能机械 |
|---|---|---|---|---|---|
| 年收入（亿元） | >10 | >3.6 | >6.6 | >1.2 | >1.2 |
| 自主品牌（年份） | 33 | 30 | 12 | 34 | 22 |
| 市场份额（%） | 25 | 5 | 35 | 20 | 10 |

资料来源：笔者整理。

当研究要涉及的不止一个案例时就应采取多个案例设计。案例的数量不是由抽样逻辑所决定的，因此不会出现样本大小的问题。研究者在选择案例时应该审慎仔细，所选择的案例应该能预测相似的结果或基于可以预测的原因得出相反的结果。Yin（1994）把前者称为原样复现（Literal Replication），后者称为理论复现（Theoretical Replication）。在同一个研究中的一些案例可能是原样复现而另一些案例可能是理论复现。比如，笔者选择了几个高度关注品牌建设的案例（如钱江弹簧、青岛特锐德电气等），也选择了几个比较不重视品牌建设的案例（如重庆锦晖陶瓷、重庆驰骋汽配）。选择几个成功的个案是原样复现，选择不成功的个案作为比较则是理论复现。在选择成功和不成功的案例时，笔者定下成功所需条件的理论主张和理论假设，并选择那些可能会揭示这些条件是否关键的案例。实际上，在研究的初始阶段该设计可能就会有所变化。原来认为独特的案例研究也许最终只是常规情况。在多个案例研究中所要选取的案例也许会根据所收集的新信息而作出修改。开展多个案例研究需要投入大量的资源和时间，笔者邀请了EDBA 同学 Jack Woo 和王奎参与访谈和研究，并确保收集数据的程序步骤和数据的分析应该符合标准。

如何选择访谈对象？深度访谈研究关注的不是样本数量的多少，而是样本是否可以比较完整地、相对准确地回答所要研究的问题。由于访谈研究的样本比较小，一般采用目的性抽样的方法来确保访谈那些能为主要研究问题提供最大信息量的研究对象（孙晓娥，2012）。例如，笔者在研究品牌和企业可持续发展的课题时，笔者所要寻找的访谈对象并不是一般的员工，而是那些曾经参与企业品牌建设过程中的管理人员，同时在日常工作中知悉品牌在企业发展过程中所扮演的角色和影响。因此，研究访谈对象主要包括：企业拥有或者负责人（股东、董事、法人代表）和企业管理者（总裁、CEO、COO、CFO、企业公关、生产总监、市场部门负责人、营销部门经理、质量部门负责人、战略和企业发展部门负责人等）两大类。笔者发现企业拥有者或负责人对品牌建设路径及其对企业发展的影响思考尤其深入。笔者 EDBA 同学大部分为企业家或企业创办人，因此，通过访谈获得的数据可信度高。同时，为保障被访谈人员有足够的自由发表意见，案例企业创始人和负责人均不参与案例的任何访谈。

# 第三节 数据收集

案例数据来源包括：实地记录、档案记录、访谈、直接观察、参与性观察和实物证据。这些数据的来源是相互补充的。本书主要采用的数据收集方式是访谈、直接观察和实物证据。

## 一、高管访谈

访谈是案例研究中最重要的数据来源。本次研究采用的是半结构型访谈模式。在开展这种访谈之前，笔者预先准备好一系列的访谈问题，并保持灵活开放的态度。同时根据受访者的回应提出后续问题和探究问题。这种访谈形式在定性研究中经常被使用，因为它提供了访谈的焦点。同时访谈者也可以灵活地根据受访者的回应迅速作出反应。为确保访谈质量和避免个人理解偏差，笔者邀请了EDBA同学Jack Woo和王奎参与了多次现场访谈工作，会后还组织访谈者一起讨论和校验访谈记录，以保障访谈笔记的全面性和质量。

访谈开始前，首先笔者会介绍参与访谈人员、访谈目的、研究问题大纲、访谈内容保密性、学术研究成果分享、反馈和确认机制等内容。同时笔者也会征求被访谈人员对访谈内容录音的许可。笔者一般会这样介绍："本次访谈主要的目的是法国巴黎第九大学针对EDBA项目的研究所用，对企业的品牌与可持续发展的案例进行研究分析。这次访谈我们抽选了五六家企业，钱江弹簧是其中的一个案例，我们将对整个访谈过程进行录音，作为日后学术研究的资料整理。"

特殊情况下，如笔者在扮演被访谈者的角色时，访谈由EDBA同学Jack Woo主持。Jack Woo事先会了解访谈大纲并对研究内容掌握。Jack Woo这样对笔者介绍访谈安排："这是一次法国巴黎第九大学EDBA项目研究的访谈，这次访谈我们抽选了五六家企业，钱江弹簧是其中的一个案例。很荣幸邀请到钱江弹簧的董事长（投资人——张涌森先生），来给我们讲述他个人对本次课题，包括企业品牌、竞争力、可持续发展的一些理念，我们将对整个访谈过程进行录音，作为日后学术研究的资料整理。此次访谈笔者张涌森有两个身份：第一，笔者是法国巴黎第九大学EDBA这个项目的研究者；第二，笔者也作为企业的拥有者、经营者，参与本次学术研究，来分享他丰富的管理经验，来论证最好的管理科学，这并非出自大学的研究，而是管理者的亲身经历、实战经验。"

每次访谈笔者遵循一定的范式。从具体的问题开始（请被访谈者介绍自己的岗位和职能），建立起一个互信的基础和良好的对话节奏，然后慢慢进入开放的问题，并对访谈中出现的关键点进行追问，使受访人有机会就一些重要问题发表看法，深入地表达意见，最后在访谈结束时再回到总结性的具体问题，使访谈自然地结束。每次访谈均可以生成大量的文本性资料，在每一次访谈完成之后，笔者和研究人员都尽快完成访谈的笔录，开展资料整理和分析工作，这有助于在每一次访谈之后，校正访谈大纲，去掉非相关的问题，增加从所做访谈中而来的新的提问重点，使采访大纲更能反映所研究的问题与现实。米尔斯和胡伯曼（Miles & Huberman，2008）建议研究人员在收集资料的同时应早开始分析资料，将分析资料和收集资料穿插进行，以便及时根据访谈的资料来修正研究的问题和方向。

完成访谈笔录后，笔者需要对访谈资料进行系统整理，并形成理论的关键环节，这过程称为编码。编码指的是对访谈资料根据多个分类标准进行归纳总结，它是一个从访谈资料中逐渐提炼概念的过程，即用简短的词组或词语来概括访谈资料中的人物、事件、概念和主题等。查马兹（2007）指出，"编码有助于我们获得对资料的新的理解视角，有助于进一步关注资料的收集，而且可以引导我们向着未知的方向前进"。斯特劳斯和考宾（Strauss & Corbin，1990）概括了三种编码方法：Open Coding 开放式编码、Axial Coding 主轴（关联式）编码和 Selective Coding 选择式编码。举例：①开放式编码。在初步分析访谈资料的基础上，笔者确定了数十个开放式编码，例如，技术创新、质量保证、诚信经营、企业文化、市场适应力、资源集聚力、议价能力、人才效益、风险保障、危机处理、市场占有率、利润率等。②关联式编码。在对开放式编码反复思考、不断梳理和辨析的基础上，笔者将开放式编码综合为关联式编码，并对这些编码的内涵进行了进一步的细化和深化。例如，品牌竞争力、企业生命力、风险抵抗力等。③选择式编码。在对访谈资料反复阅读、对开放式编码和关联式编码反复辨析之后，笔者终于确定了最后的几个选择式编码：科研合作、加强关系、资源整合等。

## 二、现场观察

观察分为非参与型观察和参与型观察两种。非参与型观察是指研究者不是他所观察的群体或社区的一个成员。研究者进行非参与型观察时相当重要的一点是要尽可能避免凸显自己的存在，以免干扰所观察地区人们正常的行为和活动。除了做实地笔记之外，也可以采用其他能记录所观察现象的方式，如照相和录像。参与型观察是指研究者成为所观察的社区或社会交往中的一个参与者。参与型研究最大的问题是它可能带有潜在的偏见。研究者可能不像旁观者那么客观，也不能对所调查案例的所有方面给予足够的注意和客观地提出问题。因此，本书就采用这种非参与型观察方法。例如对个案企业进行实地考察和拜访，观看员工对生产质量和技术创新的重视和投入，也可以反映出个案企业对品牌的观念和持续发展的审视。同时，现场观察也可以验证访谈取得的数据和信息。

笔者从事制造行业 30 余年，对生产流程、管理和工艺有一定的体会。本书采用的是自然观察法，即研究人员在一个自然环境中（包括工厂、办公室、展示地点、服务中心等）观察被调查对象的行为和举止。笔者采取以下程序，先观察后访谈，再整合校验数据（见图 4-5）：

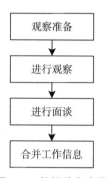

观察准备

进行观察

进行面谈

合并工作信息

**图 4-5　数据收集步骤**

资料来源：笔者整理。

（1）观察准备：笔者准备一个初步的观察任务清单和访谈提纲。

（2）观察：在个案企业的协助下，对员工的工作进行观察。在观察中，要适时地做记录。

（3）访谈：根据观察情况，选择一个主管或有经验的员工进行面谈，因为他们了解工作的整体情况以及各项工作任务是如何配合起来的。

（4）合并工作信息：把所收集到的各种信息合并为一个综合的工作描述，这些信息包括：主管、工作者、现场观察者和有关工作的书面材料。

## 三、书面资料

书面资料也是一种证据，可以为所有调查的案例提供相应的信息。书面资料是指信函、备忘录、公报、会议记录、报告、行政管理文件、档案记录（年报、半年报、通函等）、公开出版品、访谈与演讲记录等个案企业对外及对内发布的信息。书面资料的作用是证实或证伪。通过其他来源获取的资料，它可以表现为文件、会议纪要、各种书面记录。结合访谈、观察和书面资料数据分析，通过数据三角验证可以加强数据的可靠性。Yin（1994）在案例研究中的一些总结中提到，案例研究中证据资料的几种常用来源为文献、档案记录、访谈、直接观察和实物证据。

书面资料的好处是可以反复阅读、文件包含事件中出现的确切名称、参考资料和细节，以及覆盖面广（时间跨度长，涵盖多个事件和场景）。但是，有时候书面资料也会反映作者（个案企业）的偏见（如夸大某些情节或内容）以及一些人为因素会影响文件资料的获得。采用 EDBA 同学企业的一个好处就是，笔者可以从企业家或创业者中获取较为真实可靠的信息，而且不会有太多的对书面资料保密的限制。

Yin（1994）提出了数据收集的三条原则：

（1）使用多种来源的数据，允许研究者对所获得的数据进行三角互证；

（2）建立案例研究的数据库，对所收集的数据进行整理和记录成文字；

（3）建立证据链，使一个外来者能够从最初的研究问题，跟随着相关资料的引导，一直追踪到最后的结论，反之亦然。

# 第四节　数据分析

针对案例研究，Yin（1994）提出了两个主要的分析数据的策略。第一个策略是使用研究者已经形成的理论主张（理论假设）来指导研究。这些理论主张（理论假设）有助于研究者聚焦到相关的数据，并组织案例研究。第二个策略是形成组织案例研究的描述性框架。这一策略无须理论主张（理论假设）作指导。描述性框架可以是关于研究对象的各个维度或各个方面的（徐碧美，2004）。本书是基于扎根理论，笔者希望通过五个案例了解和发现品牌竞争力与企业可持续发展之间的关系。笔者以描述性框架来分析个案企业的几个方面，包括品牌建设内涵和发展路径、企业持续经营的核心理念、管理者对品牌和持续发展的观点等。

案例研究最常用的分析方法是类型比对（Pattern Matching）和建立解释

（Explanation Building）。类型比对是指把数据与所形成的理论主张（理论假设）进行匹配和比较。建立解释是指建立一系列因果的关系。两者都是一个从理论主张（理论假设）到数据的不断重复的逆反过程。研究者要根据数据的发现修改理论主张（理论假设），并把修改后的理论主张（理论假设）应用于对数据的重新分析。这种数据分析方法的一个危险在于研究者也许不能注意到与理论主张（理论假设）不相关的数据。因此，研究者需要对数据保持灵活开放的态度，并不断提醒自己去寻找与理论主张（理论假设）矛盾的证据。另一个危险是研究者在修改理论主张（理论假设）的过程中可能会迷失研究的初始目的。因此，研究者应不断回顾研究的最初目的。还有第三种方法是在分析时使用时间序列，研究者使用一段时间内的事件作为理解数据的一种方法。例如，把在一段时间内的数据所出现的趋势与在研究开始之前就确定的具有重要理论意义的趋势和一些相矛盾的趋势做比较（徐碧美，2004）。

笔者按照 Yin（2003）推荐的方法，对采集的数据与笔者的理论主张（理论假设）（Theoretical Proposition）对比以聚焦相关的数据，验证假设并组织案例研究。在众多的分析技术上，笔者将主要采用建构性解释分析法，以使用逻辑模型（Logic Models）和跨案例分析（Cross-Case Analysis）为辅助分析。例如，笔者的理论主张（理论假设）是品牌竞争力能帮助企业提高和延伸企业生命力。按照界定的命题和假设为前提，笔者运用演绎方法探讨品牌和企业可持续发展的相关关系或因果关系。笔者通过资料的收集、统计和分析来验证提出的理论主张（理论假设），并通过对假设的证实或证伪来解释概念间的各种关系，解释在个案中发现的现象及其产生原因。

# 第五节　案例研究质量控制和限制

Yin（1994）认为案例研究设计有四个质量指标。本书将采用四个指标来衡量案例数据和发现的质量。

第一是建构效度：对所研究的概念形成一套正确的、可操作性的测量。在案例研究中，采用多元的证据来源，形成证据链，要求证据的提供者对案例研究报告草案进行检查、核实。该策略所使用的阶段分别为数据收集、数据分析、撰写报告。

第二是内在效度（仅用于解释性或因果性案例研究，不能用于描述性、探索性研究）：从各种纷乱的假象中找出因果联系，即证明某一特定的条件将引起另一特定的结果。案例研究策略为进行模式匹配，尝试进行某种解释，分析与之相对立的竞争性解释使用逻辑模型。策略所使用的阶段是证据分析。

第三是外在效度：建立一个范畴，把研究结果归纳于该类项下。案例研究策略为用理论指导单案例研究，通过重复、复制的方法进行多案例研究。该策略用于研究设计时间。

第四是信度：表明案例研究的每一步骤，例如资料的收集过程都具有可重复性，并且如果重复这一研究，就能得到相同的结果。案例研究策略为采用案例研究草案，建立案例研究数据库，该策略用于资料收集。

同时，Yin（1994）也表示案例研究也有些局限性。案例研究能够给研究者提供系统的观点。通过对研究对象尽可能地完全直接地考察与思考，从而能够建立起比较深入和周全的理解。不过，作为案例研究方法讨论的尾声，有必要澄清案例研究的局限，以便开辟一条提高案例研究质量的途径。总的来看，案例研究的局限性通常包括以下几点：

（1）难以对发现进行归纳：应认为案例研究的归纳不是统计性的而是分析性的，这必定使归纳带有一定的随意性和主观性；

（2）技术上的局限和研究者的偏见：案例研究没有一种标准化的数据分析方法，证据的提出和数据的解释带有可选择性，研究者在意见上的分歧以及研究者的其他偏见都会影响数据分析的结果；

（3）大量的时间和人力耗费：密集的劳动力和大量的时间耗费是案例研究中一个非常现实的问题。

针对以上的局限，笔者将采用多案例研究方式减少个案偏见。同时也邀请EDBA 同学 Jack Woo 和王奎参与个案访谈，以减少数据收集（访谈）过程中的主观性偏差。

# 第五章　案例研究

## 第一节　钱江弹簧集团

考虑到笔者是个案企业负责人又是研究者，直接对企业员工访谈可能会出现偏见或局限内容。为此，笔者特意邀请 EDBA 同学 Jack Woo 执行访谈并帮忙记录和整理访谈内容。以下内容主要是笔者和 Jack Woo 共同商议和整理访谈内容的结果。为保障被访谈人员有足够的自由发表意见，笔者不参与本案例的任何访谈。

钱江弹簧的企业观察和访谈于 2014 年 10 月 17 日执行，访谈前笔者和 Jack Woo 共同制定访谈大纲并商议好需要收集的数据。同时，笔者也提前告知各被访谈人员这次是学术研究，不涉及考核和企业机密，希望大家充分发表观点。笔者

表 5-1　钱江弹簧集团受访者个人信息一览

| 姓名 | 学历/专业 | 工作年限（年） | 本企业工龄（年） | 部门/职位 |
|---|---|---|---|---|
| 于忠 | 硕士研究生 | 20 | 11 | 质管部经理 |
| 李佳 | 本科/国际贸易 | 10 | 8 | 业务二部经理 |
| 黄守燕 | 硕士研究生 | 24 | 14 | 副总经理 |
| 刘彤 | 专科/中文 | 20 | 6 | 行管部副经理 |
| 余晓龙 | 专科/计算机 | 10 | 7 | 采购部经理 |
| 何志均 | 本科/企业管理 | 13 | 8 | 行政管理总监 |
| 张涌森 | EDBA 在读研究生 | 33 | 31 | 董事长兼总经理 |

资料来源：笔者整理。

在访谈过程中不参与，让被访谈人员在没有压力和顾虑的自然条件下，表述想法和观点。访谈人员基本上是中层干部，并在个案企业有超过六年以上工作经验。

## 一、中国弹簧市场分析

作为世界经济发展的主要引擎，中国经济近年来的高位运行也促使了我国弹簧行业的快速增长，尽管当前金融危机正加剧向实体经济蔓延，但大家对中国经济会率先走出低谷这一点还是充满信心的，特别是中国汽车工业的发展，中国汽车工业是国家的支柱产业结构，在国家政策的引导下每年以两位数的速度增长，因此对弹簧行业继续向上发展的期待是在情理之中的，粗略预计到 2017 年全行业销售额将超过 80 亿元。汽车工业在弹簧市场份额的比重将超过 50%。

市场前景虽然广阔，但与之相对应的弹簧行业的技术研发和生产工艺却没有出现全面的、整体的提升，大大落后于主机厂生产技术的发展，行业升级换代进程中存在许多亟待解决的问题。钱江弹簧在 20 年前创立并凭借摩托车弹簧一举打开国内市场后，就明确了如果企业的发展节奏滞后或背离于行业运行轨迹，则早晚会面临出局的命运。因此，要长久立足于弹簧行业，一定要注重管理层面和技术研发上的创新，舍此别无他途。为此，钱江弹簧提出了通过自主研发使弹簧产品达到领先国内，赶超世界的水平；通过科学管理制度使企业跻身于行业领先水平这两大目标，这被当时很多人看成是不可能完成的任务，经过 30 多年来的努力，今天已经一一实现。可以不夸张地说，钱江弹簧对技术创新的追求和对自主知识产权的重视，换来了自身长足的进步，实现了在一次次升级换代中不被淘汰、不被同行超越的初衷。

在与同行朋友的交流中，笔者不止一次被要求披露钱江弹簧的成长诀窍，其实我们没有什么诀窍，古人云：知己知彼，百战不殆。钱江弹簧只不过在发展的进程中，对外在形势和自身情况有一个较准确的判断，并在老天的眷顾下作出了较好决策，并得到了较好的执行。

我国现有 1800 多家弹簧企业，从业人员约 8.5 万人，平均每家企业不到 50 人，这种分散的各自为营的结构使企业缺乏资金、技术和管理，产品无论从档次和数量上均不具备与国外企业抗衡的能力。以悬架弹簧为例，全国所有企业产量加在一起尚不及日本 NHK 一家企业的年产量。钱江弹簧创立之初只有 3 个人，200 元人民币（不到 25 美元），在家里做一些吃力不赚钱的小弹簧，生存举步维艰，但 30 多年来遵循通过产品开发获取经营资金、通过资金积累来做大做强的发展模式，使企业规模连上台阶，品牌影响力迅速扩大。钱江弹簧 2003 年把市场成功拓展到了全球制造业最发达的美国，在那里成立了钱江弹簧（美国）有限公司；2004 年钱江弹簧又成立了中美合资钱江弹簧（杭州）有限公司；2009 年在首都北京投资 5 亿元建立的钱江弹簧（北京）有限公司，成为北京市首个凝心聚力工程的实现者，这样一南一北构筑了南北呼应的战略发展体系。现在我们又通过资源整合，成立了涵盖航空航天领域、国防军工领域、装备制造以及电力交通设施和新材料新能源领域的钱江工业集团。规模化、集团化的优势给企业未来发展预留了广阔空间。

弹簧行业内的大部分企业还沿用传统的粗线条管理模式，借助信息化手段进行管理的企业为数甚少，行业平均劳动生产率不到 7 万元。钱江弹簧在业内率先通过 ISO9001 质量管理体系认证、美国 QS9000 质量管理体系认证、德国 VDA6.1 质量管理体系认证、ISO/TS16949 质量管理体系认证和 ISO14001 环境管理体系认证，并率先推行 ERP 系统管理和三定 5S 管理等一系列现代管理手段，大大提高了生产效率，产品性能也更加优异，更加稳定，这成为撬开国际市场的杠杆，受到众多世界 500 强企业、全球行业领军企业和世界著名品牌的信赖。管理是生产力，是效益倍增器。这是我们从实践中得出来的真切体会。

21 世纪以来，中国弹簧市场硝烟四起，价格战此起彼伏，甚至成了弹簧企业的一种生存方式。企业不拼质量，不拼技术，只图以价格打开市场。滥打价格战的结果往往是两败俱伤，最典型的如摩托车弹簧价格一降再降，利润额已接近于零，不少企业效益滑坡，被迫退出该领域。留下来的企业也由于缺少发展所必需的资金积累，设备无力更新，生存环境也极为窘迫。

价格战的表面原因是产能趋于饱和，产品种类雷同，但深层次的原因是行业还停留在劳动密集和设备落后阶段。据统计，有相当一部分企业还依赖于手工作坊进行生产，使用 20 世纪 80 年代甚至 70 年代设备的企业比比皆是，拥有高端 CNC 卷簧机、热处理设备、应力抛丸机、负荷分选机等自动化生产连线的企业屈指可数。很多企业忽视对技术设备的更新导致整个行业发展后劲不足。

也正是在价格战愈演愈烈的 2004 年，钱江弹簧投入巨资从美国、德国、意大利、日本等国家引进世界一流的悬架弹簧、稳定杆和气门弹簧生产线，建立起世界最高水平的弹簧制造基地，开始源源不断地为国际著名品牌企业提供配套产品，由于这类产品技术含量高，产品精度和性能要求高，加工工艺复杂，对手往往不具备相应的生产实力，因此钱江弹簧得以迅速占领这一高端产品市场，并迅速实施"走出去，引进来"的战略目标，顺利打开了北美、欧洲和东南亚等市场，从而远离了低层次的恶性竞争的泥沼，与在价格战中苦苦鏖斗的众多同行相比，显得风景这边独好。

零部件与整车同步开发是国外汽车行业普遍采取的合作模式，零部件厂通过协同开发，不仅可以获得宝贵的开发经验，还可借此机会设置技术壁垒，以申请专利、贸易协定、设定技术壁垒等名义进行知识产权保护，以防止其他企业涉足相同产品的研发、生产。弹簧企业目前在自主研发和资金投入上都相当薄弱，无法跟上世界先进水平和市场发展的趋势，对参与主机厂家同步开发只能望洋兴叹，产品生产多从国外引进机型，在产品开发、认可方面受制于人，性能与国外同类产品也有一定差距。

钱江弹簧在通过开发摩托车系列弹簧掘得第一桶金后，把自主研发作为企业发展的一项铁律，每年抽出相当比例资金用于产品开发，相继开发出 PVC 塑胶管弯管模具弹簧、斯太尔 WD615 柴油机气门弹簧、压缩机减震降噪弹簧等高端产品，企业被评为省级技术中心，获得 60 余项国家专利和 30 余项国家级新产品奖，仅 2008 年成功推向市场的新产品就近 500 项。此外，钱江弹簧还参与制定了 20 余项国家标准和国际标准，世界顶尖汽车工业如大众、通用、福特、现代以及保时捷、法拉利等世界著名品牌汽车上都拥有钱江弹簧的产品，企业最近还被中国机械通用零部件工业协会评为全国 20 家自主创新先进企业之一。领先的技术使钱江弹簧获得不少参与主机厂同步开发、同步设计的机会，这不仅使我们与主机厂家的捆绑愈加牢固，而且使钱江弹簧根据市场趋势进行的产能布局和产品结构调整更合理。

总之，企业组织规模小而散，产业装备水平低，技术力量薄弱，产品结构不合理是整个弹簧行业升级换代必须跨越的关口。

尽管在今后一段时间，弹簧行业仍将是一个以小型企业为主的行业，但有远见的企业必须加快资源整合和资本重组的步伐，以获得更多的生产要素与市场资源，涌现出一批规模企业。而一些以劳动密集型和手工作坊生产为特征的企业生存余地将更加狭小，这是市场竞争的无情法则，但符合产业政策导向要求，是行业进步要付出的必然代价。

设备落后，尤其是检测设备严重不足，是我国弹簧行业与国外差距形成的原因之一。由于设备性能差，我国弹簧产品以技术含量低的一般弹簧居多，形成了低档弹簧供过于求，高档产品（轻量化、高应力、高寿命、高要求、异形件、特种材料等）供不应求的被动形势。异形件及矩形截面等产品只有钱江弹簧等少数厂家可以生产。弹簧的负荷精度、垂直度精度等性能与国外产品也有一定差距，特别是当主机厂要求弹簧在高速、高应力工况下工作时，矛盾更为突出。因此企业应该加速旧设备的更新换代，尽快推广高端应用数控卷簧机、多次喷丸技术及全数字检测技术，对高强度、高精度、高要求弹簧和特殊异形弹簧及弹簧组合件进行生产倾斜，减少普通弹簧产品的生产。

目前，国外弹簧生产设备和检测设备的价格大约为国产同类产品的5~10倍，这对制造国产设备的企业是一个巨大的商机，如果国产设备制造商能迅速缩小双方在性能、可靠性上的差距，就有可能打破不少关键设备依赖进口的被动局面，使得弹簧企业和设备生产商双方受益。

今后弹簧的发展方向是高精度、高强度、高寿命、轻量化、小型化、异形件和组合件。汽车工业是弹簧市场最大的需求方，对悬架弹簧、稳定杆、发动机气门弹簧以及离合器弹簧等的需求量最大。笔者预计，到2020年中国汽车工业对悬架弹簧的年需求量约1.5亿件，稳定杆的年需求量约5000万件，气门弹簧的年需求量约5.5亿件（不包括摩托车和内燃机）。这三种弹簧的技术发展趋势总体上为高应力、轻量化、偏心力、长寿命。悬架弹簧设计应力普遍大于1100兆帕，气门弹簧的工作应力普遍在900兆帕左右。在可靠性方面主机厂要求按照威布尔分布曲线，达到预计寿命的概率在90%以上。异形截面悬架弹簧和气门弹簧比圆截面弹簧更轻巧，弹簧应力分布更合理，但是这类弹簧成本更高，工艺更复杂。预计今后一段时间内悬架弹簧截面积与变截面积之比大致为3:1，气门弹簧圆截面和非圆截面之比大致为7:3。

制造技术直接影响弹簧的设计和质量，尽管自动化生产程度的提高大大降低了对工人数量的要求，但相应提高了素质要求。企业应更大幅度地增加技术人员比例和数量，加强工人上岗培训，提高工人技术水平，加强科研人员力量。

原材料质量也是束缚弹簧行业发展的一个瓶颈，弹簧材料要求在高强度下工作的弹簧应有高的疲劳寿命和良好的抗松弛性，根据不同的用途，还应具有耐腐蚀性、非磁性、导电性、耐磨性、耐热性和记忆性等特点。我国目前生产的钢材与国外相比，表面质量差、强度波动大，品种也不够齐全，能生产弹簧琴钢线的企业在我国就很少。而日本中央发条、韩国大圆钢业、德国蒂森克虏伯、M&B 等都有自己的线材加工生产线，日本近年来因材料产生的质量问题已很少，主要是由于加工损伤，尺寸不良或热处理而影响弹簧质量。因此，呼吁国家相关部门加大对弹簧行业升级换代的支撑力度。

在市场没有达到规范之前，价格竞争仍是赢得市场的一种重要手段。而在价格上没有优势的企业的唯一出路，只能是利用技术优势生产一些科技含量高的产品以保住市场。

目前弹簧市场主要有五大块：交通运输、日用五金、电器仪表、机械配件和国际市场。交通运输市场最为强大，在极短时间内形成燎原之势的汽车产业为众多弹簧企业提供了快速发展的契机，汽车厂家已成为弹簧市场最大的需求方。铁路交通是弹簧市场下一个需求增长点，随着高铁建设步伐的加快实施，铁路机车减震降噪系统面临升级换代，各弹簧厂家都不约而同地瞄准了这一目标。日用五金的弹簧需求量也很大，但生产技术要求不高，价格非常低，市场主要被众多凭借成本优势的小厂占据。机械配件和电器仪表涉及最广，门类最多。从电力设施的大弹簧到冰箱压缩机的小弹簧，从工程机械弹簧到化工弹簧，林林总总，产品的材质选择、性能指标和工艺要求差别也很大。我国弹簧主要出口北美、欧洲及东南亚地区，出口种类主要是汽车弹簧、铁路弹簧、模具弹簧、高端家用电器弹簧和电动工具弹簧等，出口额占弹簧产值的比例不足 7%，而发达国家弹簧产品出口额占产值的 15%~20%，因此在国际市场上一试身手的余地还很大。

美、日两国在世界弹簧工业中处于领先位置，其做法有很多可以称道之处。就日本而言，日本约有 50% 的企业在研发上投入了力量，设有专门机构的企业也有四成以上。日本企业普遍采取以销定产的方式。生产计划的数据来源有两部分，一部分是客户订单或内部数据，另一部分是营销人员通过统计市场信息对未来两个月的销售进行预测。据估计，日本弹簧行业的半成品及成品的在库量为 0.5~1 个月的销售量，这值得我们好好借鉴。日本企业在质量管理和检测方面的人员占全体人员的 4%~10%。厂内批量不合格品率约在 1%，全行业批量不合格率平均为 0.4%。值得一提的是，日本的弹簧行业组织——日本弹簧技术研究会对促进日本弹簧行业的整体提高也功不可没，行业协会对企业的规范和引导作用可由此一瞥。

弹簧行业协会有关负责人不久前在谈及弹簧行业现状时指出："提倡产品独创性，避免价格无序竞争是解决本行业深层次问题的根本。"钱江弹簧从自身的经营实践中认识到：认清形势，找准位置，做对事情是企业发展必不可少的先决条件，并愿意用以下的话与大家共勉：面临挑战和机遇并存的复杂局面，以义无反顾的勇气，抱定不进则退的决心，打破窠臼，积极创新，通过资源整合、技术进步和产品差异化来赢得当前市场，赢得下一轮游戏的话语权，如此方能使行业的发展更加健康，更加有序。[①]

### 二、公司历史和运营情况介绍

钱江弹簧创建于 1983 年。当时，创始人经过反复市场调查，最后对小小的弹簧行业动了心。因为看到弹簧虽小，看似平淡无奇、永远充当配角，但它无处不在、无处不用，是市场潜力很大的一棵"摇钱树"。于是，在 1983 年，以"世上本无路，走的人多了，也就成了路"的勇气，在自己家里办起了一家弹簧加工的小作坊（个体工商户），小试牛刀，初战告捷，不但从这里摸到了门路，而且为后来发展积累了许多经验。可是天有不测风云，正当想进一步发展时，被几个江湖骗子骗得血本无归。为了实现自己的抱负，1988 年初，在杭州市有关部门的支持下，仅以 800 元为本钱，请了 8 个工人，在钱塘江北岸的三间农舍里，创办了钱江弹簧厂。这成为杭州市首批试点的 8 家民营企业之一。

为了接揽弹簧业务，创始人骑着一辆老旧自行车，每天奔波在城乡大街小巷，碰了许多鼻头，洒下无数汗水，终于迎来一片商机。接到的第一笔弹簧业务来自杭州焊件五金厂，当时客户看创始人一副厚道的样子，以试探的口气让工厂加工制造 120 只翻斗车弹簧。取样之后，连夜做模具改工装，凭着 8 双老虎钳子一样的大手，苦干了一个通宵，终于为客户制造出了第一批弹簧。第二天一早，高兴地给杭州焊件五金厂送去，装配师傅反复验证，感到质量不错，立马付了款。当时每只弹簧售价 0.5 元，这是钱江弹簧厂用汗水换来的 60 元营业额，也是厂里赚到的第一笔钱！把钱拿到厂里，大家高兴得手舞足蹈，以茶代酒，互相碰杯祝贺！

第一桶金虽然只有 60 元，除去成本，所剩无几，但让创始人更坚信自己选

---

① 资料来源：中国产业信息网。

对了创业之路。创始人暗下决心，只要认真去做，把产品质量做好，小产品也能创大业、赚大钱。于是从一线曙光中看到了自身的能量和今后的无限前途。

只有 800 元人民币（100 美元不到）、8 个工人、200 平方米的农舍（租用）。那时农舍屋顶是漏的，外面下大雨里头下小雨。地面泥泞，弹簧掉在地上一下就找不着了。创始人亲自上屋顶添瓦修漏，又找来了水泥沙石浇了薄薄一层水泥地。

钱江弹簧创办之初，就想着去工商局注册"钱江"这个商标，但那时候有许多其他产品已经用了这个名字，就没有注册成功。一直到 20 世纪 90 年代初，有一天工商局的人打电话来，说品牌商标分类后，可以注册了。创始人就兴冲冲地跑过去，不但把自己的钱江弹簧注册了，还把其他能注册的分类商标也都注册了。

今天的钱江弹簧是中国弹簧行业领军企业，也是率先进入全球高端市场的中国品牌企业。企业自创立以来，从无到有、从小到大、从精到强，从一个 200 元资金、3 个工人的小作坊，发展成为拥有北京和杭州两个世界最高水平的弹簧制造基地，产品已经涵盖欧美及东南亚的完整销售体系，并以自主创新和精益管理著称的现代化、专业化、集团化企业。

钱江弹簧集团旗下有钱江弹簧（杭州）有限公司、钱江弹簧（北京）有限公司、钱江弹簧（美国）有限公司、杭州市钱江弹簧厂、杭州市钱江弹簧研究所、杭州新亚实业有限公司等数家实力雄厚的制造企业，并以北京和杭州两个集汽车和其他通用零部件生产基地为核心，构筑南方、北方两个战略发展体系。集团产品涉及航空航天、国防军工、机械制造、电力交通、新能源、新材料开发等多个重点领域，掌握拥有自主知识产权的专利技术 60 余项，其中 50% 以上是发明专利，参与编制国家和国际标准 20 余项，成为国内通过转型升级实现跨越发展的标杆企业。

钱江弹簧综合实力已跃居全国弹簧行业第一，产品主要为世界 500 强企业、全球行业领军企业和世界著名品牌提供配套。企业连续十三年获得全国百家优秀汽车零部件供应商、中国最具自主创新能力中小企业、浙商最具投资价值企业、浙商全国 500 强企业、浙江省优秀民营企业、浙江省诚信民营企业、杭州市和谐劳动关系先进企业、AAA 级信用企业等荣誉。企业拥有两家国家级高新技术企业（杭州公司和北京公司），曾被浙江省领导赞誉为"小弹簧奏出大乐章"。

钱江弹簧杭州和北京都属于国家高新技术企业，拥有 60 余项国家专利（其中发明专利超过 50%），参与了 20 余项国内外标准的起草和编制，具有自主知识产权的核心技术超过 1000 项。在行业内率先通过 ISO9001 质量管理体系认证、美国的 QS9000 质量管理体系认证、德国的 VDA6.1 质量管理体系认证、ISO/TS16949 质量管理体系认证和 ISO14000 环境管理体系认证，产品主要包括：汽车弹簧（悬架弹簧、稳定杆、扭杆、发动机气门弹簧、油泵弹簧、皮带张紧轮弹簧、离合器系列弹簧、变速箱弹簧、制动系统弹簧、刹车系统弹簧、转向系统弹簧、动力系统弹簧、传动系统弹簧、行李箱扭杆弹簧、内饰系列弹簧等）、航空航天弹簧、军工弹簧、高档家电弹簧、电动工具弹簧、工程机械弹簧、铁路轨道系列弹簧、高压开关弹簧、电梯系列弹簧等。钱江弹簧凭借技术含量高端、生产工艺精良、规模效应突出等核心竞争力，在中国中小制造企业转型升级中脱颖而出，已基本完成了立足中国、放眼全球的战略发展格局，钱江弹簧由此成为深受国际客户推崇的中国弹簧高端品牌。

钱江弹簧客户遍及全球，产品主要为世界 500 强企业、全球行业领军企业和世界著名品牌配套生产，如大众、通用、福特、现代以及法拉利、保时捷、宝马、奔驰等世界顶级轿车上均有钱江弹簧的产品，并与世界工业巨头如德国西门子、博世、舍弗勒依纳、大众汽车，美国博格华纳、康明斯、TRW、通用汽车、福特汽车，韩国万都、摩比斯、现代汽车等建立了牢固的合作关系，企业凭借品质优良、服务优异、信誉卓著的口碑，获誉"小弹簧奏出大乐章"。

在取得良好业绩的同时，钱江弹簧积极探索与自身特点相适宜的民营企业成长机制，企业立足以人为本、携手共赢、诚信经营、和谐发展，在党、工、团（中国共产党组织、工会组织、共青团组织）建设上取得了显著成效，并得到中央及省市领导的肯定。企业连续 13 年获得全国百家优秀汽车零部件供应商，为中国中小制造企业实现可持续发展提供了一个生动案例。

### 三、公司的关键发展历程

钱江弹簧是由笔者亲自投资创建的企业，是一家典型的中国中小制造企业。在管理上，笔者是企业董事长，又兼任着钱江弹簧北京公司和钱江弹簧杭州公司的总经理。笔者负责制定企业战略、发展规划、方向、目标和重大决策。具体事项是由下属管理团队（首席副总经理、副总经理、管理者代表、项目总监、部门经理、主管等）来实施管理。

在访谈过程中，张涌森（企业创始人兼经营者）透露："钱江弹簧在创业和品牌建设过程中有几个大的转折点（笔者认为这也称为转型升级）。钱江弹簧在创建初期，由于技术水平低，只能生产一些民用产品，比如开关弹簧、洗衣机弹簧、缝纫机弹簧、自行车弹簧、玩具弹簧等。开业初期接到第一笔业务是 120 个民用翻斗车弹簧，回到工厂后，和工友们一起连夜加工模具、改进工装、做好产品，第二天一早亲自蹬着三轮车把做好的产品送到客户手上，经过客户反复检验后，结论是产品质量很好，结账付钱。当时每个弹簧 0.5 元，当我拿到用自己亲手做出来的弹簧换来的 60 元时，这让我看到了未来发展的希望。但是钱江弹簧在发展过程中，进行不断的完善和提高自己，并对企业未来发展设定更高的目标和要求。"

创新，不断创新，是今天中国乃至世界制造业公认的法宝，是许多成功企业家首选的创业之路。然而，为什么真正能够将创新意识落实到企业经营实践中的却不多呢？经过反复思索，笔者深层次地看到，人们习惯于按照既定的模式办事，他们总想稳当可靠、避开风险，选择比较容易的坦途，结果在创新面前却步了。

笔者恰恰是另类性格的人。由于本人从小经受了较多的磨炼，养成办事认真和非常执着的性格，敢于在人生大舞台上大展身手，认准的事总是要千方百计地做好，而且要争做第一。翻开钱江弹簧厂的发展史，能清楚地发现一个贯穿始终的主线，那就是创新、不断创新，在激烈的市场竞争中，争占生存新空间。

20 世纪 90 年代初期，笔者得知国家建设部作了新规定，今后在城市供水系统和水电安装设施上，将要采用一种新型的 PVC 塑胶管，取代原来使用的金属管道。这不但节省能源，而且施工安装方便，同时更符合卫生和安全要求。但塑胶管在弯转时会出现变脆、变裂、变皱、折断等情况，令科技人员十分头疼。为解决这个难题，许多科研单位和企业潜心研究数年，但仍未能攻克难关。笔者觉得这个项目具有研究价值，于是怀着初生牛犊不怕虎的勇气，暗暗地搞试验。开头先是查书本找资料，谁知越查越糊涂，搞得自己丈二和尚摸不着头脑。后来心想，如果书中有现存的，人家科研单位还不早研制出来啦！于是苦思冥想，从过去用灌沙加温弯转金属管道这个办法中得到启示，然后花了五天五夜的时间，试制了一根两头微细、中间平滑、可以来回拉动的弹簧，把它插入 PVC 塑胶管中，再把塑胶管弯转到所需要的角度，然后抽出弹簧，不仅塑胶管可以完好无损地固定在需要的角度上，而且弹簧可以反复使用。

这个看似十分简单的小发明，却让笔者大费了一番心血。创始人把这个凝聚了无数心血的小产品，亲自送到正在上海举办的新产品发布会上，立即引起国家科技界的高度重视。中国化工部、轻工部、上海建筑设计院等单位的领导、专家、学者十分惊喜，并对产品进行了破坏性的试验和鉴定，一致认为这是一个了不起的创造。全国塑胶协会秘书长、高级教授张孝传，当即在新产品发布会上郑重宣布："杭州市钱江弹簧厂张涌森发明的PVC弯管模具弹簧，不但填补了国内空白，在世界上也是绝无仅有的，这个发明将为今后的建筑业、塑胶加工业的变革，起到推波助澜的作用。"

创始人做梦都没有想到，这个小小的发明，不但让企业有了拳头产品，而且成为中国弹簧行业的第一项专利产品，同时给企业在市场竞争中拓展了一个广阔的新空间。在相当长的一段时间，这种弹簧系列产品，每天像面条一样从卷簧机中源源不断地吐出来，不但走向全国，而且走向东南亚及欧美市场。欧洲的几个客商，在国际市场上为采购这种弹簧，跑了许多国家无果而返，后来得知钱江弹簧厂有售，直奔而来。他们开心地拍着笔者的肩膀直叫："OK！OK！简直是不可思议。"

1990年下半年，钱江弹簧开发了全国最大的摩托车制造企业——重庆嘉陵本田，产品很快为重庆嘉陵本田配套生产；接着，又相继开发了中国五大摩托车生产企业（重庆嘉陵—本田、重庆建设—雅马哈、广州五羊—本田、济南—轻骑、海南—新大洲），并给其进行配套生产。在这期间，马路上行驶的摩托车几乎都装上了钱江弹簧生产的产品。此时，钱江弹簧已经意识到未来的发展是汽车工业，在中国申请加入WTO期间，创始人意识到未来的市场是全球化市场，而不仅仅是中国的市场。于是企业果断地做出决定，先后安排核心员工去清华大学进修，攻克英语这个难关。

1995年，钱江弹簧彻底脱离了摩托车行业，进入了汽车工业领域。当时，钱江弹簧选择了汽车工业最高端的一款产品——斯太尔WD615系列发动机气门弹簧。那时候，这款弹簧一直以来都是从奥地利进口的，钱江弹簧使出浑身解数将这个重大项目开发成功后，经过专家的反复鉴定和验证，结论是，此发动机气门弹簧优于进口原机配套弹簧，填补国内空白，已达到国内领先水平，可以替代进口。这个项目的开发成功，彻底解决了长期依赖进口的被动局面，使钱江弹簧在汽车工业内提高了知名度。之后，钱江弹簧的重点是开发国际汽车零部件企业的弹簧产品，这样进一步提高了钱江弹簧的品牌知名度。

为了扩大生产，积极响应杭州市委、市政府提出的"以民引外、民外合璧"、"工业兴市"号召，实施了"走出去、引进来"的企业发展战略，也全面启动了"二次创业"的步伐。2003 年钱江弹簧在美国底特律世界汽车工业城成立了钱江弹簧（美国）有限公司，产品成功打入世界顶尖汽车零部件企业。如美国通用、福特、克莱斯勒三大汽车公司的车上都拥有钱江弹簧的产品，并受到美国专家的一致好评，这为钱江弹簧进入美国汽车领域奠定了坚实的基础。2004 年，钱江弹簧引进外资，在杭州经济开发区征用了土地，投资 2500 万美元，引进世界最高水平的悬架弹簧生产线和世界一流的气门弹簧生产线，新建一个建筑面积 38500 多平方米、年产弹簧 2.5 亿件的现代化弹簧制造基地，项目全部建成投产后，年销售额将达到 8 亿元，综合能力将在全国弹簧行业中稳占领先地位，并跻身于世界强手之林。浙江省委常委、杭州市委书记王国平书记，在百忙中为钱江弹簧挥毫题词："小弹簧奏出大乐章"。如今的钱江弹簧，正在这没有休止符的大乐章中，继续高奏着时代的强音，向新的高峰攀登。

钱江弹簧看中了"环渤海经济圈"，宝马、奔驰、通用、大众、现代等都在北京、长春、沈阳等地投资办厂，整车产业非常发达，天津港又具有便捷通向海外的物流优势。之前一直受制于地域环境因素，出现瓶颈，此次正好为抢占高端市场提供了便利。2009 年，钱江弹簧在北京市顺义区杨镇工业园投资 5 亿元，建成一座建筑面积 55000 余平方米、年产弹簧 5 亿件的现代化高端弹簧制造基地，项目全部达产后，年销售额将达到 15 亿元，工厂已于 2012 年 7 月正式投产，成为北京市首个实现凝心聚力工程项目。

## 四、企业品牌建设内涵和发展路径

钱江弹簧在整个战略布局方面，也是非常合理的。现在企业生产的 87% 以上都是汽车工业的产品，其他还有一些是高档的家用电器弹簧、电动工具弹簧以及全球行业领军品牌的工程机械弹簧、农业机械弹簧、门禁系统弹簧等。所以，钱江弹簧在品牌建设方面主要强调，品牌就是企业的一张名片，它需要用品质来支撑、用企业的文化和诚信来维护。优良的产品质量不仅能提高品牌的知名度，更能促进企业的发展。企业更应以节能减排、环境保护、社会责任及和谐的劳动关系为品牌的四大支柱。

在企业的早期发展中，钱江弹簧这个品牌还没有屹立于汽车工业市场。公司在规划经营战略的同时，内部积极开展党、工、团（中国共产党组织、工会组织、共青团组织）的建设，在有限的资源条件下，开展各种活动，包括企业文化的宣传、推广等，这些都推动了企业品牌的发展。钱江弹簧在和谐发展的企业文化背景下，不曾发生由于媒体舆论造成影响企业品牌发展的事件。

钱江弹簧在品牌建设方面做了很多工作。在质量方面，质量人员一如既往地保持对质量的一种严谨的态度，且相信企业的品牌是要靠质量来赢得的。成为整车厂高端客户的直接供应商，可以体现出客户对质量体系的认可，也体现对公司品牌的认可。公司的绩效考核在质量方面占60%左右，从而也能看出质量对于企业的重要性。质量部经理认为："一个企业要想在市场立足，必须要发展品牌。品牌就是一张名片，而支撑这张名片走进市场的正是质量。目前，钱江弹簧这个品牌已走进市场，接下来就是更深入地与国际接轨。"毫无疑问，钱江弹簧在品牌建设方面，非常关注质量。一批产品出现质量问题，它影响的不仅是产品本身，而且是企业的品牌。只有生产、技术、检验、售后同步提高，稳定质量，才能更好地提高企业品牌知名度，钱江弹簧在质量问题方面绝无妥协。即便如此，公司副总经理也表示："钱江虽然目前拥有先进的生产设备、专业的技术团队、优越的客户群，综合实力已是国内第一，企业还需要在技术创新方面不断加强，才能提高企业品牌知名度，深入国际市场，与国际品牌竞争。"

产品质量和生产工艺是不可分割的，质量部经理认为："质量管理不仅是不发生质量事故，更重要的是如何进步，如何优化。不仅要优化质量，更要从工艺来优化质量，从制造来保证质量。工艺的优化不仅是质量的提升，更是一种成本的控制。"质量部经理继续强调科技的重要性："与国际接轨，最大的风险主要还是技术方面，我们需要不断的技术创新，进而严格监控质量，循序渐进、稳打稳抓进军国际市场。"因此，工艺和技术也是组成品牌内涵的重要部分。质量部经理补充说："与竞争对手相比，钱江弹簧在新品试样、工艺设计、产品交付、质量维护以及服务等方面，一直获得客户的高度认可，也是品牌美誉度的证明。"

品牌建设离不开市场、服务、质量和客户。销售部经理表示："多年来，企业在品牌建设方面做了不少投入。在业务方面主要是提高品牌知名度、市场占有率、服务以及售后的反馈等，以上四点，对于我们钱江弹簧在国内外的品牌建设上都有一定的帮助……品牌的建设由内而外，内部的管理、产品质量使我们的品牌逐渐国际化，致使企业能可持续发展。"品牌竞争力的维护主要围绕着市场、产品和客户，也对企业可持续发展起到重要性影响。销售部经理补充说："业务开发能力、产品的质量、客户的维护造就了企业的品牌，品牌直接影响着企业的可持续发展能力。"

如何计量市场占有率和知名度？销售部经理表示："在市场占有率方面，汽车工业每年都会有一个宏观性的调查，企业会根据这份报表，来核算产品在整个行业的市场占有率。而知名度，对于行业内的企业来讲，主要是看企业在行业的影响力和市场价格主导力。而品牌竞争力主要还是体现在中高端产品上，影响品牌竞争力的因素，一方面是产品的价格、质量以及客户服务；另一方面是企业的区域性，就如欧美一些企业，更看重便捷，如有竞争企业的优势略同，他们不会去选择进口，毕竟产生的费用较高，周期相对较长。钱江弹簧在与国际弹簧企业竞争时，主要是以优质的服务和快速的反映争取到新的项目，综合实力已然成为国内第一。品牌是企业综合实力的体现，是企业可持续发展的核心。企业内部的管理、运作，外部的市场竞争、品牌知名度都是影响企业可持续发展能力的因素。"

谈到钱江弹簧的品牌建设路径，销售部经理表示："在1983年建厂初期，公司无体系的支撑。在后期的发展过程中，公司建立了自己内部的管理体系，并且是行业内第一家通过汽车工业体系认证的企业。体系的认证，更提高了公司品牌的知名度！还有公司内部的生产、质量、技术创新等方面管理的加强。客户群，从全球行业100强企业到世界500强企业的提升。这些都是企业逐步建设品牌的过程。"钱江弹簧在品牌建设方面还面对什么问题或调整？销售部经理认为："企业下一步的目标就是与国际深入接轨，让公司成为国际知名品牌。与此同时，我们的产品开发能力和技术创新能力还要做进一步的提升，在人员的培训方面也需要加强，更要引进一些国外先进的自动化生产线设备，来完成钱江建设国际品牌的宏伟目标。"中国的中小型制造企业大多是在改革开放以后发展起来的，企业的规模小、抗风险能力差、经营理念较为简单，品牌知名度较低成为了多数中小型制造企业的特点。既然品牌不具有占据市场的能力，又何谈品牌竞争力？销售部经理进一步表示："品牌是企业无形的资产，提高品牌知名度还需从内部做起，包括企业管理、生产、技术创新、质量以及客户的服务等方面。"

公司对危机处理的态度好坏会影响客户满意度，最后反映在品牌忠诚度上。

公司副总经理表示："在产品前期开发试样阶段，会出现一些微小的质量问题。就如近期，在为一家汽车工业客户提供 OTS 样品期间，由于企业对那款弹簧的进口材料初次接触，再加上客户对产品工艺以及质量有非常高的要求，虽然我们在开发试样期间一直以电话、邮件等沟通方式进行沟通，并及时跟客户汇报项目的进度，但客户对我们延迟产品交期仍然表示不理解。针对此次事件，我们质量部门、技术部门以召开会议的方式进行了研讨分析，希望通过改进工艺，来达到客户的要求。最后，我们在一周时间的期限内，圆满处理了此次事件，而客户态度明显发生了变化。之前客户对我们相当不满意，但通过此次事件，让客户体会到了钱江弹簧的服务态度，认识到了钱江弹簧处理事情的及时性、有效性，通过这次事件使客户更加信任我们，也为以后的长期合作奠定了良好的基础。"

同样地，危机处理也可以加强与供应商的合作关系。例如，有一次在给整车厂客户试样期间，客户反馈弹簧在检测过程中发生断裂，后来经过质量人员对弹簧的设计、材料和应用环境等原因进行反复排查，最后发现问题出在外协厂家表面处理工艺上。这次质量事件，除了推进了质量检查工序以外，也是企业与供应商一起成长的典型案例。采购经理这样表述："新产品的试样，对外协厂家来说也是一个新的考验。当然事情的解决也是经验的逐步积累，我们也让外协厂家明白质量对于产品的重要性。外协厂家认可我们对质量严谨的分析、处理态度。此次事件并未对双方后期的合作产生影响，反而是加强了双方对品质管理的态度和质量控制的执着。"品牌价值除了体现在市场和客户方面，也在一定程度上为采购工作提供了更多选择。很多外协厂家和原来的配件供应商更愿与知名度高的企业合作，哪怕是价格方面更优惠一些。采购经理这样表述："钱江弹簧的品牌竞争力在国内已有非常高的知名度，目前正在进军国际市场。从采购方面来讲，我们在寻找供应商时，无须自我介绍，还未开发供应商就已对我们知根知底。品牌的竞争力给采购工作带来了一定的优势。"

近年来，企业通过客户的满意度，来调查客户对钱江弹簧品牌的认可程度。参加国内外的汽车工业展览会，让更多企业认识以及深入了解钱江弹簧的品牌。同时，企业加强内部管理，提高培训效率，弘扬企业文化，让员工也能深入知晓钱江品牌的重要性。所以，公司认为质量管理工作任重而道远，市场竞争非常激烈，钱江弹簧的文化：诚信、和谐、创新，支持着钱江弹簧品牌国际化。与消费品行业相比，弹簧属于工业制造品，不直接面对消费者，广告宣传作用不是很大，只有诚信、创新、质量、服务并存的情况下，提高品牌的知名度和信誉度，品牌才会具有竞争力。公司副总经理进一步介绍说："钱江弹簧是从家用电器、电动工具等零部件弹簧的生产，转型到汽车工业的。目前汽车工业的客户，已经占我们企业非常大的比重，在这个转型后的品牌建设过程中，我们在质量方面精益求精，技术创新方面也在不断加强，更注重于企业文化的宣传。《钱江弹簧报》的出版，就是一个很好的例子，我们每一期出版的企业报都会邮寄给我们的客户，让客户也了解钱江弹簧的企业文化，包括一些技术方面的共享。"

品牌建设里面融合了企业的诚信、创新、管理、客户等因素。行政总监认为："钱江弹簧在品牌建设方面，以诚信为本、不断地进行技术创新、满足顾客的需求、强化内部管理，这四点是钱江弹簧内在品牌建设的关键因素。从行政总监的角度来看，钱江弹簧在品牌建设方面做的投入，主要是企业的管理和企业的产品。在企业管理方面，以员工为中心，人性化、和谐化的管理，尽量满足员工的需求；在企业产品方面，以客户为中心，监控质量，安全生产，无限度地去满足客户的需求。这体现在进行人员招聘时，行政部会着重与应聘者谈我们企业的发展空间、内部管理以及企业文化等。"

谈到品牌建设方面，中小民营企业面对什么问题和挑战时，行政总监表示："品牌建设是关于企业生存的问题，它在发展的过程中，需要面对的有两个问题，一个是社会的歧视性，另一个是国家政策的歧视性。中国以前是计划经济，是从国有经济逐步发展到私营经济，现在社会也在转型，在社会群体的认知当中，国有企业的产品是优良的，私营企业的产品可能会存在偷工减料的现象，从这种简单的认知上来讲，就是社会群体的歧视性。再有国有企业和私营企业在政策上受到的待遇是不一样的，在产品方面，国有企业享受政府的补贴，成本低于私营企业；在融资方面，国有企业有国家的担保，贷款利率也很低，而这些在私营企业中是享受不了的，资金对于企业的发展是关键的。因此，民营企业和国有企业在政策性方面歧视性是非常大的。但是，中国是在发展的，国家政策也在逐步完善。中小企业要做到更加精细化管理和生产。比如在销售方面，产品不仅要去占领市场，更要去占领高端客户，像世界500强企业、全球行业100强企业一样来提高自我水平。"

## 五、企业持续经营的核心理念

钱江弹簧创建于 1983 年，是改革开放后较早创建的个体工商户，1988 年成为杭州市首批试点的八家民营企业之一，其他试点的七家民营企业都已不复存在，只剩下了钱江弹簧一家。公司之所以可持续发展到今天这么大的规模，靠的是优质的管理、企业的创新、和谐的团队、诚信的经营、品牌的维护、产品的转型、品质的提升、客户的高端，这些都起到了关键性的作用。

国际高端客户的引进，让钱江弹簧成为了给国际品牌配套的中国民营制造企业。企业通过把员工送出去、把老师请进来的内培外训方式对全体员工进行不断的培训和教育，来提高全体员工的整体素质和创新能力，来创造钱江弹簧企业文化、提升品牌建设。公司总经理（笔者）认为："企业文化是钱江弹簧可持续发展的真正内涵要素，这表现在员工的稳定性和质量可控性，在搞好企业发展、经济建设的同时，也没有忘记党、工、团（中国共产党组织、工会组织、共青团组织）的建设，这些组织的建设使员工能安心地在企业工作，把企业当作自己的家。在新工厂建设期间，第一项考虑的就是员工公寓、职工之家、食堂的建设等，在员工公寓内安装了卫生间、空调、热水器等，让每一位员工都愿意留在钱江弹簧安心工作，愿意与钱江弹簧共同发展。员工的稳定直接影响着企业的发展以及产品的质量和市场份额等。"

钱江弹簧的社会责任感，也促使着企业的发展。一直以来，企业都把安全生产、节能减排、环境保护放在第一位。要是员工的安全没有保障，对员工自身、家庭、企业以及社会都将带来不幸。环境保护对企业、社会也很重要，钱江弹簧抵制偷排偷放，做好节能减排，每年万元能耗的下降使得钱江弹簧一直以来保持着国家级的高新技术企业。当然，钱江弹簧的成功也离不开人才集聚、企业创新、品牌战略等，企业目前拥有 60 余项专利（50% 以上是发明专利），并起草、制定了 20 余项国家及国际标准，这些都为企业的后续发展奠定了坚实的基础。

质量部经理认为："钱江弹簧可持续发展的核心理念是企业文化：诚信、和谐、创新。钱江弹簧在开拓国际市场期间，不断地到国际市场去访问、交流和学习，与高端客户探讨吸取国际化的先进理念和管理模式。"销售部经理则认为："钱江弹簧可持续发展的核心理念有两方面：一方面是企业的创新能力，另一方面是市场的占有率。在创新方面，包括企业产品的创新、技术的创新、管理的创新等。而市场瞬息万变，客户对产品的需求并不是一成不变的，公司必须加快步伐，紧跟节奏，才能使企业可持续发展。"然而，在这个经济全球化的时代，销售部经理表示："企业的创新能力还不够强，国际化水平还不够高，这就需要企业加快转变发展方式，苦练内功，强化创新，加强管理，在可持续发展的同时，将企业做优、做强。"

钱江弹簧的企业文化造就了企业可持续发展。公司通过人才的引进以及内部培养，使得生产效率不断地提高、质量问题得到有效的监控、提升对客户优质的服务，包括企业内部实行的节能减排、绿色环保政策等，都是企业可持续发展方面所做的投入。但公司副总经理却表示："如用 100 分来做一个评判标准，钱江弹簧得 85 分。原因是，企业内部的管理需要细化，人才的培养还要加强，技术人员的创新能力还要提高，质量人员的质量意识更要强化。为提倡创新，企业对于员工的合理化建议、新的发明，我们实行奖励制度。企业在年终也会评选出一批工作积极分子、优秀员工，优秀部门、优秀班组等进行奖励。"

企业文化并不是口号，是企业如何看待和处理员工问题。例如，可以通过一些小事件来论证企业核心理念。行政总监讲了一个小故事："钱江作为一个制造型的企业，难免会发生一些影响企业品牌和知名度的事件。2009 年，公司有一台电脑失窃，最终查明员工监守自盗，这个事件传播出去对企业将会造成很大的影响。后续企业对这个事件作了这样的处理：该员工被公安机关拘留期间，企业领导多次去看望这名员工，并向公安机关表示出来后不推向社会，企业愿意接收他回来工作，并对他进行帮教（帮助教育）工作。后来，企业留用了这名员工，但还存在两个问题：第一，这一事件对企业其他员工也造成了一些影响，他们可能会担心自身的财产安全等，对于这种情况，我们说服其他员工，如果把他推向社会的话会带来一系列更大的麻烦，所以我们要承担起更大的责任和义务给其改正的机会；第二，员工犯罪有他自身一部分原因，但企业管理不到位，没有教育好员工也有责任。虽然该员工犯了盗窃罪，但依然是钱江弹簧一名员工，我们做到不歧视、不放弃，仍然对他一视同仁，只要总经理有时间都会亲自去车间看望他，并找他谈心。希望他认识到自己的错误，改过自新，日后能成为社会有用的一员。""这事件是一个正面和反面的教材，给员工带来很大的冲击。一方面，体现了公司的社会责任感和接受犯罪悔改；另一方面，对社会、对企业和员工都带来了安定。钱江弹簧可以展现给大家的是：敢于承担社会责任、提高企业管理、做到企业和谐、传播企业文化，这是我们钱江弹簧的特点和优势。"行政总监最后这样总结。

企业可持续发展能力，是企业在追求长久生存与持续发展的过程中，既能实现经营目标、确保市场地位，又能使企业在已经领先的竞争领域和未来的扩展经营环境中保持优势、持续盈利，并在相当长的时间内有着稳健成长的能力。公司副总经理认为："钱江弹簧可持续发展的因素首先是决策，从1983年建厂至今，几个重大决策都带动了钱江弹簧的飞速发展。其次是稳定的员工团队，企业员工工龄最长的达30余年，也是钱江弹簧发展过程真正的见证者。最后是我们的市场开发能力，我为我们能拿下世界500强、全球汽车零部件100强的知名客户而感到骄傲。"当问到目前企业面对的发展困境和问题时，公司副总经理表示："我们企业是订单式生产模式，产品的库存周转率直接影响着我们的资金流动。再有一点是国内外高端客户的开发引进，企业团队还是需要提高创新能力，优化产品质量来满足顾客更高的需求。"

影响企业可持续发展的因素有以下几个方面，行政部副经理认为："从生产管理来讲，最重要的是产品的及时交付；从技术创新来讲，更注重的是产品的工艺；从销售管理来讲，着重是与客户的沟通；这也正是钱江弹簧的企业文化：诚信、创新、和谐引领企业发展。"行政部副经理继续表示："影响企业可持续发展的因素包括发展战略、创新、竞争优势和企业文化等因素。中国的许多企业，在创立期也就是原始积累阶段，企业规模迅速膨胀，完成了人才、技术、资金、市场的一些初步积累。但在企业的成长期特别是成熟期，管理相对滞后，面临着多种机遇及发展方向的选择，此时企业的发展速度反而下降或停滞。这时候需要制定明确的企业发展战略和发展目标，才有可能进入企业的持续发展期。"

持续发展期会进行持续的创新，会培养可持续发展的竞争能力，也要不断地修正前进的航向，以适应市场发展的需要。重新明确企业宗旨与核心价值观等是重大发展任务。

制定发展战略是中国企业为适应市场成熟的必然选择。因为竞争对手持续进步，每天都有新的竞争者进入，这就给我们带来很大的压力，不进则退。同时潜在的竞争对手、潜在的替代品也会不断出现，而且更新的周期也越来越短，市场也进一步规范，以前可能靠一两张条子、一两个政策机会就能赚钱，但以后这种赚钱的机会就少了。同时，顾客的消费行为也越来越理性化。彼得·德鲁克说：

"竞争战略的主要目的是为了能比竞争对手更好地满足顾客的需求。企业经营目标的唯一有效的定义就是顾客。"一个企业要获得竞争优势，可以有两种基本的战略选择：一是提供更低的认知价格；二是提供更高的认知价值。具体应该采取何种战略，还必须以企业拥有的资源和能力为依据，而且要把战略和能力有效地结合在一起。

制定发展战略过程中，企业要在对企业未来发展环境的分析和预测基础上，为企业提出总体的战略目标，企业的一切目标都服从或服务于这个战略目标。企业的战略目标应该是一个宏伟的远景目标，这是支持企业发展的首要因素。宏伟的远景目标对企业能形成重大的挑战，使企业的领导者不满足于现状，从而确保企业不断地成长。同时起到鼓舞凝聚人心、吸引人才、激发活力的作用，使员工觉得前景广阔。因为一名高素质的员工不愿意在一个没有希望、没有前途、没有美好前景的公司工作。给人以美梦，这是最激励人的手段，善于运用胆大超前的目标，也是那些百年企业的长寿秘诀之一。

大部分的被访谈人员一直强调企业文化在可持续发展的重要性。采购部经理进一步表示："多年来，钱江弹簧在可持续发展经营方面可谓是内外兼修。内部技术的创新、质量的管控、和谐的管理，都给企业的可持续发展奠定了良好的基础；外部服务的周到、品牌的提升，与国内外高端客户保持长期的合作，不断开发新项目、新产品，以及新材料。从企业发展的现状来看，在可持续发展经营方面作了大量的投入，效果显著，甚至更优。"

企业近年来的可持续发展，离不开团队建设和设备投入。一方面由于客户的产品质量要求越来越高以及产量的急剧增长，在企业生产能力比较饱和的情况下，企业可能还需引进一些新的生产设备和检测设备；另一方面是人力资源的规划，企业在招聘人才的同时，也要更多地注重企业内部人才的培养。团队建设和设备投入与创新息息相关，采购部经理这样表述："钱江弹簧可持续发展的核心理念是创新。在技术创新方面，每年几百种新产品的开发，是我们企业销售点的增长；在管理创新方面，我们通过培训等方式来提高员工的整体素质。"所以，创新是企业可持续发展的核心理念。

可持续发展能力主要体现在自我的检查、纠正、发现和改进，如果一个企业有这样一个环节，那就具有可持续发展能力。"我们从每年的管理评审、自己内部审核时都会发现很多的问题，我们敢于自我去改进，与国有企业相比，我们的决策更为灵活，这一点我们是有优势的。"行政总监这样表述。

与大型企业相比，中小型制造企业资本少，筹资能力弱，经营规模小，在人才、技术、管理上都缺乏优势。但中小型制造企业组织结构简单，生产经营机动灵活，反应速度快。要提高可持续发展的能力，不外乎改善以上弊端。因此，中小型制造企业，品牌和品牌竞争力的特点主要还是诚信与服务。大型企业可能会遗漏一些小细节，而中小型企业正是从小细节着手的。中小制造企业融资难已经是个常态，政府一直推动银行业、金融机构积极创新，给中小型制造企业更多融资方面的一些支持。

## 六、品牌和可持续发展关系

张涌森认为："钱江弹簧品牌与可持续发展有非常大的关系。中国中小型制造企业大部分以低端的传统产业为主，并以出口贴牌生产、OEM（Original Equipment Manufacture）为主，此类中小型制造企业主要集中在浙江、江苏、广东三大省份，出口的产品缺乏科技含量，大部分都是低端贴牌生产的产品（如玩具、鞋子、袜子、领带、服装、五金工具、沙发、家具等）。2008年，随着美国次贷危机升级影响到全球金融危机，人民币汇率风险又越来越大，随后的欧债危机又引起新一轮的全球金融危机。人民币与美元的汇率波动越来越大的情况下，部分中小型制造企业走向了灭亡，而钱江弹簧利用自身品牌优势，走的是高端配套市场，并及时采用了多币种结算方法：①把产品卖给外国企业在中国的公司，采用人民币结算方式进行结汇，由他们自己去向全球配送；②当时欧元比较稳定，欧洲企业采用欧元结算方式进行结汇；③其他外国企业采用汇率锁定方法进行自动调节结算方式进行结汇。2008年的金融危机，钱江弹簧虽然没有达到预期的高速增长，但整体的销售业绩还是有所增长，并成功规避了汇率风险。"张涌森（企业创始人）表示："钱江弹簧从20世纪90年代初就确立了品牌战略，自己动手设计商标，亲自跑到工商局申请'钱江'商标的注册，在品牌建设过程中首先考虑的是产品质量、企业诚信、社会责任。钱江弹簧有了自己的品牌就可以把企业做大、做强，可以把钱江弹簧的品牌推广到全世界。一个好的品牌能给企业带来议价能力、市场占有率和供应商支持力等。一个好的品牌能带给企业可持续发展。"

访谈中，质量部经理强调："品牌是建立在质量的基础上，质量发展了才能去建立品牌的发展，品牌后期的维护还得靠质量，所以质量就是企业的生命。在企业发展过程中，质量能促进企业成长，也能证明企业在发展。"质量部经理继续表示："企业是靠员工来支撑的，员工的发展带动着企业的发展。个人尤其重要，企业可持续发展需要靠个人的提升来带动！我认为只有发展品牌，提高品牌的知名度，企业才能可持续发展。"

企业文化决定企业定位和可持续发展，质量部经理认为："企业的决策者决定了企业可持续发展。若企业是以自身利益为目的，一味地降低成本，放松质量，为盈利不择手段，这个企业必定不能持续发展。相反，若企业以发展品牌为目标，在节能减排的同时，维护品牌，严守质量，我相信这个企业最终将会越做越大、越做越强。"销售部经理则表示："与欧美企业相比，中国中小型制造企业偏科比较严重。像电子配件产业的发展比较迅速，而其他加工制造业相对比较缓慢。致使这些企业可持续发展的优势是中国的地域比较辽阔，有足够大的市场给产品带来一定的机遇，在有机遇的同时，企业需要在各个方面综合提高，来适应优胜劣汰的市场竞争。"为提升中国中小企业的竞争力，销售部经理进一步说明："政府在制定政策时应该在关税、增值税等税费方面作一些调整，给中小型制造企业减少一定的负担。毕竟，太多的包袱还是会影响到后期企业的可持续发展。"

钱江弹簧是一家学习型企业，通过学习和创新来拉动品牌和可持续发展的两个轮子。采购部经理这样表述："从一个弹簧小作坊发展到今天这样的规模，在人员培训、技术创新、管理理念等方面，都坚持在原有的基础上进行多层次、多角度的创新和学习。包括一些国内外先进生产设备和检测设备的投入、高端客户的引进。换句话说，客户的认可和满意就是我们钱江弹簧的品牌，同时品牌也推动了企业的发展。"

创新是企业发展的根基。企业的品牌具有竞争力，就能带动企业的可持续发展，品牌竞争力的核心就是创新。采购经理强调说："几年前，诺基亚以产品质量占据了整个手机市场，因缺乏创新，行业第一的位置现已被苹果、三星等品牌的智能手机所取代。所以，品牌竞争力直接影响着企业是否拥有可持续发展能力。"有研究发现，当企业成长到一定的程度，制度僵化会导致创新衰弱。这是否也发生在钱江弹簧身上呢？采购经理这样认为："大型企业的推动能力不够、思维比较僵化、难以接受新的事物；但钱江弹簧拥有一支年轻的管理团队，能更灵活地去适应市场的变化，无形中对企业的品牌竞争力起到了一定的促进作用，使企业更好地可持续发展。"看来不是企业的大小，而是企业管理团队的理念影响着创新思维。中小型企业有年轻的管理团队，在灵活性、执行力、创新能力等方面都优于大型企业。当然，大型企业也有很多值得中小型制造企业学习、借鉴的地方，中小型制造企业以取长补短来更好地优化自身。"中国经济的转型，给中小型制造企业带来更多的是机遇，让企业的品牌有机会走向国际市场。但同时也淘汰了一部分不能适应环境变化的企业。"采购经理最后这样表述。

品牌竞争力是企业生存发展的基础，可持续发展是企业发展壮大的主要因素。如此说来，品牌竞争力决定企业的可持续发展，可持续发展会影响企业的品牌竞争力，两者相辅相成。谈到企业可持续发展时，行政总监认为："第一点，我们要培养出有竞争力的企业文化，培养一种亮剑的精神。第二点，以前的中国企业优势在于人力成本低、资源成本低，而现在企业已经不存在这种优势。其实，中国人的研发能力非常强，存在的问题是如何将创新转化为生产率，这也是中国中小制造企业的薄弱环节。因此，我们要在转化方面有所加强。第三点，政府要加强支持力度，我建议是在拉动式的支持方面，比如说有创新，给你支持，没有创新，不给你支持。我觉得这三个方面是非常重要的。"

### 七、理论框架的论证和补充

钱江弹簧案例表明，影响品牌的几个核心因素包括质量、客户、产品、服务、工艺和诚信（见图 5-1），其中质量是影响品牌的最主要因素。一批产品出现质量问题，它影响的不仅是产品本身，更是企业的品牌。只有生产、技术、检验、售后同步提高，稳定质量，才能更好地提高企业品牌和知名度，钱江弹簧在质量问题方面绝无妥协。客户在这里指的是客户体验。根据伯尔尼·H. 施密特（Bernd H. Schmitt）在《客户体验管理》一书中的定义，客户体验管理（Customer Experience Management，CEM）是"战略性地管理客户对产品或公司全面体验的过程"，它以提高客户整体体验为出发点，注重与客户的每一次接触，通过协调整合售前、售中和售后等各个阶段，各种客户接触点，或接触渠道，有目的地、无缝隙地为客户传递目标信息，创造匹配品牌承诺的正面感觉，以实现良性互动，进而创造差异化的客户体验，实现客户的忠诚，强化感知价值，从而增加企业收入与资产价值。

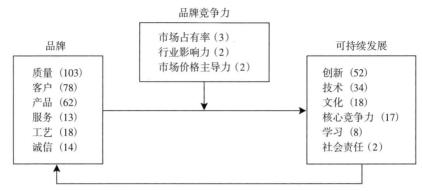

**图5-1　钱江弹簧集团案例理论模型（词频）**

资料来源：笔者分析。

从钱江弹簧案例中也发现，品牌是客户对一个企业及其产品、售后服务、文化价值的一种评价和认知，是一种信任。对本案例企业来说，品牌是用以识别公司产品或服务的一张名片，使之与竞争对手的产品或服务区别开来的标志。因此，只有好的产品和服务才能体现品牌内涵和价值。另外，提高当前中国制造企业核心竞争力的关键在于如何提高生产效率和加工质量、降低制造成本、缩短交货周期、保护生态环境、降低能源和资源消耗，而这些需求正是工艺管理所要解决的问题。因此，工艺管理也成为维护制造业品牌价值的一个重要因素。工艺管理的有效开展更是实现了生产、技术、质量三位一体的同步管理，也缩短了工艺设计、实施和操作者之间的距离，对工艺实时创新，解决技术难关，实现生产纲领起到至关重要的作用。高生产效率、低生产成本和产品质量一致性是国内多数制造企业获取市场竞争优势的基础。因此，强化发挥工艺管理的作用能有效提升生产效率，为企业增强综合竞争力和可持续发展奠定坚实基础。

随着钱江弹簧开拓国际市场和高端客户的不断深化，诚信经营已成为企业日常运营的重要课题。诚信经营有助于全面提升企业和品牌形象，为企业的可持续发展构成更为广阔的平台。诚信是企业发展的基石，企业作为市场经济运行的主体，在规范的市场经济条件下要实现市场经济的健康、有序和高效运行，必须建立市场经济的诚信机制，形成维护诚信的有效激励和约束机制。良好的工商合作关系建立在相互信任的基础上。钱江弹簧团队精神体现在与客户合作与在内部的协作上，诚信服务体现在所有具体的行为之中。钱江弹簧以诚信经营建设自己的品牌，在树立诚信品牌的同时，不断维护它的核心价值，企业才可持续发展。

从钱江弹簧的案例中发现，企业可持续发展的影响因素有创新、品质、诚信、技术、文化、核心竞争力、学习和社会责任，其中技术创新是重要的影响因素。技术创新是企业在激烈的市场竞争中保持并赢得竞争优势的根本所在。在钱江弹簧的发展过程中，技术创新和企业新产品的设计、技术转移、技术改造等行为密切相关，对该公司开拓产品市场、提高技术水平、降低产品成本等都起着决定性的作用。企业技术创新的能力反映着企业技术竞争的水平和整体竞争水平，一个企业的技术创新能力低下，就意味着其丧失了市场竞争的能力，所以，技术创新对于提高企业的竞争能力、保持钱江弹簧的可持续发展有着十分重要的意义。

价值理念是企业文化的核心和基石，是企业在追求经营成功过程中所推崇的基本信念和奉行的目标，对企业员工的价值取向、职业行为具有强烈的导向作用。钱江弹簧的价值理念是和谐、共赢和诚信，对员工和其他相关利益者有积极的和良好的推动作用，是根据钱江弹簧创业者价值观和企业发展战略的需要不断进行整合与提升而成的，也成就了企业可持续发展的核心理念。钱江弹簧的核心竞争力是持续的技术革新和稳定的质量提升，是公司获取持续竞争、持续发展优势的来源和基础。钱江弹簧核心竞争力让公司在竞争中突围而出，获得连续的销售和利润增长，在全球化供应链网络的挑战下，依然能保持强劲的业务增长。

综上所述，钱江弹簧是一家学习型企业，已建立一套自我检查、纠正、发现和改进的机制。钱江弹簧的学习型文化首先着重强调员工的学习和自我纠正能力，保证企业以及员工始终处于行业领先地位，不断地学习才能不断地发现问题、解决问题。学习也是产品创新的基础，知识的丰富促使员工能力大幅提升，有效地提升了企业的竞争力，增强企业内部的凝聚力和企业可持续发展能力。访谈中发现，社会环境的稳定和持续发展是企业可持续发展的基础，社会对企业的认可度又进一步促进了企业的可持续发展。由此，钱江弹簧的社会责任表现在企业要尽可能地消除因自身发展而对外部环境带来的破坏，如投入设备保障节能环保。努力改善自身发展所依赖的社会环境，承担更大的社会义务、热心参与社会公益事业。在履行社会责任的过程中必须遵守法律、法规，遵守社会公德、商业道德，诚实守信，接受政府和社会公众的监督。

最后，钱江弹簧案例中显示，品牌竞争力是品牌和企业可持续发展的调节变量。好的品牌不一定能保证企业可持续发展。这还需要品牌有竞争力，才能为企业创造价值。因此，只有有竞争力的品牌才能为企业可持续发展提供动力。钱江弹簧作为中国中小制造企业，衡量品牌竞争力的指标有三个：市场占有率、行业影响力和市场价格主导力。在市场占有率方面，汽车工业每年都会有一个宏观性的调查，企业会根据这份报表，来核算产品在整个行业的市场占有率。同时，对于行业内的企业来讲，品牌竞争力主要是看企业在行业内的影响力和市场价格主导力。而品牌竞争力主要还是体现在中高端产品上，是否有市场？是否有话语权？

总的来说，品牌、品牌竞争力和企业可持续发展有密切的关系。当中的影响因素可能是多方面的。因此，本书采用多案例模式，通过采集不同的中国中小制造企业的实证研究发现，梳理清晰各个概念的定义和关系。

# 第二节　青岛特锐德电气股份有限公司

青岛特锐德电气股份有限公司（TGOOD，以下简称青岛特锐德）是笔者EDBA 同学于德翔的企业。为保证访谈质量，笔者特意邀请 EDBA 同学 Jack Woo和王奎同学共同执行访谈并帮忙记录和整理本案例访谈内容。以下内容主要是笔者、Jack Woo 和王奎同学共同商议和整理访谈内容的结果。为保障被访谈人员有足够的自由发表意见，于德翔同学（本案例企业创始人和负责人）不参与本案例的任何访谈。与于德翔的访谈单独进行。

青岛特锐德的企业观察和访谈于 2015 年 1 月 9 日执行，访谈前笔者、Jack Woo 和王奎共同制定访谈大纲并商议好需要收集的数据。同时，笔者也提前通过EDBA 同学于德翔通知各被访谈人员学术研究访谈的目的和要求，并保障不涉及考核和企业机密，希望大家充分发表观点。于德翔在访谈过程中并不参与，让被访谈人员在没有压力和顾虑的自然条件下，充分表述想法和观点。访谈人员基本上是中层干部，并在个案企业有超过 6 年以上工作经验（见表5-2）。

表5-2　青岛特锐德受访者个人信息一览

| 姓名 | 学历/专业 | 工作年限（年） | 本企业工龄（年） | 部门/职位 |
|---|---|---|---|---|
| 于德翔 | 硕士/电气化自动 | 27 | 10 | 总裁办公会董事长 |
| 屈明东 | 硕士/计算机及应用 | 16 | 10 | 总裁办公会执行总裁 |
| 杜波 | 本科/经济管理 | 13 | 10 | 总裁办公会副总裁 |

| 姓名 | 学历/专业 | 工作年限（年） | 本企业工龄（年） | 部门/职位 |
|---|---|---|---|---|
| 常美华 | 大专/电子工程 | 14 | 10 | 总裁办公会副总裁 |
| 李会 | 大专/机制 | 22 | 9 | 总裁办公会副总裁 |
| 周君 | 本科/自动化 | 10 | 10 | 国内客户主任 |
| 刘海兴 | 硕士/工商管理 | 6 | 3 | 质量管理副主任 |
| 吴冬梅 | 本科/商务英语 | 9 | 0.5 | 总裁办公会主任 |
| 孙有彬 | 硕士/工业工程 | 11 | 3 | 人力资源主任 |
| 陈严娜 | 中专/机电工程 | 5 | 5 | 事业部班长 |
| 赵青 | 本科/机制自动化 | 2 | 2 | 研究院工程师 |
| 杜新村 | 本科/新闻学 | 7 | 4 | 企业文化及企业宣传 |

资料来源：笔者整理。

## 一、中国配电设备和汽车充电市场分析

### （一）中国配电设备市场分析

电气成套设备制造行业产品应用涵盖电能利用的多个领域，贯穿发电—输配电—用电的全过程，应用范围广、市场空间大。

中国产业信息网发布的《2014~2019 年中国电气设备用电缆市场专项调研及发展前景研究报告》指出，发改委等五部委联合发布的《当前优先发展的高技术产业化重点领域指南（2011 年)》将复杂环境地区电网电气安全运行新技术，大型变压器，直流换流变压器，开关设备和电抗器，无功补偿设备，柔性输电系统及设备，变电站及电气设备的智能化、智能配电、用电技术列入当前优先发展的重点领域；《产业结构调整指导目录（2011 年)》中将电网改造与建设、高压真空元件及开关设备，智能化中压开关元件及成套设备，使用环保型中压气体的绝缘开关柜，智能型（可通信）低压电器，非晶合金、卷铁芯等节能配电变压器列为鼓励类，电气成套设备市场尤其是智能化产品市场将保持持续增长。

具体市场情况如下：

1. "十二五"期间电力投资大幅增加，给电气成套设备行业带来巨大市场机遇

随着我国工业化和城镇化的持续推进，电力工业需求将保持持续增长。根据中国电力企业联合会在《电力工业"十二五"规划研究报告》、《电力工业"十二

五"规划滚动研究综述报告》披露的数据,其中"十二五"期间,全国电力工业投资将达到 6.1 万亿元,比"十一五"增长 88.30%。

电力工业投资的增长对电气成套设备行业产生联动效应,将给我国电气成套设备行业的发展带来市场机遇。

2. 智能电网建设将推动智能电气成套设备的快速发展

2009 年 5 月 21 日,国家电网公司首次向社会公布了智能电网的发展计划,并初步披露了其建设时间表。根据这项计划,智能电网在中国的发展将分三个阶段逐步推进,到 2020 年,可全面建成统一的坚强智能电网。2010 年 12 月,中电联发布电力工业"十二五"规划研究报告,智能电网建设进一步被明确为"十二五"重点规划建设内容。中国的智能电网包含电力系统的发电、输电、变电、配电、用电和调度共六个环节,具有信息化、数字化、自动化、互动化的智能技术特征。电气成套设备作为配电网的基础装备,其智能化的发展是变电站综合自动化、配电网络自动化的基础,是实现智能电网的重要一环。随着智能电网建设的展开,相关电气成套设备的智能化升级换代将迎来旺盛需求。

3. 石油化工行业的发展将带动电气成套设备市场的发展

石油化工行业对于电气产品的依存度非常高,机械化、电气化、自动化、信息化都离不开电气产品的支持。石油化工企业的主要生产过程表现为多设备、长链条、协同运行,设备一经启动,在运行周期内如因某一环节发生故障停产检修,将会造成巨大损失,这对电气成套设备质量提出了严格的要求。因此,石油化工企业每年对电气设备的投入都很高,以确保其电力系统运转的安全、可靠、稳定。

近年来我国石油化工行业保持快速增长,产业规模不断扩大。根据《石油和化学工业"十二五"发展指南》,"十二五"期间石油化工行业经济总量将保持稳定增长,行业总产值年均增长保持在 10% 以上,到 2015 年,行业总产值将达到 16 万亿元。石油化工行业的发展将带动电气成套设备市场的发展。

4. 智能化产品替代原有老旧设备,市场前景广阔

目前我国运行中的电气成套设备大多已使用多年,设备老旧严重,元器件、辅件质量以及绝缘性能与现行产品相比均有较大差距,电气成套设备亟待更新换代。

同时,受国家政策影响,今后电气成套设备的结构将进一步调整,工艺落

后、体积大、能耗高又污染环境的产品将逐渐退出市场。电力设备的老化和技术性能低劣造成电能损耗率高，造成大量能源浪费。

2009 年国家工业和信息化部发布了《高耗能落后机电设备（产品）淘汰目录（第一批）》公告，其中明令淘汰空载、负载损耗高、运行可靠性低的配电设备等产品，并制定了相关行业节能减排指导意见，例如，《工业和信息化部关于钢铁工业节能减排的指导意见》中强调："2011 年前重点支持 300 万吨以上钢铁企业新建或改造能源管理中心，支持钢铁企业数字化测量仪器仪表的推广使用，积极应用电子信息技术，对能源输配和消耗情况实施动态监测、控制和优化管理，不断加强能源的平衡、调度、分析和预测，实现系统性节能降耗。"

随着对用电质量要求的提高，传统的采用电磁式机械结构的二次控制保护元件已无法适应现代用电发展的需要，而引进计算机技术作为检测、计量、保护的核心，并与相关智能原件配合构成的智能化成套设备将成为行业的发展趋势。因此，随着国家在高耗能产业逐步淘汰质量差、能耗高的电气产品，大力推广节能高效、数字化产品，将为电气成套设备提供广阔的市场。

5. 国产产品的进口替代效应，是行业发展的有力补充

目前我国电气成套设备市场中的一级、二级用电负荷市场，国内厂商的市场占有率较低。通过多年的技术储备及产业化实践，国内一些高新技术企业凭借较强的研发能力以及相对外资品牌的性价比优势，将在一级、二级用电负荷市场逐步替代进口产品，提升市场份额。

6. 国际市场发展空间广阔

随着中国经济的快速发展，很多国内大型工业企业走出国门，对外投资金额实现快速增长，为电气成套设备生产厂家提供了广阔的国际市场发展空间。

中国对外投资发展迅猛，质量和效益不断提升。截至 2010 年底，我国对外承包工程累计完成营业额 4356 亿美元，累计派出各类劳务人员 543.5 万人。电气成套设备的出口包括直接出口和间接出口（包含在其他企业海外总包工程配套中）。对外投资规模的快速增长，为电气成套设备发展提供了广阔的国际市场空间。①

---

① 资料来源：中国产业信息网。

### （二）中国汽车充电市场分析

新能源汽车是世界上的新兴产业，加快新能源产业发展已成为全球共识，新能源汽车对中国 GDP 及经济转型有着巨大的推动作用，有人预测：电动汽车对当今中国 GDP 的拉动要高于高铁 10 倍。为了有效降低国家能源安全风险，推动节能环保以及改善大气环境质量，促进汽车产业结构调整，实现跨越式发展，政府把发展新能源汽车确定为国家七大战略性新兴产业之一。

数据显示，2009~2015 年，我国新能源汽车年销售量从不足 1 万辆，迅速提升到 33 万多辆，成为全球最大的新能源汽车市场。2016 年 1~7 月，全国新能源汽车累计产销量均超过 20 万辆，同比增长均翻番。其中，纯电动汽车产、销量分别为 16.2 万辆和 15.3 万辆，同比增长 156.4% 和 160.9%。

据悉，除去在提高技术门槛的基础上调整财政补贴政策，完善补贴标准，健全监管体系外，为确保财政补贴政策退出后，不减少对新能源汽车扶持的力度，有关部门正计划引入碳排放交易等措施，借助市场力量激励和倒逼企业把更多资源投入到产品的研发和创新上。

《中国电动汽车充电站行业发展前景分析及发展策略研究报告》（2017~2022年）表示，中国将成为全球最大的电动汽车市场，电动汽车市场发展趋势仍将创造新纪录。

随着新能源汽车规模的不断扩大，公共充电市场成为了兵家的必争之地。充电设施不完善，严重制约了新能源汽车的发展。为了促进产业发展，国家能源局制定的《电动汽车充电基础设施建设规划》与《充电基础设施建设指导意见》（草案）中明确提出，到 2020 年国内充换电站数量达到 1.2 万个，充电桩达到 450万个。

目前，新能源汽车的发展呈现爆炸式增长，市场上在售的新能源汽车品牌和车型不断增多，现有的充电设施规模远远无法满足未来电动汽车的发展需求。随着新能源汽车规模的不断扩大，以充电桩建设为重心的电动车后服务市场，正掀起一股掘金热潮。

1. 充电运营服务现状

据统计，截至 2014 年底，国家电网公司累计建成充换电站 618 座、充电桩2.4 万个，2014 年新建充换电站 218 座、充电桩 0.5 万个。然而，根据国家电网"十二五"规划，要建成电动汽车充换电站 3700 座、充电桩 34 万个。造成充电设施建设缓慢的主要原因是盈利困难，据报道，国家电网公司已建成的充换电站几乎都处于亏损状态，而南方电网公司在深圳建成运营的 7 座充电站，每年亏损额为 1300 万元。

2. 充电桩市场亟待发展

据悉，自 2014 年初起，国家电网开始陆续退出充电站建设，转为全力推进交通干道即城际互联充电网络建设，如此一来，大量社会资本因为市场闸口的开放而蠢蠢欲动，2015 年将是社会资本大量进入充电桩市场的一年。更多充电桩行业分析信息请查阅中国报告大厅发布的《2014~2019 年中国充电桩行业市场现状与投资战略分析报告》。

对比美国家用充电桩为主的行业状态，我国公共充电桩市场显然有更广阔的前景。而随着各地对充电设施建设投入的不断加大，一个日益庞大的充电设施运营市场也正在形成。

12 万辆，这是截至 2015 年底我国新能源汽车的保有数量，而 2016 年 1~5 月，新能源汽车的销量就已经突破了 5 万辆。根据国务院发布的《节能与新能源汽车产业发展规划（2012~2020 年)》，到 2015 年，纯电动汽车和插电式混合动力汽车累计产销量达到 50 万辆；到 2020 年，能够达到 500 万辆。

尽管与机动车的整体保有量相比，目前新能源汽车的数量还是一个微乎其微的数字，但是其增速已经呈现出一种不可小觑态势。随着新能源汽车规模的不断扩大，以充电桩建设为重心的电动车售后服务市场，正在掀起一股掘金热潮。特别是自 2014 年初起，国家电网陆续退出城市充电站建设，国家政策倾向于鼓励市场力量解决充电网络的铺设难题。政策闸口的放开使得大量社会资本蠢蠢欲动，2015 年被业界认为是社会资本大举进入充电桩市场的一年。商机大、痛点多，桩主难当。

目前，国内电动汽车的充电网络主要由三部分组成：一是公共充电站，由特斯拉等车企建设或者由国家电网、普天等能源企业建设，主要解决主干路网上的充电问题；二是目的地充电，一般是酒店、餐馆、写字楼、商场、社区、学校等提供车位并安装；三是家庭充电，一般由电动车的车主自己安装。

但是，前两者都面临一个巨大的问题——亏损。公共充电站还有来自车企或者政府的补贴，而承担目的地充电的桩主们则积极性不高，因为车位价值不菲，但回报却微乎其微，很多酒店和商场安装了也更多只是个形象工程，表明一下对节能环保的态度而已。一个目的地充电点的组成部分有三个：一是车位，二是充电设施，三是充电桩的运营管理服务。充电设施虽然不贵，但车位既昂贵又稀缺，运营维护也是难题……这些都是桩主们的痛点。

3. 1000 亿元人民币的新商机

最新充电桩行业市场调查分析数据显示，目前我国累计建成充电桩仅有 3 万个左右，以充电接口与新能源汽车数量比例不低于 1∶1 这一普遍标准来看，充电桩的规模远远供不应求。加上政策不断向新能源倾斜，各地对充电桩建设补贴力度也在加大，有专家预测，到 2020 年充电市场规模可达 1000 亿元。

国家能源局电力司近期透露，《电动汽车充电基础设施指南》和与之相配套的《电动汽车充电基础设施指导意见》将很快出台，这将对充电桩建设主体和进入标准等问题进行明确，主要是为了促进社会资本加速进入充电桩行业。

在新能源汽车销量快速发展之际，充电桩基础也迎来投资热潮。日前，宝马与乐视相继发布了充电战略，将在国内启动充电基础设施的建设。据悉，宝马到 2016 年底将建设超过 1000 个即时充电 TM 充电桩。而乐视则通过数千万元的投资，入股充电桩企业，提前布局市场。分析指出，与新能源汽车刺激政策相比，充电桩鼓励力度相对滞后，目前我国新能源汽车保有量约 12 万辆，累计建成充电桩仅 3 万个，充电桩规模远达不到使用需求，未来 5 年，其产业规模可达到 1000 亿元。

国家能源局在《2017 年能源工作指导意见通知》中明确，2017 年内计划建成充电桩 90 万个；其中，公共充电桩 10 万个，私人充电桩 80 万个。这一数量较 2016 年底的充电桩保有量有超过 300% 的增长。

近期，国家能源局、国资委、国管局联合下发的《加快单位内部电动汽车充电基础设施建设》中明确，到 2020 年，公共机构新建和既有停车场要规划建设配备充电设施（或预留建设安装条件）比例不低于 10%；中央国家机关及所属在京公共机构比例不低于 30%；在京中央企业比例力争不低于 30%。近日，工信部部长苗圩做客央视时表示，2017 年工信部将配合国家能源局加大充电桩建设。

在多部委共同推进充电桩建设的情况下，电网公司及社会资本将加快充电桩建设，2017 年有望成为"十三五"期间充电桩建设增速最快的一年。

4. 产业规模将大幅增长

据统计，2015 年 8 月，我国新能源汽车生产 21303 辆，销售 18054 辆，同比分别增长 2.9 倍和 3.5 倍。其中纯电动汽车产销分别完成 13121 辆和 12085 辆，同比分别增长 3.8 倍和 6.1 倍；插电式混合动力汽车产销分别完成 8182 辆和 5969 辆，同比分别增长 2 倍和 1.6 倍。

有调研显示，我国新能源汽车保有量约 12 万辆，累计建成充电桩仅 3 万个，充电桩规模远达不到使用的需求。有机构预测，到 2016 年充电桩产业规模将达到 330.78 亿元，到 2020 年可达到 1000 亿元。分析指出，正式快速增长的新能源汽车，让车企看到了未来庞大的市场需求，不过相关部门应该加强新能源汽车基础建设的鼓励政策，推动市场的加快发展。

"对电动汽车的发展，国家财税补贴从全球上来说是最强的，但是主要集中在车辆。然而，新能源汽车的基础设施上没有直接的补贴，只是根据示范城市在基础设施投入的强度给予适当的奖励。"业内人士表示，建议在基础设施上必须要有一个明确的中央财政其至地方的补贴政策以及互联互通支持。

5. 多家企业加大充电桩投资

据了解，宝马推出了 BMW 创新出行服务中国战略，而作为此战略的首个项目 BMW 即时充电 TM（ChargeNow）随之启动，也就是为宝马在中国的新能源车客户提供最互联智能、高效便捷的公共充电服务。更多充电桩市场投资分析内容请咨询中国报告大厅网站的《2015~2020 年中国充电桩行业发展分析及投资潜力研究报告》。

其中，宝马新能源汽车用户通过 BMW 车载互联驾驶系统、BMWi 远程控制 APP，或 BMW 即时充电 TMAPP，或登录即时充电 TM 网站，可以轻松便捷地找到距离最近的充电桩，并了解充电桩的实时使用状态。使用即时充电 TM 卡，可以实现充电服务的自动计费和扣费功能。即时充电 TM 卡可在即时充电 TM 网站快速、方便地充值。充电服务费用包括电费和充电服务费，计费透明。为鼓励电动出行，所有 BMW 新能源车客户（包括现有车主）均可通过 BMW 客服中心或经销商获得一张即时充电 TM 卡。

根据规划，截至 2015 年底，宝马将率先在北京、上海、广州、深圳四地建设 500 个即时充电 TM 充电桩；到 2016 年底，这一数字将翻倍，或将超过 1000 个即时充电 TM 充电桩，覆盖更多城市。

在传统汽车巨头宝马加大电动车基础投入之时，乐视也开始了充电桩业务的布局。据悉，乐视将通过数千万元的战略投资，入股北京电庄科技有限公司（以下简称电庄），共同开展充电桩业务的拓展。据了解，电庄已经在全国建立了华北、华中、华东、华南、西南 5 个运营中心，在北上广深等 30 多个城市落地，建成目的地充电站 600 个。如今正在北京南站打造超过 100 个电动汽车专用车位的智能充电示范点，建成后将成为全北京最大的新能源电动汽车充电、分时租赁全产业生态链充电目的地。

6. 国家鼓励民营企业和社会资本进入电动汽车充电市场

全国各地新能源汽车的推广都是"买车容易充电难"，政府作为充电设施这类基础设施的投资主体，要当仁不让地承担起建设充电设施的责任。

随着国家对新能源汽车支持力度的增大，全国掀起了一轮充电桩基础设施建设的热潮。为了支持国家新能源汽车的推广，作为电动汽车充电设施建设主力——国家电网公司于 2010 年提出分三个阶段大力建设充电站和充电桩。由于电动汽车充电市场盈利模式不明，充电站建设成本高昂，国家电网 2012 年以来充换电站建设迟缓的原因在于盈利艰难。

早在 2014 年 11 月，在四部委联合发布的《关于新能源汽车充电设施建设奖励的通知》（财建〔2014〕692 号）中，就明确提出了关于以城市（群）为单位，构建电动汽车充电设施运营网络的奖励、补贴机制；与此同时，在 2014 年 8 月，国家发展改革委《关于电动汽车用电价格政策有关问题的通知》中，也明确规定了对电动汽车充换电设施用电实行扶持性电价政策，并明确了充换电设施经营企业可向电动汽车用户收取电费及充换电服务费两项费用的盈利机制雏形。

2014 年 5 月 27 日，国家电网公司在京召开"开放分布式电源并网工程、电动汽车充换电设施市场"新闻发布会，向社会正式发布《关于做好分布式电源并网服务工作的意见》（修订版）与《关于做好电动汽车充换电设施用电报装服务工作的意见》。国家电网全面开放分布式电源并网工程与电动汽车充换电设施市场，明确支持社会资本参与慢充、快充等各类电动汽车充换电设施市场。也就是说，国家电网正式引入社会投资参与分布式电源并网工程、电动汽车充换电设施建设。

2015 年 4 月 21 日，国务院总理李克强主持召开国务院常务会议，会议通过了《基础设施和公用事业特许经营管理办法》（以下简称"办法"）。根据"办法"规定，民营资本在能源、交通、水利、环保、市政等基础设施和公用事业领域开展特许经营。

2015 年 9 月 23 日，在国务院总理李克强主持召开的国务院常务会议中，为加快电动汽车充电基础设施和城市停车场建设，会议明确放宽准入，鼓励民间资本以独资、PPP等方式参与，企业和个人均可投资建设公共停车场，原则上不对泊位数量做下限要求，鼓励个人在自有停车库（位）、各单位和居住区在既有停车泊位安装充电设施；同时加大财税、金融、用地、价格等政策扶持，通过企业债券、专项基金等方式支持充电设施和停车场建设，制定相关收费办法，放开社会投资新建停车场收费，允许充电服务企业向用户收费，鼓励地方采取基金注资、投资补助等，拓宽企业融资渠道。

此举无疑是发展民营资本介入充电基础设施建设、运营领域的一剂强心针。这意味着，民营资本可以与国企一样进入充电设施建设市场。境内外法人或其他组织均可通过公开竞争，在一定期限和范围内参与投资、建设和运营基础设施及公用事业并获得收益。在此基础上，政府可根据协议给予必要的财政补贴，政策性、开发性金融机构也可给予差异化信贷支持。

民营资本投资充电站行业，通过社会资本与资源的整合加快充电站行业的发展。民营资本的介入将加大电动汽车充电站领域的建设力度和产业竞争活力，对于充换电站的建设和运用模式起到较大的推动作用。

充电桩市场向民营资本开放之后，充电设备生产商、电动汽车厂商等纷纷转向充电运营。

## 二、公司历史和运营情况介绍

青岛特锐德电气股份有限公司（TGOOD）成立于2004年3月16日，是中德合资的股份制企业，国家级高新技术企业。2009年10月成功上市，成为创业板第一股，股票代码：300001。公司注册资本金10.02亿元，总资产98亿元，现有员工人数6000多人。

青岛特锐德拥有国际先进水平的特锐德工业园和现代化的研究院，完全实现工业化、工艺化、专业化、规模化生产，取得了中国铁路市场占有率第一、煤炭市场第一、局部电力市场第一、新能源电动汽车充电市场第一的好成绩，成为细分行业龙头企业和国内箱式电力设备制造业的领军企业；是世界最大的户外箱式电力设备研发、生产基地，是中国高端电力设备领军者，中国最大的户外箱式电力产品系统集成商、电力系统集成解决方案专家；同时也是中国最大的汽车充电网生态公司。

特锐德拥有一支凝聚力高、战斗力强、高素质、高绩效的技术管理团队，创业企业团队建设管理经验被哈佛大学、清华大学纳入教学案例库，面向全球发行。这是中国企业入选哈佛大学案例库的 22 个案例之一，也是唯一一个凭借"团队建设"管理经验入选的中国企业。

青岛特锐德的主营业务是：研发、设计、制造 500 千瓦及以下的变配电一二次产品、新能源汽车充换电设备及相关产品，提供产品相关技术服务、施工服务；电力工程施工；建筑机电安装工程施工；电力设施的运维、检修、试验项目；电力销售；电力设备租赁及相关技术服务；特种车辆的组装、拼装；新能源汽车充换电站（点）建设与运营；新能源汽车销售；能源管理；融资租赁业务。公司以箱变产品为主线，开关柜产品为基础，研发生产 HGIS、GIS、变压器、断路器、电动汽车充电终端及其他相关户内外电力设备产品；目前已经形成较为完整的变配电设备产品生产线，为重点能源行业提供配套产品；并利用技术人才的综合优势为变配电客户提供系统整体解决方案，为客户提供交钥匙工程。

青岛特锐德开创了中国电力设备租赁商业模式的先河，利用特锐德强大的系统设计集成能力，面向大工程、大工地、大项目，提供户外箱式全系列高、低压产品，打造出了一个全国性的电力设备租赁网络，实现了电力设备制造业向服务业的转型。

青岛特锐德基于强大的技术体系优势、丰富的制造业经验以及国内领先的智能云平台团队，率先提出了"互联网＋新能源"，通过打造中国最大汽车充电网，形成充电网、车联网、互联网"三网融合"，让数万计的充电终端成为用户行为数据、汽车数据、互联网数据及能源数据的集成入口，以此为基础形成世界最大的汽车工业大数据，引领未来的工业革命。

"不是市场需要什么，我们就开发什么；而是我们开发什么，市场就需要什么。"这是特锐德的创新战略。特锐德一直用未来的眼光指导今天的研发，来实现一步领先、步步领先的技术战略。同时，成为中国各行业电力产品技术标准的参与者和制定者。公司独立研发、生产的 110 千伏城市中心模块化智能箱式变电站以及电动汽车群智能充电系统均被国家级鉴定中心鉴定为"产品世界首创、技术水平国际领先"。

特锐德自主研发的 110 千伏城市中心站，颠覆城市中心站建设的新模式，结合"标准化设计、工厂化加工、装配式建设"的特点，采用一体化设计的概念，舱体外部装饰和谐统一。实现高度集成，节省占地，立体建站，布局紧凑，占地（体积）最小的 110 千瓦变电站；安全可靠，世界先进技术，免维护预制舱结构，超越室内运行环境；建站快速，积木模块化设计，3~6 个月建站周期，1 个月内快速投运；灵活布局，不受建站地形限制，布局灵活，是对传统变电站建设模式的颠覆。

特锐德世界首创了电动汽车群智能充电系统，以"无桩充电、无电插头、群管群控、模块结构、主动防护、柔性充电"的特点引领世界汽车充电技术的发展。

基于创新的研发战略，特锐德用未来的眼光研判，伴随着国家政策的支持以及市场广阔的需求，电动汽车产业巨大的产业链价值将被激发出来，围绕新能源汽车形成的整车制造、电池制造、充电、租车等将会产生超过 50 万亿的巨大工业价值链，成为中国 GDP 上升的新引擎。同时，如果未来有 1 亿辆电动汽车作为移动储能设备，在特锐德的智能充电网上进行低谷充电、高峰卖电，每天只卖出 5 度电，电动汽车移动储能将占总发电量的 7%。随着电动汽车的广泛应用，"特锐德的创新工业模式"势必将改变未来中国的能源结构和生活方式，让电动汽车成为未来世界能源革命的承载者。

成立以来，公司为众多国家重点工程项目提供精致产品和优质服务：为青藏铁路、拉日铁路等国家战略工程及京沪高铁、京广高速、京九高铁、京津客专、胶济铁路等高速铁路和高速客运专线提供铁路电力运动箱变；为山东海阳核电站、伊泰太阳能、安西风电等新能源项目提供整套的变配电产品；为中电集团、神华集团、中煤集团、华能集团、大唐集团等国家重点投资建设的多个千万吨级的煤矿提供智能箱变和移动式智能箱变；为国家电网智能化建设、农网改造等项目提供户内外变配电设备；为哈中石油管道、西气东输等国家级的石油天然气项目提供智能变配电产品；为青岛海湾大桥、青岛海底隧道、青岛地铁等国家重点交通项目提供稳定的能源支持产品；为中国和缅甸、中国和吉尔吉斯斯坦等国际战略合作项目提供高端的变配电产品；为青岛世界园艺博览会提供精致配套产品。目前特锐德已经广泛开展国际业务，业务范围已经拓展到中亚、东南亚、南非、澳大利亚、美洲等地区。

特锐德将以客户为中心，为其提供精致产品和优质服务作为企业价值观之一；以"夯实世界最大箱式电力设备生产研发基地、打造世界最大的汽车充电网生态公司、缔造中国最具创新活力的能源管理公司"为企业发展目标。

### 三、公司的关键发展历程

#### (一)大事记

2004年3月16日：特锐德取得营业执照。

2004年12月10日：铁路电力远动箱变铁路电力远动智能箱式变电站、10千伏智能箱式开关站、35千伏智能箱式变电站三个产品被认定为高新技术产品。

2004年12月28日：特锐德被青岛市科技局认定为省级高新技术企业。

2005年8月20日：特锐德开始第一次"精致运动"。

2006年3月4日：中标亚洲最长隧道——"乌鞘岭"隧道项目14台设备。

2006年5月21日：中标青藏铁路项目105台设备。

2006年6月23日：中标国内最大的风电项目安西风电。

2006年12月12日：中标山东海阳核电厂箱式变电站工程。

2007年5月10日：中标中国第一条高速铁路项目京津客运专线。

2008年12月23日：特锐德获得国家高新技术企业的称号。

2009年3月：中标哈中石油管道项目的箱变项目，标志着特锐德步入了国际市场。

2009年4月：公司被聘为"第一届电力行业供用电标准化技术委员会通信成员"，正式参与到国家、行业标准的制定工作中。

2009年9月21日：公司登陆创业板：股票代码为300001，成为创业板"第一股"。

2010年7月31日：荣获"2009中国上市公司金牛百强"。

2011年3月27日：青岛特锐德收购广西中电新源。

2011年4月15日：青岛特锐德与德国西门子签订战略合作协议。

2012年3月："TGOOD"商标荣膺"山东省著名商标"。

2012年6月：公司生产的"TGOOD"牌高压开关设备系列产品经山东省名牌战略推进委员会及山东省质量技术监督局联合认定为"山东名牌产品"。

2012年10月19日：智能箱式变电站产品顺利通过了国家电器产品质量监督检验中心内部故障燃弧试验，公司成为国内首家通过箱变内部故障燃弧试验的企业。

2012年11月：公司"创业企业团队建设"案例入选哈佛大学案例库，是中国企业入选哈佛大学案例库的 22 个案例之一。

2013 年 1 月 29 日：控股四川乐山——拉得电网自动化有限公司。

2013 年 1 月下旬：再次中标高原铁路项目——拉日铁路。

2013 年 5 月 30 日：中标锡北铁路项目，成为公司第一个高原型 110 千伏 GIS 项目。

2013 年 10 月：公司被认定为"青岛变配电设备国际科技合作基地"。

2013 年 11 月：公司 TGOOD 商标在缅甸注册成功。

2013 年 11 月 28 日：特锐德荣获"2013 装备中国创新先锋榜——商业模式创新奖"。

2014 年 9 月 10 日：公司与北京新能源汽车股份有限公司签署协作，战略合作。

2014 年 10 月 1 日：中国第一台可移动箱式大巴充电站——黄岛新区公交快线 K1 路开通投运。

2014 年 11 月 24 日：由特锐德自主研发的、全国首座城市中心配送式变电站——110 千伏流水变电站在榆林神木县正式投运。

2014 年 11 月：特锐德中标山东省第一条有轨电车示范线青岛城阳区现代有轨电车示范线工程项目和成都新津现代有轨电车示范线工程。

2014 年 12 月 28 日：特锐德青荣城际铁路项目开通运行，这是山东省第一条区域性新建城际高速铁路，也是迄今为止山东省投资最大、建设标准最高的单体铁路建设项目。

2015 年 1 月 15 日：特锐德成立"青岛特锐德新能源汽车租赁有限公司"，正式进军电动汽车租赁业务。

2015 年 5 月 5 日：特锐德以 6.9 亿元收购川开电气 100%股权。

2015 年 12 月：特锐德成功入选"2015 年度中国品牌新锐榜"。

2016 年 1 月 26 日：特锐德企业技术中心被认定为"国家认定企业技术中心"。

2016 年 2 月 29 日：特锐德通过全资子公司特来电与长安汽车签署战略合作协议，发力新能源汽车。

2016 年 3 月 16 日：特锐德与新华网强强联合，发力充电设施建设。

2016 年 3 月：特锐德成为国内同行业首个获得欧洲焊接标准认证的企业。

2016 年 6 月 21 日："电动汽车充电基础设施充电安全、信息安全研讨会"在青岛举行，特来电在会上向行业无偿公开16项充电安全核心技术专利。

2016年10月30日：特锐德全资子公司特来电发布"大数据生态云平台"，开启充电网、车联网、互联网新时代。

2016年12月2日：特锐德荣获2016年中国企业社会责任特别贡献奖。

### （二）创新成就中国创业板第一股

2009年5月1日，中国创业板历时10年终破壁，2009年9月，成立仅五年半、此前名不见经传的特锐德以国内创业板上市第一家的身份成功登陆创业板，让整个资本市场为之侧目。在公司董事长于德翔看来，成为创业板第一股有偶然更是必然，成为第一是偶然因素，而能够在创业板上市则是公司发展的必经之路，也是公司自成立以来就坚持一步领先、步步领先的创新发展理念，实现公司不断发展壮大的结果。

抢抓市场机遇，快速成长为国内箱变龙头企业。特锐德作为箱式变电站的开发和生产企业，公司早期的快速成长依托于中国铁路交通的大发展。2004年公司成立之初，敏锐地抓住第六次铁路大提速这一历史机遇，用短短一个月就带领公司制造出铁路电力远动箱变的第一台样机，并于2005年济南铁路局供电箱变招标中凭借精致的产品和优质的服务大有斩获。2007年，公司又抓住了高铁发展的机会，以奥运工程中国第一条350公里/小时京津高速客运专线铁路为突破，开发出了中国第一台高速铁路智能远动箱变并迅速进入高速铁路市场。特锐德在高速铁路市场所占比重在2009年达到最高水平，接近70%，成为国内最大的箱式变电站研发和生产企业。

2009年9月，公司成功登陆创业板，募集资金8亿元，为公司新的发展创造了条件。成功上市之后公司并没有故步自封，而是针对市场和行业的新变化主动寻求突破。在铁路市场之外，公司还积极开拓煤炭、电力、石油等市场，使市场多元化，箱变产品市场占有率取得了铁路市场第一、煤炭市场第一、局部电力市场第一的骄人成绩。凭借创业团队的专业技术出身和引自国外的先进箱变技术。

### （三）"再造"特锐德：转型升级

2011年，"7·23温州动车事故"发生后，中国铁路建设陷入困境，相当一部分在建线路项目遭遇缓建或停建。铁路市场也随之进入"冬天"。

长期依赖铁路系统的特锐德，遭受到了有史以来最大的一次挫折，当年其在铁路系统方面的收入比上一年下降了35.77%。很多人都怀疑，这家中国铁路市场最大的箱式变电站企业，是否会从此一蹶不振？在那段"黑暗"的时期，很少有人知道于德翔都在想些什么。

2011 年，于德翔提出"转型升级"现阶段目标：游击队变成正规军，作坊转化为工厂。于德翔对"工厂、正规军"进行了详细诠释，用以指导未来的发展。作坊变工厂：指的是管理的升级及流程再造的问题，改造的是"事"；游击队变正规军：指的是人的思想、思路和行为脱胎换骨般的改变，改造的是"人"。

"转型升级"给特锐德带来的是从骨髓上的"蜕变"，企业从粗放型向集约型成功过渡。转型红利显而易见，转型之迅速，带给市场和行业是无比的惊喜。不到一年的时间，特锐德就挥手告别了"高铁时代"。据年报数据统计，2011 年特锐德在电力市场获得了高达 4.3 亿元的订单，同比增长 119%，占新增订单总额的 49.40%，电力市场跃升为公司第一大行业市场。这意味着，特锐德成功实现由以铁路市场为主到以电力市场为主，电力、煤炭、铁路市场均衡发展的转型。

从资料上看，在实施转型升级的过程中，特锐德除了在传统产品上与西门子加强技术合作之外，借国家电网剥离"三产"的机会，特锐德还陆续对广西中电新源电气、乐山—拉得电网自动化、山西晋能电力科技等 6 家公司进行并购，谋求外延式发展。

在于德翔看来，中西部地区的优秀企业可谓稀缺资源，通过收购具有电力市场背景和当地市场资源的企业，从某种程度上说其效果要优于技术创新，能够帮助特锐德在市场上获得超速增长。在此基础上，特锐德在加强团队建设的同时，还创造性地推出了"混合所有制集团化商业模式"和"电力设备融资租赁商业模式"。一个个创新的概念，不仅给公司带来了丰厚的利润，也着实助推着特锐德走出"黑暗"，得到恢复性的增长。据特锐德 2013 年的数据统计，得益于中国电力行业广泛集中招标、铁路建设回暖以及城市轨道交通蓬勃发展，2013 年特锐德中标总额达到 16.5 亿元，同比增长 60.82%。其中铁路系统的营业收入较上一年增长了 134.06%，电力系统营业收入的增幅也达到了 131.55%！业绩大幅度的上扬，使人们误以为特锐德已经提前实现了"转型升级"的目标，但事实上，当特锐德宣布"二次创业"战略规划时，人们已经预感到，那股从头再来的勇气必定会再造一个更强大的特锐德，特锐德大手笔的布局才刚刚开始。

1."一主两翼"二次创业

从 2004 年 3 月 16 日特锐德成立起，至 2014 年，这 10 年时间，特锐德创业发展从成立期、成长期、规范期、高产期，完成了企业发展的第一个轮回。随着特锐德进入发展的深水区，面临着前所未有的机遇和挑战，面对着日渐强大的竞争对手和瞬息万变的市场，虽然人数增多，规模扩大，但创新在衰弱、质量提升慢、效率在降低、文化根植和渗透率在减弱，这些问题的存在让高速发展的特锐德不得不慢下来，否则可能会有人仰马翻的可能，几年的辛苦将付之一炬。

特锐德高管团队清醒地认识到危险的到来，警醒地提出，"特锐德冬天来了""特锐德冬天真的很冷"，"特锐德如履薄冰"，"如果说特锐德一年就死了，则可能死在法律上；三年就死了，则可能死在业绩上；若三年后死了，则一定死在创新上"。忧患意识、危机感在中高层领导中开始达成共识：特锐德未来最大的竞争对手是自己，要发展必须先战胜自己，先改革自己。

特锐德在此历史转折点上，及时提出要"二次创业"，先回零，再从零开始，改革创新，进入企业发展的第二个轮回。

特锐德高管团队总结到：特锐德一次创业像爬山，二次创业像涉水。爬山的过程很艰辛，需要吃苦耐劳的精神、坚韧不拔的毅力，但所有的困难和机遇都在地面之上，看得见、摸得着，可以有的放矢地解决问题、抓住机遇。

一次创业爬过了高山，进入了潜水地段，现在的问题和机会仍然很多，但挑战和机遇多数在水下，而不是在地面。二次创业市场竞争的环境比一次创业更恶劣，竞争更激烈。现实环境要求特锐德必须学会潜水，要练内功，不仅需要硬实力，更需要软实力、大智慧、真功夫。特锐德想生存并且持续发展，必须谋定而图远，一方面要通过技术创新拉开和竞争对手的差距，占领行业制高点；另一方面是商业模式创新，敏锐地寻找新的增长点，把握发展的契机与方向，设计与目标客户相适应的盈利模式，同时要比竞争对手制定更科学、更适宜的战略和更有效的执行，形成产业化竞争优势。

如何进行二次创业？二次创业如何规划？如何保持团队的持续活力？如何明晰战略目标及发展方向？如何以世界眼光谋划未来、以国际标准提升工作、以本土优势彰显特色？……这让特锐德团队在这一段时间内不断进行自我否定和反思。

经过特锐德"自我涅槃"般的转型升级，面对行业和企业的一系列变化，特锐德高管团队在认真总结 10 年高速发展得失的基础上，提出了"一主两翼"二次创业。

一主两翼，将特锐德发展战略比作一架飞机，打造"电力设备＋充电生态＋

多能生态网"。"一主"：公司以电力设备制造为"机身"，飞机的主体为设备制造领域（目前已成为世界最大的箱式电力设备研发、生产基地）；"两翼"：以充电生态网和多能生态网作为飞机的"两翼"协同发展，左翼是打造世界最大的汽车充电生态网，右翼是缔造世界最具创新活力的多能生态网，打造汽车充电网生态和缔造多能管理网生态的新型"互联网+"业务，实现电网系统大数据运维、移峰填谷、智能管理等现代能源管理服务。公司双生态网业务均具备比较好的前景，未来随着业务不断推进，有望推动公司打开更大成长空间，一主两翼生态模式发展将助力特锐德稳健又持续地腾飞。

"一主两翼"的二次创业战略规划，开始了特锐德更广、更深的布局，从传统制造平台向生态平台转型，以制造业为基础，夯实世界最大箱式电力设备生产研发基地，打造中国最大的汽车充电网生态公司，缔造中国最具创新活力的能源管理公司。

谈到为何提出"一主两翼"二次创业时，于德翔认为："企业上市后短期内关注的是业绩，但从中期来看应该从商业模式上进行创新，企业若想长青，务必要不断反思总结、不断开拓创新、不断凝练团队、不断重塑文化；特锐德二次创业最关键的在于商业模式创新，即设计与目标客户相适应的盈利模式，形成产业化竞争优势。"

2. 颠覆充电桩：梦想成为中国最大的汽车充电公司

2014 年 7 月 22 日，特锐德发布了投资汽车充电项目的公告，"智能汽车群充电系统"第一次进入公众视野。在特锐德宣布其计划之前，世界上还没有任何一个国家能提出比充电桩更好的解决方案。但在中国，充电桩却成了阻碍电动汽车发展的最大症结。因为充电桩在设计时并没有考虑电网负荷的状况，在中国是群居的生活方式而不是国外的独门独院的形式，这必然导致中国电动汽车也会是一种"群居"的状态，如果全部都是无序充电，只要三台特斯拉同时充电，整个小区的电网负荷就会崩溃。

"电动汽车的本质是互联网汽车，特锐德要建立一个大系统、大平台，打造一个完美的云端，用互联网思维去解决现阶段的问题。"于德翔说。在重新定义电动汽车之后，思路的转变让很多令人头疼的问题迎刃而解。根据特锐德的测算，如果能充分合理地利用高峰和低谷的电量，快充与慢充相结合，现有的电网容量是足够满足国家对电动汽车的发展规划的，而特锐德设计的群管群控刚好可以实现这一目标。特锐德根据电网的动态负荷和总容量、汽车电池剩余电量、充电电流、电池特性以及客户对充电时间的需求等变量，以倒序递推的充电原则建立一个复杂的数学模型，形成对群充电的对策，实现低谷充电、经济充电，为用户提供最优化的充电方案。

除了商业模式的设计外，特锐德还设计"无电插头"、改造车位充电模式等34项专利，消除原充电桩漏电等那些潜在的安全隐患和诸多不便。

万事俱备，只欠东风。虽然早在2014年两会期间，国家电网公司董事长刘振亚就曾表示，充换电系统将对社会全面开放。但此后的几个月，社会资本进入这一行业的热情并不高。一方面是电价没有确定，人们不清楚充换电站的投资回报，无法对盈利前景进行评估；另一方面是他们不知道该如何与国网、南网等巨型央企同台竞争。这些问题同样困扰着特锐德，但于德翔从来就不是一个被动等待的人。"特锐德开发出什么，市场就需要什么，用我们的前瞻性和对行业技术的把控，引领行业发展！"

在传统汽车销售中，当4S店的销售人员把车钥匙交到消费者手中，车基本上就与车厂失去了联系，它在哪里运行，运行状态好坏，运行了多少里程等数据，车厂只能通过访问调查等手段获取，除非车辆坏了需要维修。但是电动汽车则不同，电动汽车需要经常充电，充电就会接入网络，消费者想何时充电、如何支付等需求都可以直接通过网络完成。在这个交互的过程中，客户的需求、车辆的信息等数据的交互都是非常便捷的，而获取这些数据对于整个汽车产业链都是非常重要的。而充电的同时，在充电网络平台将完成充电费用的电子支付，这又会形成另一个大型的支付平台，在这一平台会出现围绕汽车的各类电子商务，并最终孕育出一个互联网金融的生态圈。

未来，特锐德不仅要卖车，还要把4S店的维修权拿到手！传统车行卖不动电动汽车，只有先给客户解决充电问题，客户才肯买你的车，而这一点特锐德完全可以做到。此外，特锐德研发的汽车充电互联网云平台系统，也为特锐德进一步打造产业链奠定了基础。当云端服务器把电动汽车的电池、系统等数据收集起来后，就形成了一个大数据系统。每天充电的过程，就是一次对电池和汽车操控系统全面检测的过程，4S维修自然就成了轻而易举的事。通过上述商业模式，特锐德势必会形成一个庞大的车辆检测云平台以及伴随而来的电子支付平台。

按照特锐德的测算，如果电动汽车能顺利发展，到2020年中国会存在500

万辆电动汽车，特锐德依靠"世界首创、国际领先"的技术和"免费"的商业模式，将占据较大的市场份额，每一个客户就是一个家庭，未来会形成千万级的粉丝群。"这些'粉丝'都是活的，电动汽车平均每200公里就要充一次电，意味着每天晚上都有电子支付产生。在这个基础上我可以做更多的事。"

在多次交流中，于德翔曾经这样对笔者表述："特锐德的发展是比较顺利的。我觉得特锐德的快速发展，第一个来自于它的运气比较好，我们在合适的时候进入了合适的市场，又在合适的市场发展过程中，又进入了资本市场，所以我们在进入产品市场和资本市场时，都抓住了很好的机会，每一步都踏得很准，所以我说特锐德各方面的发展，首先来自于运气，运气比较好。每到一个机遇的时候总有一个相关政策出台，恰好我们也都赶上了。"

回顾特锐德的创业之路，其创业成功固然有许多方面的原因，然而该公司能够选择正确的行业并进行精确战略定位是其成功创业的关键基础。用互联网思维去思考，给了特锐德很大的想象空间。

目前，特锐德正积极与火车站、机场以及大型的公共停车场协商，它要租下一定的停车位做分时租赁。通过手机电子支付，用户可以在这些场所预约高、中、低档汽车。通过云端系统，用户可以直接找到停车位，用密码开锁，当再一次把车插到充电设备上时，就完成了还车。通过云端系统，能够检测到车的性能；通过高清摄像头，可以观测到车的外观，所有东西都在用户的可控范围之内。

创新的思路依然在不断地涌现，特锐德正用互联网思维去重新审视自己的技术创新和商业模式。尽管人们还无法预测，未来的特锐德最终会成为一个怎样的公司，当年的中国创业板第一股，能否雄风依然？但于德翔早已对未来大势做出了判断：汽车充电是个移动大系统、大体系、大平台、大投入、大竞争，将来中国做汽车充电系统的企业不会超过三家，而这三家一定是分疆而治！

### 四、企业品牌建设内涵和发展路径

据公司执行总裁介绍，特锐德的品牌建设，一方面是公司以提升技术能力，提高质量和服务来树立品牌；另一方面是特锐德公司2009年10月在创业板的上市，在塑造公司品牌及形象的同时，也产生了较大的品牌效应。随着企业的发展，公司在相关媒体上也有一些品牌方面的建塑，例如在《中国电力》月刊杂志上就有过连续两年的刊登，企业的社会责任及担当也不时地在媒体上曝光。2013

年特锐德正式进军国际市场，成功注册 TGOOD 马德里国际商标。特锐德在股份结构上虽是中外合资企业，但实质上是一家本土化的民族企业，德国主要是资金的投入以及国外市场的开发，不参与实质性的业务，所以合资并未造成双方品牌认知方面的差异。

品牌的内涵式企业文化。在 2004 年成立之初，特锐德就建立企业文化，主要是高层领导以自上而下的企业价值观为主。特锐德在 2006 年承接了青藏铁路的业务时，仅有 100 多名员工，但在全体人员的不懈努力下，依然完成了此笔订单。企业近十年的飞速发展，离不开全体员工的艰苦奋斗。宣传部主任认为，特锐德的企业文化与品牌息息相关，就如 2004 年创业初期的 23 人，到目前为止只有一位同事因退休而离开了公司，其他 22 人均还留在特锐德工作。再如特锐德内部培养的营销团队，多年无一人离职，营销团队的稳定，也使企业更好地可持续发展。他这样表述："企业品牌并不是一个物体，品牌的形成包括企业文化、经营理念、职工形象以及企业价值和服务等企业文化的高度根植。"

全面绩效评估是维护品牌质量的一种手段，也是辅助企业健康发展诊断问题的一个好工具。特锐德公司目前的绩效评估体系，一部分是以 KPI 指标每月对部门进行评估，每月各部门对未完成指标要进行分析，以及提出相应的应对措施，次月去落实执行情况；另一部分是公司的高层、中层以及基层，对员工个人进行360度测评。特锐德创立至今仅短短 13 年时间，公司副总裁认为："企业目前还处于一个发展状态，在绩效评估方面并不是一成不变的，每年都在调整和完善。特锐德制定了长远的可持续发展战略目标，计划聘请更多优质的管理者来帮助企业发展。后期，企业根据投入产出比，在品牌建设方面有更多有效性的投入。"

上市帮助企业树立品牌形象和知名度。根据公司财务副总裁介绍："特锐德2009 年 10 月上市，荣登创业板第一股，股票代码为 300001。企业在创业板上市、企业文化的建立、企业团队的建设以及技术创新，提升了企业的形象和品牌的知名度。特锐德在企业文化价值观方面较好，但目前，特锐德公司的知名度大于其实力，在品牌建设与可持续发展方面，特锐德还需提高创新、服务等能力来维护企业品牌。"

公司人力资源副总裁认为："品牌是企业发展到一定阶段的产物，品牌可以促进企业更好地发展。优质的产品、高素质的人才团队和技术创新、质量管控能力以及客户售后等服务，造就了特锐德公司的品牌形象。2011 年高铁建设突然进入'寒冬'，很多建设项目取消或紧急叫停，致使特锐德公司的多数箱变项目停滞，订单量急剧下降。此次事故对特锐德市场及企业发展造成了不小的冲击，也可以说是特锐德的一次危机事件。但是，基于客户对特锐德的信任和公司及时地调整战略，公司安然地度过这次'寒冬'"。科研部主任认为："媒体是宣传的一个窗口，一个途径；品牌是公司的形象和灵魂，是客户对公司的一种客观的评价与认可。"

质量管理是品牌的根本。公司生产副总裁认为："从生产角度来看，品牌的维护离不开质量；从公司整体角度来看，品牌与企业文化价值密切相关。在质量方面，特锐德不曾发生过影响品牌的重大事件。但作为制造行业，客户有质量方面的抱怨也是在所难免的。产生抱怨时，特锐德以客户为主，售后人员及时进行跟踪处理质量问题，质量和技术人员也将及时提交分析报告给客户。企业在品牌建设和规划方面的投入是非常有必要的。品牌竞争力主要在于公司的质量以及宣传力度，企业员工应深层次地认识并理解品牌建设战略，维护品牌。品牌可以为企业带来市场，市场可以更好地促进企业的可持续发展，两者相辅相成，相互促进。"

特锐德比较注重品质和服务，品质和服务直接影响到企业的品牌与可持续发展。生产部主任举例表述："就如在紧急投标方面，该部门人员全员参与的同时，还要动员其他部门来一起参与，完成有质有量的竞标工作，以自身能力来提高企业品牌价值。"近年来，随着互联网思维的发展，企业通过互联网动漫视频制作，参加各类行业展会宣传、报纸、杂志等推广形式，将特锐德的品牌形象展示给大家，让想了解特锐德的人，随时随地可以通过各种渠道来深入认识特锐德。当然，随着企业的发展，特锐德在品牌建设方面还将会有更大的投入。

质量部主任阐述："特锐德的质量管控体系包括：质量策划、质量控制和质量改善三个方面。企业也会通过员工的合理化建议，设立一定的奖励制度来提高、改善企业。若以U形机构来诠释生产、销售和技术研发，刘主任认为特锐德是倒U形结构，销售应立于顶端，以生产和技术研发为基础。"

特锐德的产品及服务群体是国家基础能源行业，并非是消费群众，品牌的打造只能靠产品的质量与客户的反馈。信息中心主任表述："特锐德在国内是小池塘内的一条大鱼，但对于国际市场而言，特锐德却只是大池塘内的一条小鱼。特锐德未来还有很长的路要走，建议特锐德体量的逐渐增大，将承担更多的社会责任。"社会责任是品牌建设的一个必要函数。

制造企业的销售涉及的技术问题较多，攻克一道道的技术难关是品牌建设的过程。品牌对于企业的发展至关重要。在品牌宣传策划方面，特锐德申请了中国驰名商标；在技术创新方面，特锐德提倡一步领先，步步领先，强调的是技术的创新和领先；特锐德是以精致的产品和优质的服务去建设品牌。对于营销部门来讲，给用户精致的产品是特锐德的特色，特锐德要提供给客户的是一个系统集成的方案，而不是卖给他产品。就如特锐德供货的一条铁路线，因购货方的问题，导致产品出现问题。但由于特锐德是产品的提供者，故最后的责任方便成了特锐德，特锐德为客户免费地更换产品、延长保质期并无偿提供收费等服务。即使精致产品出了问题，特锐德也要在优质服务方面去弥补、维护品牌。

品牌建设离不开技术创新和质量管理。特锐德的研究院由成套方案中心、产品研发中心、实验中心三个一级部门和科研管理部一个二级部门，共计50多名员工组成。整个研究院的主要工作有科技项目、专利、商标、知识产权的申报与企业标准的修订。科研部主任表示："特锐德品牌的建设，主要有以下几个方面：技术创新、管理创新、人才团队的建设、可持续发展能力规划以及市场占有率的比重。以特锐德现在的组织架构来看，技术部主要负责现有产品的设计开发，研究院主要负责概念性产品的研发。特锐德的技术团队主要是以提高服务意识来维护品牌；而特锐德本身，则是以企业的凝聚力去提高企业品牌。"

生产线班长认为："品牌是靠质量来维护的，只有生产出优质的产品销售给客户，得到客户的认可，企业才会有好的品牌。就如在生产线上发生的质量事件，班组在考核个别员工的基础上，技术、质量部门对问题更是要进行分析研究，对班组人员进行培训教育，积极引导，以保证不再有此类事件发生。"她的团队由26名员工组成，"特税德让你我的理想成为现实"这句简单的标语，影响着这个团队的每一名员工，他们将自己的青春、理想与企业的发展紧紧地连在一起，与企业共同成长。

**五、企业持续经营的核心理念**

**(一) 企业文化**

于德翔坚信企业快速发展得益于以特锐德特有价值观为核心的文化的根植和创新、信任、学习、执行、负责的企业精神，他最喜欢的话是"特锐德让你我的理想成为现实"。于德翔表述："打开每个公司的网站，99%的企业都有文化。但是其中真正把文化根植到企业发展中，转化为员工行为意识的企业很少，可能连10%都没有。价值观决定了价值的取向。首先是客户的利益，之后是企业的利益，再是股东和员工的利益，然后要承担更多社会责任，这是我们价值观，也是企业文化的核心。"企业文化是企业持续经营的核心理念，特锐德的企业文化有以下几方面：

凝聚团队：特锐德以知人善用、激励培养、造就高素质团队作为人才理念，用共同价值观打造出一支凝聚力高、战斗力强、高素质、高绩效的团队。

特色文化：特锐德建立健全了完整和系统性的文化体系，将企业文化理念、共同价值准则及行为规范等融为一体，将企业内部力量统一于共同的指导思想和经营哲学之下，并汇聚到一个共同的方向来发展。

创新领航：通过体制创新、技术创新、产品创新、管理创新等，依靠技术团队前瞻性地制定行业标准成为一步领先，靠系统能力为客户提供整体解决方案实现步步领先，完成技术和市场的完美结合，依靠团队创新引领行业和市场的发展。

精致产品优质服务，精致产品：细节严谨，精益求精，总比别人做得好一点；优质服务：真诚到心，服务到位，总比别人想得多一点。

在可持续发展方面，特锐德从成立发展至今，在企业高层管理团队的带领下，通过资金的不断投入、制定长远战略规划，来保持每年业务量的增长和企业的发展。据公司执行总裁介绍，他在特锐德公司从事技术管理工作期间，公司不曾发生过企业自身原因导致的重大危机事件。以特锐德目前的技术实力，没有开发不下去的产品，只是箱变等产品在样品开发期间，会对产品进行反复的技术质量验证。

把控机遇：公司团队利用对行业前瞻性的有效把控，超前把握市场发展态势，利用本身实力和内外资源制定出符合特锐德发展的战略方向，迅速有力地把握了企业发展的契机。

企业价值观：

以客户为中心

——为其提供精致产品和优质服务

以创新为手段

——为企业创造更好的经济效益

以人为本

——为员工创造更好的工作、学习、生活、发展的环境

以素质为目标

——为企业和社会造就高素质人才

企业精神：

创新、信任、学习、执行、负责

工作作风：

积极主动、快速反应、严谨认真、精益求精

团队建设法则：

志同、道合、互补、包容、熔炼

朋友文化十六字理念：

真诚热情、关心互助、尊重包容、感恩回报

朋友之风：

以真诚友善为荣，远离虚伪欺诈；

以热情互助为荣，远离冷漠无助；

以尊重关怀为荣，远离轻蔑欺生；

以包容团结为荣，远离狭隘自私；

以扶持勤勉为荣，远离懈怠懒惰；

以共进共赢为荣，远离损友利己；

以感恩奉献为荣，远离忘恩负义；

以事业发展为荣，远离好逸恶劳。

## （二）发展战略

近期目标或二次创业目标：2011~2017 年

- 箱式产品规模：世界最大
- 箱式技术水平：世界领先
- 用平台的理念打造特锐德百亿产业集团
- 成为中国最大的汽车充电公司
- 铸造供电网、车联网、互联网"三网融合"的 3D 云平台集团

特锐德未来：2018~2020 年

- 特锐德成为国内电力设备制造业的领军者

- 带动中国电力设备制造业步入国际梯队
- 成为世界最大的汽车充电运营商和云平台
- 把特锐德打造成世界级的品牌企业

### （三）企业可持续发展

中国大多中小型制造企业，生命周期都在 5~7 年，甚至更短。公司执行总裁认为："企业在发展到巅峰后，必须去寻找新的起点让企业可持续发展。在激烈的市场竞争环境下，中小型制造企业必须将中国制造改变成中国创造。但创造同时也是一把双刃剑，它能使企业可持续发展，但过多的投入和急切的追求也能使企业走向灭亡。在互联网资源的环境下，最大的创新是资源整合。"公司执行总裁还这样表述，"在未来，希望中国政府能加快审批等程序，给予中小型制造企业更多实质性的帮助。"

水能载舟，亦能覆舟。公司财务副总裁表示："特锐德的成功上市，得益于 2010 年之前高铁行业的迅速发展，但 2011 年高铁突然进入"寒冬"，导致特锐德铁路项目骤减，这无疑是特锐德自成立以来遇到过的最大困境，如果当时特锐德并未加大研发力度，着手开发汽车充电等其他项目领域，也许现在的特锐德的业绩已然呈现下滑趋势。当然，也是这次危机事件，使特锐德成功转型为现代化新能源制造企业。"

专注和掌握机遇是中小制造企业的长生法宝。公司人力资源副总裁认为："中国中小型民营制造企业，与国有企业不同。国有企业在国家政策等方面都占有一定的优势，而民营企业在没有优惠政策的基础上，还要缴纳大量税赋。所以，民营企业可持续发展的核心主要是专注。一方面企业应在发展主营业务的基础上来拓展其他与之相关的行业；另一方面企业应该把控机遇，时时掌控市场行情，提高技术研发能力来满足客户的需求。电力设备行业的产品有上百种，而特锐德多年来一直致力于箱变电产品，以客户为中心，用精致的产品和优质的服务来维护企业品牌、提高企业价值观。"

企业是社会的一分子，能承担社会责任的企业才能持续发展。生产副总裁认为："中国中小型制造企业可持续发展的因素主要有以下几点：人才团队、组织架构以及互联网思维模式的注入。与此同时，企业应精细化管理，制定长远的可持续发展战略目标，肩负社会责任并帮助他人创造财富，才能使企业更好地可持续发展。家族企业制的模式，严重影响到了企业的可持续发展。中国经济转型给中国中小型制造企业带来了发展机遇，企业应以低耗环保的生产理念来回馈社会。"

在可持续发展方面，特锐德通过提升自主研发设计能力，以高于竞争对手的技术水平来不断地满足客户的要求。生产部主任表示："以公司现状来看，企业还存在一些精细化管理方面的问题，目前，已在企业高管的带领下，不断地去弥补企业自身存在的短板。""在绩效体系评估方面，企业用不同的方式方法对各部门进行考核，以目前的状况来看，特锐德的绩效考核方法不仅有效，而且还提高了工作效率。特锐德是以 KPI 指标对员工进行绩效考核，但对于不同的部门，还将进行绩效二次分解的形式来提高员工的工作效率和企业效益。更是以产品、技术、服务的创新来使企业不断地可持续发展。"质量部主任这样表述。

企业高层领导机遇的把控以及可持续发展战略规划，都会影响到中国中小型制造企业的可持续发展。信息中心主任表述："在信息全球化的今天，中国中小型制造企业应提高企业核心竞争力、加强技术创新、管理创新等，来成就中国百年企业。中国经济的转型升级，可能并未落实到规模较小的中小型制造企业。特锐德的信息化起步较晚，但公司整体执行能力非常强，从 ERP 软件的上线到自己内部软件系统的开发，特锐德一直走在路上。依目前特锐德的发展状况来看，后期在 IT 方面还将会有更大的投入。IT 是管理落实最好的工具，在企业快速发展的同时，IT 绝对不能成为企业发展的牵制。"

企业文化是特锐德可持续发展的能量来源。生产部主任认为："特锐德公司的附加值主要是企业价值观文化的高度根值。"他这样表述："客户能给企业带来利益和效益，客户对企业产品评价的好坏，会影响我们品牌的建立。特锐德的企业文化，深深地影响着企业的每一位基层员工。一线员工认为，有付出就有收获，工作中的踏实与忙碌使他们再开心不过。在特锐德工作，就是会与他人产生思想上的差异与认知上的不同。与其他行业或是企业相比，特锐德的员工都把特锐德当作自己的家，自己是这个大家的一员。近年来，特锐德在全员根植文化，不仅促进了员工的沟通，更是提高了特锐德的企业核心价值观。特锐德是以满足客户要求来开展工作，并不断去学习和创新，渐而去引导、培训新员工。"

企业的可持续发展离不开技术创新、企业团队的建设，更离不开客户的认可与支持。特锐德首屈一指的团队凝聚力，已列为哈佛大学与清华大学的教学案例。特锐德目前主推的电动汽车充电系统业务，是体现企业社会责任感的一个举措，也符合国家节能减排的发展方向。以特锐德为例，在可持续发展方面，特锐德在一次创业成功后，以最高点为支点，设定目标进行二次创业。在创业途中，可能会有无法预料的拐点，但特锐德能保证的是及时纠正和改善，让企业健康地可持续发展。

经过13年的长足发展，特锐德建立并逐步完善了自主知识产权体系，拥有500多项专利、专有技术，在智能变配电设备制造行业、新能源电动汽车充电行业和能源管理行业等领域领先对手开创了多项全国第一，填补了行业空白，引领了技术发展。公司成立了特锐德研究院，建设了青岛市工程技术研究中心和青岛市专家工作站，聚集了一大批在国内外变配电领域有着较高知名度的专业技术人才和专家学者，同时成为国内各行业电力产品技术标准的参与者和制定者。

公司每年进行四次创新改进项目评定，两次发明、专利审定以创新为目标，围绕着产品档次提升、效率提高、成本节约、工艺改进等方面进行评定，设置不同的评级档次，对各位获奖者进行表彰奖励，以此激励。

2014年，特锐德成功研发了世界首创的具有"无桩充电、无电插头、群管群控、模块结构、主动防护、柔性充电"国际领先技术的电动汽车群智能充电系统；2015年，特锐德又对外发布了CMS主动柔性充电技术，专家鉴定结论为"技术水平国际领先"。

据不完全统计，2015年以来，全国共发生七起纯电动客车、混合动力客车自燃事故。着火原因主要集中在车辆处于静态停置中，由于电池系统管理不完善、通信不兼容、与充电设备通信障碍导致的电池过充、短路等问题，不能提前监控、报警，从而引起热失控、自燃、起火等问题。除了电池自身技术以外，很多外在原因也是事故导火索，也就是说，在充电环节也存在很大的安全隐患。安全不能只聚焦于电池本身，而是需要电池、电池管理系统（BMS）、充电多方协同合作。深圳、厦门的两起事故说明，电池管理系统与充电设备之间没有形成很好的协调，导致电池管理系统形同虚设，充电机在接收电池相关数据不全面时未能终止充电。

如何让充电技术从"能充电"提升到"会充电、懂充电"阶段，确保电动汽车充电安全？特锐德首创了CMS主动柔性智能充电系统，完美地解决了这一难题，该系统是一套基于充电安全及电池寿命管理的智能充电系统，它与BMS交互协同，综合电池信息、用户需求、环境因素和电网容量等信息，制定柔性充电策略，保障电网和电池充电安全，延长电池使用寿命。经过测试，CMS主动柔性智能充电系统可将电池充电的安全性提高 100 倍以上、电池使用寿命延长 30% 左右。在 2015 年 10 月 24 日举办的"CMS 主动柔性智能充电系统"产品技术鉴定会中，经过现场 20 多位行业权威专家鉴定，鉴定结论为："主动柔性充电技术水平国际领先，将有效延长电池的寿命，提升电池的安全性。"

2016 年 6 月，特锐德宣布向行业无偿开放 16 项充电安全核心技术专利并免费授权使用，以开放、共享的态度，与业界团结到一起，突破发展壁垒，推动产业健康、安全发展。将核心技术开放出来与行业共享的企业，这在汽车充电产业特锐德还是全国首家。

2016 年 10 月，特锐德举办"充电网、车联网、互联网"生态、开放、共享云平台 3.0 暨大数据发布会，正式发布了中国最大的汽车充电云平台。作为电动汽车充电领军企业，特锐德又一次引领中国新能源汽车产业提前迈进了大数据时代。

截至 2016 年末，特锐德已经打造了中国最大的汽车充电生态网，累计项目落地市 219 个，全国累计投建充电站 11608 个、充电桩 154196 个，上线运营充电站 5650 个、充电桩 41743 个。根据中国电动汽车充电基础设施促进联盟统计，公司在电动汽车充电桩的投建及上线运营数量上均居全国第一。同时，公司创新性地提出"大系统卖电、大平台卖车、大共享租车、大数据修车、大支付金融、大客户电商"六大商业模式，以公司自主研发的云平台对充电数据进行深度分析，探索围绕充电服务衍生的各类增值服务。行内普遍看好公司充电网络的用户黏性，预计随着国内新能源汽车的不断普及，公司未来增值服务的盈利空间巨大。

布局多能生态网业务，抢占储能先机。目前，公司已建成并投运了丹东、长春及调兵山等 860 兆瓦固体电蓄热调峰项目，利用发电机组电能转换成热能补充到热网，可以在燃煤火电机组不降低运行的情况下，实现对电网的深度调峰。公司拟以结合固体蓄热以及清洁能源分布式供热设施打造多能互补的能源管理生态网。

### 六、品牌和可持续发展关系

于德翔告诉笔者："即使发展很顺利，但你时时能够感受得到可能的风险，提前规避，或者把人家的教训当作自己的经验，这样企业不经过失败，同样能掌握成功的经验。风险管控能帮助企业应对风险，好的品牌能提供企业风险抗力。"

品牌与企业可持续发展相辅相成，相互促进。公司财务副总裁表示："就如特锐德目前的汽车充电业务，与北汽、金龙、长安等公司的合作也得益于企业的品牌，而新客户的不断开发也使企业能够更好地可持续发展。中国多数中小型制造企业都是民营企业，家族企业的管理模式、企业品牌的缺失，对中国民营企业的可持续发展造成了一定的影响。品牌是一个名词，在财务方面并没有直接的体现，只是品牌带来的效益以及利润会体现在财务上。反而在财务方面，中国政府应适当地调整繁重的税务，减轻民营中小型制造企业的赋税压力。"

中外合资互相取经，建立核心竞争力和品牌价值是特锐德的常青之道。生产主任表述："一方面，特锐德是中德合资股份制企业，拥有国内外先进的生产设备，借鉴了德国知名企业的优秀管理理念，占有大面积的市场份额，企业从成立到上市仅用了十年的时间；另一方面，特锐德优秀的管理团队为企业制定了长远的战略发展目标：企业文化建设，提高企业核心竞争力。核心竞争力中的核心就是企业拥有一支年轻且富有朝气、战斗力高、凝聚力强的管理团队。除此之外，还有企业精致的产品、优质的服务以及现有的品牌价值和对机遇的把控。都为特锐德的成功上市奠定了扎实的基础。"

企业在品牌建设的同时，就是在为企业的可持续发展奠定基础。生产部主任认为："企业若没有自己的品牌，将很难立足。这也正是中国中小型制造企业不能更好地可持续发展的因素。中国中小型制造企业应怀有一颗民族情结的心，制定长远的可持续发展战略目标，来促使企业做大做强。中国经济的转型，国家在一定程度上放宽了政策，民营企业应积极主动地与国有企业合作，提升企业品牌价值，让企业在发展的同时，做大做强。"

品牌能给企业带来价值，产品质量对于品牌与企业可持续发展至关重要。质量部主任表述："为客户提供精致的产品和优质的服务，是特锐德可持续发展的核心理念。产品质量的保证，是对品牌最基本的维护。特锐德非常重视品牌，包括品牌的推广、宣传和维护等。到目前为止，特锐德还不曾发生过由于自身原因造成的品牌危机事件。企业的售后人员对于产品质量问题高度重视，发生质量问题时，售后人员第一时间去分析质量问题产生的原因，去研究规避质量问题发生的方法。"

质量部主任表示："中国大多中小型制造企业由于没有强烈的品牌意识，所以很难在市场立足。中小企业应该提高创新能力，提高品牌价值来促使企业可持续发展。中国的经济转型给中国中小型制造企业带来了一定的发展机遇，企业应在追求自我生存的同时，制定更远大的目标，让企业久盛不衰。中国政府应给中国中小型制造企业一些税收政策方面的优惠、人才引进方面的支持。媒体本身对于企业并没有影响，关键还是在于企业自身。若企业发展得好，媒体的宣传与报道将能引导企业更上一层楼；若企业频繁发生重大质量问题或影响品牌的事件，媒体无非是将事件越描越黑。"

信息中心主任认为："品牌与企业可持续发展相辅相成、相互促进，品牌的建设来源于企业的产品与服务，企业的产品与服务促进了品牌的发展。品牌一方面可以给企业带来价值；另一方面企业也能够吸引更多的人才来帮助企业发展。从另一个角度来看，品牌与企业可持续发展能力相互促进，企业需要拥有可持续发展的潜力、高端的技术能力、优良的产品质量和服务能力，才能赢得客户口碑，企业才会越来越大。相反，没有品牌，用户不知道企业的存在，企业的市场开发工作更是举步维艰，特锐德后期还须调整战略、积极创新去开拓新的市场。"高铁行业的飞速发展，给特锐德带来了良好的可持续发展机遇；而汽车充电业务，使得特锐德具有持续发展的潜力。中国中小型企业寿命比较短，多数原因是因家族企业模式，没有真正的管理体制，缺乏专业的人才团队去支撑企业的发展，也与公司高层的引导有关。

特锐德集团董事长于德翔提出要把特锐德打造成中国最受尊重的伟大公司之一。他认为特锐德核心竞争力的核心是凝聚团队，团队是特锐德取得胜利的法宝，因此他们要打造凝聚力高、战斗力强、高素质、高绩效、勇担当的正规军狼性团队。凝聚力高，就是要求团队的团结、目标一致、思想统一、同心同德，在特锐德里面，绝不允许有不团结的现象；战斗力强，就是要高执行力、能征善战、攻无不克战无不胜，特锐德人要能打胜仗，善于打胜仗；高素质，就是要求每一个特锐德人有正确的价值观、高度的使命感、宽广的胸怀、一身正气；高绩效，就是要求大家以目标为导向，用最小的时间和成本智取目标；勇担当，就是要求大家有高度的责任感，勇于承担责任，不推诿扯皮，在特锐德，谁如果推卸责任，谁就要出局；正规军，就是要求科学决策、系统指挥、军团合作、令行禁止；狼性，就是要求特锐德人有敏锐的嗅觉，能够洞察市场的变化，团队合作，发挥群狼作战的优势，战胜一切困难。

现在，有的企业做服务型企业，为客户提供产品和服务；有的企业做平台型企业，为客户提供平台服务。特锐德要做生态型企业，要把行业内的相关人员、相关资源进行整合，实现利益的分享与共享，打造全新的生态系统。全世界的人都在做汽车充电的时候，只有特锐德在做汽车充电网，特锐德要在配电网下打造独立充电网络，并且实现能量的双向流动，最终通过大系统卖电、大平台卖车、大合作租车、大数据修车、大支付金融、大客户电商，打造客户满意、政府放心中国最大的汽车充电网生态公司，真正实现充电网、车联网、互联网的新能源互联网的"三网"融合。

创新是企业发展的不竭动力，要坚持一步领先、步步领先，行业引领、保护产权的创新战略，通过创新不断拉开与竞争对手的差距。特锐德的技术创新，并不是客户需要什么，特锐德才创新、提供什么，而是特锐德创新什么，客户就需要什么。特锐德的技术团队，要用前瞻性的眼光和对未来技术的把控，引领行业的发展，特锐德要用未来五年的需求创新今天的创新。在创新的道路上，最大的拦路虎就是人性的自我保护、闭关自守，对传统意识的坚持、对形成习惯的固守，不愿意开放，更不愿意被人颠覆；在表现形式上，就是总想证明自己是正确的，不愿证明自己是错误的，在创新的路上故步自封。特锐德要颠覆人性、颠覆自我，不断进行自我创新、开拓进取，用创新为客户提供最优质的产品和服务。

用心就是工匠精神，就是严谨认真、精益求精、坚持不懈地把一件事做到极致。特锐德人要克服内心的浮躁，高度投入到工作中去，要提升客户需求思维，找到客户的痛点。解决客户痛点的同时，要超出客户预期，给客户惊喜，满足客户的尖叫点。除此之外，要提升客户体验，让客户更舒服，使特锐德的产品和服务成为客户最喜欢的产品和服务。

特锐德战斗的号角已经吹响，按照集团"一主两翼"的战略部署，紧紧围绕"夯实世界最大箱式电力设备生产研发基地、打造世界最大的汽车充电网生态公司、缔造中国最具创新活力的能源管理公司"的目标和使命，相信通过大家的齐心协力，特锐德一定会让你我的理想成为现实。

### 七、理论框架的论证和补充

特锐德案例表明，企业核心竞争力是影响品牌和可持续发展的重要因素。企业核心竞争力的几个重要因素包括产品、技术、客户、服务和创新（见图5-2）。

特锐德未来的发展战略是通过中外合资研发、创新产品和掌握核心技术，为客户提供精致产品和优质服务，继续拓展和巩固特锐德的核心竞争力。访谈时于德翔称："公司预想把箱式电力设备做精、做强、做大，稳步向开关柜、充气柜、H-GIS、永磁断路器、电力自动化方向发展，逐步掌握上游产品的核心技术，使主导产品向高附加值、高技术含量、高电压等级和高度集成化方向发展。未来公司将继续以户外箱式变电站的研发和生产为基础，充分挖掘细分市场需求，巩固国内电力、铁路、煤炭、石油、新能源五大行业市场，并创建职业国际化营销团队，推动国际市场营销，在北美、澳大利亚、南非、西亚等地拓展特锐德箱变市场。"于德翔归纳，特锐德的核心竞争力有五个：优秀的团队、领先一步的创新、客户第一的价值观文化、精致的产品、把控机会的能力，而这五个其实都需要人才去执行。与国内同行相比，于德翔有着截然不同的商业理念。他说："特锐德不太关注竞争对手，更多的是练内功，寻找市场空白点，施展自己的核心竞争

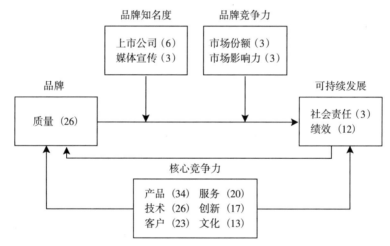

**图 5-2　青岛特锐德案例理论模型（词频）**
资料来源：笔者整理。

力。"特锐德核心竞争力是公司品牌和可持续发展的保障。

　　显然，从特锐德产品发展和技术路线图中可以发现，产品的存在意义有它特别的价值，从产品的产生就有相应的定位，产品定位在消费者的心智中占有独特的位置，产品定位包括功效定位、品质定位、市场定位等，一个企业产品定位关乎企业品牌定位。在产品同质化时代，企业产品再不创新就会被淘汰了。在这个

产品升级、日新月异换代迅速的新经济时代，企业依据市场需要不断推出新产品，在产品的宽度和深度上满足不一样层次的客户需要，这样加深顾客和公司的亲和力，有利于抢占市场，开发新产品，构成合理的产业结构和核心竞争力，公司也可用核心竞争力去创造更多的顾客和市场，促进公司盈利，从而使公司持续发展，做百年品牌。

通过技术竞争力提升核心竞争力是一种发展模式。在形成企业核心竞争力的多种模式中，技术竞争力—核心竞争力是符合科学发展观的一种可持续发展的战略选择。特锐德的企业发展大致划分为三个阶段：第一阶段是以劳动力要素为主要动力的企业，竞争方式以价格竞争为主；第二阶段是以资本要素为主要动力的企业，竞争方式以生产标准产品和提高服务效率为主；第三阶段是以技术要素为主要动力的企业，以激励技术创新（特别是获得发明专利或技术诀窍 Know-How）、输出核心产品为主要竞争方式。我国多数企业目前处于第一、第二阶段或第一至第二阶段之间，只有少数企业已经跨越或可以跨越到第三阶段，而特锐德是其中的佼佼者。

特锐德的价值观永远是客户第一。了解客户的需求，确定产品市场定位，建立自身的差异化竞争优势。技术和质量差异化可以说是特锐德的比较优势。理解市场和分析市场中的一个重要内容，只有清楚了差异化才能够树立自己产品的核心竞争力。确定客户的欲望与需要，建立针对每一个细分市场的产品包对应图。特锐德客户需求和产品定位主要包括以下方面的内容：分析目标细分市场的关键客户欲望与需要；建立客户驱动的需求点作为投资的重点；确定要想在所选细分市场获得成功必须达到的主要分界标准；确定促使客户选择公司产品的主要竞争优势的延续。

特锐德多年来一直以客户为中心，用精致的产品和优质的服务来维护企业品牌、提高企业价值观。服务竞争力是一个综合性指标，所有服务消费者评价的总和，属于企业在服务方面相对其他竞争对手的比较优势，它决定了消费者消费过程的感性思维决策情况。建立不可替代和有底蕴的品牌既是企业可持续发展的一个必要手段，也是企业个性化竞争的一个重要评价因素。一般而言，服务竞争力受服务从业人员、服务结构特征、服务对象层次等因素影响。

从特锐德的案例中发现，创新是企业生存和发展的保证，是企业核心竞争力的重要来源。如何通过努力创造和培育拥有自主知识产权的自主品牌来提高企业竞争力？这已经成为中国大多数企业面临的最大挑战，珠江三角洲地区企业尤显紧迫。基于此，特锐德一直提高自主品牌创新能力，在充分研究市场用户，做好自身定位，找准目标群体的前提下，大胆研发自主知识产权的产品，塑造具有核心竞争力的品牌。

正如于德翔说的，中国中小制造企业的核心竞争力往往是由企业所拥有的人才决定的，企业80%的效益又是由最关键的20%的人才为主创造的。因而，一个企业人才创新机制如何，能不能吸引和凝聚企业内部及社会上的人才特别是高素质的人才，能否合理配置、管理、开发和利用好人才，将关系到企业的生存发展。企业管理者应审时度势、未雨绸缪，从战略和全局的高度，深刻认识人才在企业未来发展中的基础性、决定性、战略性作用，认真研究和制定适合企业当前和未来发展需要的人才战略。这也是特锐德朋友文化的由来。公司初创时，特锐德选择三流院校里的一流人才；上市之后，他们选择二流院校的一流人才；现在发展到接近20亿元的规模，他们需要一流院校里的一流人才。同时，于德翔表示："但是到目前为止我们选拔一流院校里的一流人才还是有一定困难的，因为他们不愿意到民营企业里来。于是，我们宁可选择二流院校里的一流人才，也绝不选一流院校里的二流人才。"

特锐德价值观中，第一要素是客户，通过为客户提供精致产品和优质服务来赢得客户的信任、支持，客户永远是第一位的。第二要素是企业，用创新来为企业创造经济效益，意味着特锐德不是一个传统企业，而是一个靠体制的创新、技术的创新、产品的创新、管理的创新铸就的高新技术企业，企业的效益是第二位的。第三要素是员工，在企业效益的基础上，为员工创造更好的工作、学习、生活、发展的平台是企业应尽的义务，企业要和员工共同发展。第四要素是社会责任，不仅是依法纳税、提供就业机会，特锐德对社会最大的贡献将是为社会造就一批高素质的人才，通过这些人才造福于社会。实际上，特锐德的成功主要归功于团队建设和企业价值观。在于德翔看来，团队建设，就是锻造的过程，人才的培养，就像铁匠铺打铁，选材结束后要做的事情就是把这些材料打造成自己需要的铁器。价值观的渗透力，越是高层越强，越到普通员工影响越小。如何解决这个问题？跟清华联合研究后，在特锐德在原有企业文化体系中增加了朋友文化，即给特锐德的新人配两个师傅，第一个是工作上的师傅，帮你学习、工作；第二个是生活上的师傅，关心你，成为朋友。而这些师傅就是企业文化的传道者。

随着特锐德开拓国际市场和高端客户的不断深化，TGOOD 已经成为行业内的知名品牌，优势的质量是品牌的生命，质量差的品牌必然走向衰败。名牌之所以成为名牌，是因为它是消费者心目中广为传播、备受赞誉、可信度高的品牌，是因为它是具有高质量的产品。现代名牌是品牌与优质产品两个既相互联系又有区别的概念的统一体，它们有着互为依存的关系。一个品牌之所以成为名牌，是因为使用该品牌的产品由于质量可靠、信誉度高，得到消费者公认，才使品牌驰名成为名牌。名牌形成后，又对它赖以形成的优质产品具有独立性，它可以脱离具有使用价值的优质产品实体拥有自己的价值，使驰名品牌获得市场通行证。优质产品离不开广大消费者熟悉的名称，特别是离不开能充分体现产品形象、特征、满足消费者精神文化需求且富有市场生命力的知名品牌。显然，现代名牌是优质产品与知名品牌的统一体，也是企业价值和可持续发展的体现。

从特锐德案例中发现，品牌知名度的两个主要内涵是上市融资和媒体宣传。特锐德作为创业板第一股，其上市历程可以说是一路顺风，11 个月能圆上市梦。2008 年 10 月，特锐德才开始筹备上市，2009 年 4 月中旬广发证券、律师、会计事务所等中介机构开始进驻公司。从 2009 年 9 月 13 日披露的招股书中可以看到，特锐德虽然年轻，却已发展成国内箱变设备的龙头企业，连续三年净利润大跨度增长，分别比上年同期增长 32.45%、232.12% 和 155.64%。企业能上市本身就是公司质量、竞争力优势得以体现的说明。特锐德成为上市企业，大大提高知名度（媒体给予一家上市公司的关注远远高于私人企业，获得名牌效应，积聚无形资产，更易获得信贷、管理层个人名声、吸引人才）；中国境内具有近 8000 万名投资者，关注的受众面广；有利于扩大消费者、供应商、合作者对公司品牌的认同；有利于争取当地政府的支持，便于公司在异地进行合作、扩张；有利于吸引人才。上市与非上市企业的知名度是不可同日而语的。企业上市，将为业务发展带来有力的支持，为吸引人才提供更高的平台。

"特锐德"、"于德翔"、"智能充电"这几个名词，在互联网点击率和中外媒体报道都非常热门。以新媒体传播手段，传播品牌理念与文化，集中报道品牌信息，并以品牌指数形式向用户提供品牌动态指标的媒体称为品牌传媒（Brand Media）。品牌传媒要完成三个方面的媒体任务：一是传播品牌理念与文化，既然定位于品牌，则坚持围绕着品牌做事是必需的；二是集中报道品牌信息，品牌传媒必然要成为其涉足领域的关于品牌新闻、信息方面最全面的媒体；三是提供品牌指数数据，这一点是品牌传媒的核心，如果没有品牌指数，这个媒体不能称为品牌传媒，而应称为广告媒体，或称为少数品牌的广告宣传媒体。于德翔是特锐德的品牌代言人，也是创业者的明星教父。例如，首届清华大学中国创业者训练营，于德翔向媒体表述，作为第一批创业工作者，压力更大、努力和付出更多。他表示，目前第一批创业板公司发展中遇到了共同的问题，出现了很多方面的瓶颈，如人才问题、管理问题、激励问题等。但是他坚信创业板企业的成功将带动中国中小企业发展的方向，而未来中小企业的发展必将引领中国经济的快速成长。

从特锐德案例中可以发现，品牌竞争力的两个核心要素是市场份额和市场影响力。品牌竞争力既是某一品牌产品超越其他同类产品的竞争能力，也是其他同类产品不易甚至是无法模仿的能力，更是开拓市场、占领市场并获取更大市场份额的能力。品牌竞争力使企业能以比同类产品更高的价格出售，以同样的价格占据更大的市场空间，甚至在市场很不景气和削价竞争的环境下为企业赢得高利润，在激烈的市场竞争中求得生存与发展。特锐德是国内最早研发出客专电力远动箱变的厂商，是高铁远动箱变主导厂商，2010 年，约占高铁市场份额的 50%。由于高铁安全性要求较严，进入门槛较高，高铁领域箱变的竞争对手较弱，因此我们认为未来公司在高铁箱变市场的主导性地位不会被撼动，市场份额将会维持在 40%~50%。特锐德品牌具有较同类产品市场影响力大、占有率高、附加值高和生命周期长的外在表现。特锐德打造的品牌拥有区别和领先于其他竞争对手的独特能力，能够在市场竞争中显示品牌内在的品质、技术、性能和完善服务，并引起消费者的品牌联想进而促进其购买行为。

随着公司在新能源电动汽车充电生态网、多能生态网的投入使用，特锐德在电力行业、新能源行业、清洁供热、电蓄热调峰、汽车充电的市场影响力和竞争力进一步强化了特锐德"一主两翼"协同发展的长足目标。

特锐德案例中，笔者发现企业可持续的因素有两个：社会责任和绩效管理。企业在获得经济利益的同时，需要兼顾社会责任，才能在社会中获得认可并可持续发展。例如，国家在推动新能源汽车产业发展时强调，要把充电设施摆在新能源汽车产业发展更加重要的位置，适度超前建设，促进推广应用和研发生产实现良性互动，推动新能源汽车产业加快发展。为切实解决好规划、建设、用地、用电等环节的突出难题，为新能源汽车产业发展营造良好环境，特锐德利用自身优势，进入充电设施建设和运营领域，创新建设运营模式，推进互联网+充电设施，实现可持续发展。特锐德的投入加快了充电技术攻关，加快修订完善有关标准，并推动全国统一强制实施，切实提高充电便捷性、安全性。为解决民生和环境污染问题，特锐德加快推进住宅小区、单位内部和社会停车场等面向个人使用的充电设施建设。与此同时，与相关产业群建立联合研发和联盟机制，加强关键零部件和整车技术研发，努力实现动力电池技术的革命性突破，大力提升新能源汽车的质量和水平。新能源汽车也将迎来新的机遇，也为特锐德迎来新一轮的发展。

绩效管理与企业的可持续发展联系密切。通过特锐德案例分析，笔者发现绩效管理实践活动直接影响员工（广义上包括经营层、管理层和操作层）的行为态度，科学的、规范的、公平公正公开的绩效考核制度对员工直接产生影响，如对员工职业生涯导向、价值导向、能力导向、努力导向都可以通过绩效管理来达到，而绩效管理又直接对企业战略、企业文化、经营目标、企业形象产生作用，从而影响到企业的可持续发展能力。如绩效管理的实施可以直接反映出企业的可持续发展战略思路，并服务于这一战略目标。同时，绩效管理是建立在一定的企业文化的基础上的，也反映着企业对外的形象。对员工绩效和组织绩效的科学管理使得两者协调最终形成企业在成本、质量、服务和创新等方面的竞争优势，再经历长期不断的持续改进和发展成为企业的核心竞争力，并在此基础上实现企业的可持续发展。

如上所述，特锐德案例中显示，企业核心竞争力是影响公司品牌和企业可持续发展的要素。而品牌知名度和品牌竞争力是公司品牌和企业可持续发展的调节变量。好的品牌，一定有美誉度和市场竞争力，这样才能为企业创造价值，保障企业可持续发展。因此，只有有竞争力和美誉度的品牌才能为企业可持续发展提供动力。特锐德作为中小制造企业，细分市场明显（铁路和电网），衡量品牌竞争力的指标的关键有两个，即市场份额和市场影响力。因为特有市场的原因，市场价格话语权在客户，包括龙头企业和单一客户。电力行业每年都会有一个宏观性的调查，企业会根据这份报表，来核算在整个行业的市场份额。同时，对于行业内的企业来讲，品牌竞争力主要是看企业的行业影响力。而品牌竞争力主要还是体现在产品质量和技术上。能否攻克技术难关？是否有质量保障（即用户生命和财产保障）？

总的来说，企业核心竞争力、公司品牌、品牌美誉度、品牌竞争力和企业可持续发展有密切的关系。当中的影响因素可能是多方面的。因此，本书采用多案例模式，通过采集不同中小制造企业的实证研究发现，梳理各个概念的定义和关系。

# 第三节　重庆驰骋轻型汽车部件股份有限公司

重庆驰骋轻型汽车部件股份有限公司（以下简称重庆驰骋）是笔者朋友的企业。重庆驰骋的企业观察和访谈于 2015 年 1 月 7 日执行，访谈前笔者制定了访谈大纲并提前与受访企业商议好需要收集的数据。同时，笔者也提前通过企业负责人通知各被访谈人员学术研究访谈的目的和要求，并保证不涉及考核和企业机密，希望大家充分发表观点。企业负责人在访谈过程中并不参与，让被访谈人员在没有压力和顾虑的自然条件下，充分表述想法和观点。与企业负责人的访谈单独进行。访谈人员基本上是中层干部，并在个案企业有超过 6 年以上工作经验。

重庆驰骋企业负责人（也是企业最大股东）因年老和企业无继承人关系，有意对外出售其企业，同时笔者也有意向向西部发展公司版图和整合业务板块，笔者聘请了独立第三方财务和法律顾问公司对重庆驰骋进行尽职调查。本案例部分内容是从财务及法律尽职调查报告中摘取。

**表 5-3　驰骋受访者个人信息一览**

| 姓名 | 学历/专业 | 工作年限（年） | 本企业工龄（年） | 部门/职位 |
|---|---|---|---|---|
| 戚守柱 | EMBA | 49 | 49 | 董事长/总经理 |
| 王光均 | 大专 | 19 | 14 | 副总经理 |
| 张玲 | 本科/财务专业 | 17 | 17 | 监事、财务部部长 |

资料来源：笔者整理。

## 一、中国汽车零部件市场分析

中国零配件生产企业基本上是散乱分布，年收入在 500 万元以上规模的厂商有 4000 家，年收入 1 亿元以上的厂商超过 460 家。这样的实力跟全球汽车零配件企业有天壤之别。以博世为例，博世 2014 年营业额达 489 亿欧元，折合人民币 4000 亿元左右。很明显，博世一年的营业额和整个中国汽车零配件企业一年的销售收入相当。

中国的零配件企业主要有四种类型：

第一类，大型汽车集团旗下的零配件配套厂，这类企业长年来习惯于整车厂计划生产的模式，价格机制等各方面与外界市场普遍脱轨。

第二类，是长江三角洲最为密集的汽车零配件小厂。这些小厂又分为两类，一类面临的共同问题是，质量没有严格的保证，其产品常常被认为假冒伪劣，很难进入正规的发展轨道。另外一类企业面临的核心问题之一是缺乏自己的品牌。这类企业，通常被业内称为"贴牌户"，没能建立起自己的品牌，始终扮演着来料加工厂的角色。

第三类，是原有的一些汽车零配件国有企业或当地大型集体企业。这些企业一般都属于中型企业，由于多年的经营管理不善，成为被外资收购和兼并最好的空壳。

第四类，是已经或正在逐步壮大的民营企业，从某种意义上来讲，这些企业才肩负着中国汽车零配件生产的希望。

有专家预计，未来五年内，国内将会出现四到六家大型汽车零配件企业独占鳌头的局面。但总体而言，中国汽车零部件企业目前面对的潜在危机很大，有的甚至正在遭遇生存难题。据有关调查数据显示，我国汽车工业产业目前每年对零配件的需求量达到 800 亿元左右，而每年从一级市场到区域经营再到零售商的汽车零配件三级流通至少要完成 2400 亿元的交易额。业内人士表示，我国汽配市场呈现巨大发展空间。

整车市场的迅速发展给汽配企业带来了无限商机，国内相关企业如雨后春笋般出现。与此同时，外资也看中中国汽配市场的广阔前景，且来势汹汹，而我国本土企业由于长期的散乱局面，无法与之相抗衡。据不完全统计，外资已经基本掌控中国汽车零配件行业，特别是轿车企业的零配件配套生产，本土汽配企业想在激烈竞争中突围困难重重，将面对以下几方面的挑战：

（1）跨国巨头竞逐汽配市场本土企业生存艰难。近年来我国汽车市场的快速增长，吸引了跨国汽车零部件巨头纷纷进入，面对咄咄逼人之势，长期只能追着整车屁股后面跑、发展滞后的我国汽车零部件企业，由于技术和研发能力的先天不足，时刻面临被跨国巨头吃掉的危险，亟待突围。

近年来，随着跨国汽车巨头相继完成在华投资布局，在华汽车零部件生产开始出现本土化浪潮，吸引了一批跨国汽车零部件巨头来华投资设厂，我国开始成为世界汽车零部件生产工厂。目前，全球零配件企业巨头都已经纷至沓来，跑马圈地了。据不完全统计，外资在中国汽车零配件市场已经占到60%以上的份额。在轿车零配件行业，所占份额更大，专家估计在80%以上。资料显示，在高新和核心技术方面，如汽车电子和发动机零部件等领域，外资控制的汽车零配件企业高达90%。据了解，美国德尔福、日本电装、德国博世的中国市场份额已超过15%。

（2）市场竞争加剧，小企业单打独斗，难以生存。经过连续几年的高速增长，国内汽车产业发展明显趋缓，增幅下降近一半。汽车市场的这一骤变，立即在汽车零部件市场得到显现。业内人士分析认为，出现这一局面，从表现上看是市场应变能力差，暴露的却是我国汽车零部件企业对跨国巨头带来的全球化采购、同步化研发和模块化供货等竞争新要求不适应的深层危机。这种危机主要体现在我国汽车零部件企业面临的技术研发、产品结构、质量和成本控制等几大瓶颈制约。

此外，规模小，批量少，成本控制力弱，不能适应用户对产品质量、成本、交货期等全球化采购要求，使我国汽车零部件企业与跨国公司的竞争能力相差悬殊。特别是随着轿车整车价格战的频繁上演，成本压力不断向零部件环节转移，我国汽车零部件企业整体竞争力面临巨大挑战。以武汉市为例，目前这个市近百家零部件企业中没有一家规模达到10亿元。小、散、乱、单打独斗成了当前我国汽车零部件行业现状的真实写照。

（3）原料涨价产品降价为企业带来巨大压力。近年来，由于汽配企业所需的钢铁、橡胶和其他原材料不断涨价，使产品的生产成本居高不下，给企业带来很大压力。同时，受加入世界贸易组织（WTO）冲击，国内整车价格逐年下调，直接影响到配套企业产品价格的下降，近几年汽车配件产品价格最高下调25%。生产的轴承产品、座椅、齿环等产品每年都不同程度地降价，有些产品根本就是零利润，但为了保住市场只能硬撑着供货。在原材料涨价和整车厂要求降价的双重压力下，汽配产业面对压力，举步维艰。

（4）自主研发能力弱，对配套整车主机厂依附性强。几年来，我国零部件企业一直依附于国内整车和主机企业生存和发展，企业布局都是围绕整车企业进行，产品单一为整车企业配套，削弱了自主研发的主动性，渐渐形成了家门口市场观念。习惯上把国内整车的配套市场当作家门口的市场，视为近水楼台。加入WTO后，由于实行全球化采购，过去被企业视为家门口的市场不再牢固，家门口的市场不再是自己的，而遭到其他企业瓜分。过去曾有的"大树底下好乘凉"的好日子，已一去不复返。从调研中可以发现，现在的整车主机厂发烧，汽配企业就会感冒，主机厂提出改型就需要马上改型，说降价也不能推辞只得降价。并且企业随着整车的更新换代及时做出调整的意识不够，自主研发能力弱，企业缺乏懂技术、会经营、善管理的复合型人才。因此，在竞争中显得被动落后，扼杀了各自的活力与冲击力，使一部分属于本企业的市场，却被国内外其他企业所抢占，直接影响了企业的可持续运营。

（5）管理缺失，汽配企业发展受限。在成本管理方面上的不足，也一直是国内汽车零部件企业存在的问题。如原材料浪费惊人、没有节约意识、工人的生产效率普遍不高、成本意识不强等。一位零部件企业的管理人士这样评价一些本土的中小企业："这样，怎么能把产品成本降下来？"原材料价格上涨，主机厂压低产品价格，这些都让国内的零部件企业夹在中间很难受，零部件企业的老总们更是叫苦不迭。但这些叫苦的企业有没有仔细想过，自身在成本控制方面是不是做到位了？有没有把成本管理放到企业未来发展的重要位置上？

还有一些企业没有财务管理的意识，小作坊式的模式，小作坊式的思路——厂内厂外一笔账，账目都是老总管，财务部门大多只是扮演出纳角色。对于一个现代企业究竟应该如何进行财务规划和财务管理，企业负责人更是一头雾水。科学的管理，在企业发展壮大过程中是不可缺少的。

汽配企业如何面对市场挑战？

在新一轮竞争和发展中，客户的压价、供应商的涨价和与跨国公司同台竞争的严峻挑战，是摆在国内汽车零部件企业面前现实而又不得不破解的三大难题，是零部件企业必须跨越的三座大山。

（1）建立一体化发展合作体系。汽车零部件企业应与主机或整车厂建立战略合作关系，实行与主机或整车厂开展一体化发展策略，通过自己的自主创新，提高核心竞争能力。如重庆驰骋，近年来一直坚持做到主机厂的需求就是他们的关注焦点；为主机厂提供超前的产品开发支持，确保产品质量的不断升级和产能的稳定提升；以超越用户期望的思考方式，与主机厂一起解决现实与预期之间的差距问题，从而为市场终端用户提供优质的产品及服务。公司早在 2006 年与重庆长安集团配套之初，就确定了产品开发为先、配套协作跟进的理念，产品开发始终坚持大胆构思、缜密论证、不怕失败的自主创新指导思想。五年来，公司针对长安产品成立了由总经理挂帅的项目组，整合公司技术、销售、质量、生产四大系统的资源，建立了全过程、全方位的长安配套产品。

绿色通道：在产品开发和技术沟通方面，由总工牵头，技术中心负责加强与长安技术中心等相关部门的沟通，充分发挥公司军工技术的优势，把自己独特的见解和构思应用到长安新产品开发和老产品的改进上，既保证了开发进度，又保证了开发质量。在销售方面，全面负责并协调长安产品全过程、全方位形成和发生的各种信息，并及时传递回公司，确保了工作的主动性、信息的准确性和跟进的及时性。在生产方面，该企业近年先后投入 2000 多万元进行技术改造，建立和完善了长安产品的生产专线，实行了数控化改造。

同时，公司逐步推行精益生产方式，实行节点管理，既保证了长安产品的交货期，又促进了产能稳步提升。在质量管理方面，公司先后通过了 ISO/TS16949、2002、ISO9001、2000 和 GJB9001A-2001 标准的认证，坚持质量管理的八项原则，综合运用 APQP、FMEA、SPC、MSA、PPAP 等工具和手段，按照长安的要求，对生产、管理过程各环节进行深入细致的控制与分析，实现了产品质量和服务的持续改进。该公司通过走与主机厂同步发展自主创新之路，在与主机厂同步发展建立战略合作关系的基础上，坚持自主创新，最终实现了"双赢"，取得了良好的经济效益和社会效益。

（2）建立自己独特的比较优势。在经济全球化、资源国际化、区域经济一体化和汽车产业跨国公司化的新经济时代，国内汽车零部件企业被推上了与跨国公司同台竞争的舞台，有的甚至成了师徒间的博弈。在这场一开始就不公平的竞争较量中，汽车零部件企业如何求得生存和发展呢？业内人士建议，国内汽车零部件企业应该建立自己独特的比较优势。和跨国公司相比，如果我们的产品和品牌不如别人，我们可以在服务上做得更好，比如更快的响应速度、更细致的服务；在产品方面，我们无法在全线产品上和别人竞争，但可以专注于某个特定市场、特定人群，在这一块做得比别人好；在技术方面，我们无法在高精尖上与之竞争，在某些技术应用诀窍上与跨国公司一争高低等，最终形成企业自己独特的比较优势，我相信每个企业，只要用心，只要敢于创新，就能做到。

（3）远近结合促进提高。打造安全性、技术性较高的汽车配件产业，是汽配工业战线上一项战略任务。远，就是作为长期战略，目标要大，起点要高。要把目标放在主攻总成，紧盯龙头上面。要紧盯住国内整车企业身上，争取从生产配件到配套总成，通过联合扩大自己规模，把国外先进的技术、科学的管理和企业文化带过来。

（4）建立全新的研发机制。从发展多年的汽配产业看，受家门口市场观念的干扰，始终没有自己的专利产品，自主研发能力低能，要想适应加入 WTO 后全球化采购要求，打破以往追着整车屁股后面跑的局面、解决技术和研发能力的先天不足的实际问题，目前主要要做的工作就是千方百计做出精品，做出专利产品和终端产品，靠产品、靠名牌、靠技术提高知名度，必须要有走出家门口的市场观念，走科技创新、自我研发的路子，做到人无我有，人有我优，要有别人用铁制我用新型材料研制成功的决心和信心，紧跟整车换代需要，及时调整产品设计。企业之间可以联合自主，形成研发小组，通过走出去学习，考察，借鉴别人经验，回来专门研究整车部件或整车总成，这样既可以缩短单个企业的研发周期，又可以减少很多费用。同时，还要加强对外合作，努力与国内汽研所、各大院校拉近关系，达成合作协议，为我们提供人才、技术保障和产品信息。提高我们的技术研发水平，发展具有自己专利的高精尖汽车零部件产品，只有这样我们才会甩掉整车主机厂给我们的包袱。

（5）实现信息化优化发展。随着市场竞争的日益残酷，国内众多汽车零配件企业也早已意识到，实现管理信息化无疑是这个时代有力的求生法则。在中国成为世界增长速度最高的汽车消费大国以后，国内汽车零部件行业随着汽车整车市场的火爆也蓬勃发展。作为汽车工业的基础，国内市场已经拥有四万家相当规模的零部件企业、十万家加工企业。随着激烈的市场竞争，如何运用先进的信息技术管理手段，加强产品的设计、研发、生产的信息化管理，加强与上下游的厂商高效率的信息沟通、管理，成为零部件企业当务之急。

尽管国内零部件供应商可以利用低成本优势进入整车制造商的全球采购网络，但是这种成本优势能保持多久谁都没有把握，伟世通（VISTEON）公司（全球第二大汽车零部件制造商）的一位高层就曾指出："当全球整车制造业萎缩低迷之际，汽车零部件厂商也要经历一次转型。汽车整车企业为降低成本、增加利润，对零部件逐渐实行全球化采购。汽车零部件企业为因应形势发展，也开始推行全球化生产模式。"

（6）直面印度的竞争。中国作为低成本零部件采购国的优势正面临其他亚洲国家的挑战，尤其是印度。在中国，欧美采购商不得不面对语言沟通障碍，这无形中增加了成本，而官方语言为英语的印度却毫无这方面的问题。另外，印度的原材料充足，特别是拥有高质量的钢材。同时，印度劳动力成本本来就比中国更具竞争力，再加上中国的劳动力成本正在不断上升，这对于刚刚起步的中国汽车零部件行业无疑是雪上加霜。据悉，目前中国制造业月均人工成本为 250~350 美元，而印度制造业如汽车零部件工人月薪仅 60 至 70 美元。除此之外，印度制造商非常注重开发和创新，如根据用户提出的要求改进产品，从而促使制造公司改变设计思路。业内人士指出，这些无疑都给印度汽车零部件制造商增加了筹码，吸引了众多国际采购商的目光。业内人士表示，目前中国企业在出口南非的一些汽车零部件业务上，正在与印度同行博弈。在螺丝等低端汽车配件方面，不得不承认印度的价格优势。身处一线的他，真切地感受到了来自印度的竞争压力。

（7）企业整合势在必行。据统计，全球排名前 100 位的零部件供应商中，至少有 70% 以上已在中国开展业务，在华进行汽车零部件生产的外商独资或合资企业达到近 1200 家。面对国外汽车零配件厂商纷纷进入中国市场的局面，中国本土汽车零配件厂商的生存空间越来越窄。现在这个时代，就像整合之前的家电行业一样，经历着痛苦的挣扎，但是必须整合。中国的汽车零部件目前基本是一个完全对外开放的市场，今后的零部件行业也将是一个国际大组合，唯一的发展途径就是由行业协会或者实力较强的汽配商牵头，将某个地区或者某种产品的企业积聚起来，形成一个比较大的联合体。

目前，中国的汽配商大多是散兵游勇，且产业集中度较低，虽然某些企业研究或者策划出很好的项目，但是由于企业规模小，很难引起国外风险投资商的注意。然而，如果一个地区企业以某种形式联合起来，那就不可同日而语了。据媒体报道，国内零部件企业年开发投入一般为销售收入的 1%~1.5%，而发达国家为 3%~5%，甚至达到 10%。零部件企业的投资应为整车企业的 1.2~1.5 倍，而我国的还不足 0.3 倍。面对企业独立研发能力较弱的现状，中国企业可以借鉴整车行业的经验，由国家筹资，建立 2~3 个汽车关键零部件的国家研发中心，集中力量研发，成果为行业共享。

对此，相关行业专家表示，2015 年上半年汽车零部件公司业绩总体表现不错。一方面，由于零部件公司的供货价格在一季度就已确定，所以汽车销量下行对其影响不大；另一方面，在目前的情况下，汽车零部件的收益只会越来越薄，新增成长性、回报率高的业务，可以稳定企业经营。因此不少零部件企业都在做外延式的并购，扩大经营范围，对其业绩也会起到积极作用。同时，随着汽车行业对于新技术、核心零部件的依赖程度增强，主机厂要求核心零部件供应商降低价格的筹码并不多，因此从供应商处获得利润空间的难度非常大。在技术门槛较低、需求量较大的非核心零配件上，车企已经有意识地开始将大量订单向一些已经完成相关技术攻克、质量较为稳定的本土零部件企业转移。因此，零部件企业应加强与整车企业的协同合作，共同应对市场的挑战。

总之，在激烈的汽配市场竞争中企业必须要顺应潮流，发挥比较优势，加强合作，采取相应的对策，加速发展，增强竞争力，全市上下要同心协力营造汽配行业的盆地，投资创业和人才的福地，今后汽配行业发展的高地。只有这样，我们汽车零部件工业才不仅不会被冲垮，反而将逐步走向世界，得到更快、更好的发展。[①]

## 二、公司历史和运营情况介绍

重庆驰骋是一家民营股份有限公司，现有员工 780 人，中高级技术人员 78 人。工厂占地面积 72600 平方米，建筑面积 50000 平方米，现净资产 1.2 亿元。公司决策机构为董事会，组织机构实行总经理负责制，下设计划经营部、生产一工厂、生产二工厂、设备动力部、人力资源部、财务部、公司办公室、技术中心、信息部、管委会。

重庆驰骋主要生产产品：微车及轿车的前后副车架（前梁托架）、车门及侧围外覆盖件、前后稳定杆总成、后轴总成、微车及轿车多种大型车身覆盖件（前罩板、后背门、前中门、左右侧围内外板、顶盖等）。

重庆驰骋主要客户：重庆长安集团公司（包括重庆长安、长安福特、长安铃木、南京长安、河北长安）、昌河集团公司（包括昌河铃木、昌河九江、合肥昌河分公司）、哈飞集团公司。公司生产的产品在以上三大集团的市场占有率均在60%以上。公司连续几年被长安集团公司、昌河集团公司、哈飞集团公司评为质

---

① 资料来源：中国汽车工业信息网。

量先进单位、十佳优秀供应商。重庆驰骋开发的新客户奇瑞公司 2009 年已开始批量供货，一汽丰田公司已进入交样路试过程中。[①]

### 三、公司的关键发展历程

重庆驰骋于 1984 年 1 月成立，并于 2000 年 7 月召开股东代表大会，决议通过将资本公积 1170 万元、盈余公积 866.3 万元，总计 2036.3 万元转增资本，按章程规定的量化标准全部量化给职工。

2000 年 12 月 22 日，取得重庆市工商局颁发的股份制公司营业执照，法定代表人戚守柱，注册资本 3000 万元，公司类型为股份有限公司，公司住所为渝北区回兴街道科技产业园 2 号地块，经营范围为制造、销售汽车零部件及摩托车零部件（不含发动机）、电子元件、橡胶密封制品、金属加工机械、有色金属的压铸加工；销售汽车（不含轿车）、摩托车。戚守柱持有公司 28% 股权，成为重庆驰骋最大股东，其他股东均为企业员工，每人持公司股份为 0.1%~1.5%，股权结构比较分散。戚守柱为企业董事长兼总经理，负责企业的日常运作。

重庆驰骋为了提高综合竞争能力，在渝北区委、区政府及各有关部门的有力支持下，于 2002 年搬迁入驻渝北科技产业园，投资 1.2 亿元建设了新的生产基地和企业的技研开发中心。由于技术改造，企业的生产能力与研发能力得到极大的提高。搬迁后的第一年（2002 年）产值历史性地突破亿元，实现产值 1.3 亿元、销售收入 9800 万元。2010 年实现产值 5.5 亿元，销售收入 5 亿元，利税 5000 万元。

公司拥有一批经验丰富、高学历、高素质的研究开发队伍，具有强大的技术开发能力。其中包括中高级工程师 20 名，设计人员 46 名，从事汽车零部件及模具、夹具、检具的设计开发制作工作。采用国际上先进的设计制造技术与软件，实现了 CAD、CAE、CAM 一体化，以保证设计制造的质量和周期，满足用户的要求。公司具有 5 条侧围机械人冲压连线生产线、稳定杆自动化生产线、15 个机械人焊接平台、铆合实现伺服在现检测生产线、燃油箱生产线实现从原材料开卷到烤漆出厂流水生产线。企业对于硬件装备投入巨资，与日本、韩国、意大利、中国台湾等国家和地区签订了技术合作，大大增强了公司的开发能力。由于

---

① 资料来源：公司网页。

技术改造和创新，企业的生产能力与研发能力得到极大的提高。

重庆驰骋重视产品质量管理和高新技术的开发与应用工作，1999 年，通过 ISO9002 质量体系认证；2006 年 12 月，通过 ISO/TS16949—2002 质量体系认证；2009 年 4 月，通过 GB/T 24001—2004/ISO14001：2004 环境管理体系认证、GB/T 28001—2001 职业健康安全管理体系认证。重庆驰骋连续被市、区评为重合同守信用企业，驰骋商标也被评为全国驰名商标。2003~2009 年在中国工商银行渝北区支行企业信用等级评为 AA 级企业。2006~2009 年被重庆市国税局、地税局评为 A 级纳税信用等级企业。2008~2009 年被中共重庆市渝北区委、渝北区政府授予重点工业企业称号。2003~2007 年被渝北区乡镇企业局评为乡镇企业五十强之一，2008~2009 年被评为渝北区十强企业。

重庆驰骋在产品开发中也有较强的技术实力，如自主开发的稳定杆自动控制化生产系统和后轴总成得到日本铃木公司表彰并在昌河北斗星车的开发中首先成功实现同步开发；产品质量一直稳定，在北斗星车该两项产品的供应份额一直在 80%以上。2004 年 9 月，重庆驰骋与韩国浦象集团公司（POSCO）签订了技术合作，增强了公司的开发能力。2006 年，公司又开发了一条自动焊接生产线平台，（共计 8 台）投入 1700 万元，解决了关键性能件的质量稳定问题，得到日本铃木、长安福特等用户的首肯。2005 年 10 月，公司正式启用了 ERP，对物流管理及生产计划管理又上了一个台阶。

2006 年开始，重庆驰骋调整产业结构，优化市场，在国际品牌如福特、丰田中提升配套份额，由原单一的底盘件生产向覆盖件、门扣合、油箱产品方向发展。2006~2009 年，公司已累计投入 1.1 亿元，新增车门侧围大型车身覆盖件生产线三条，车门扣合生产线两条，油箱生产线一条。现公司拥有各类生产设备 497 台，检测设备 21 台，已发展成为重庆市汽配行业中最大、最强，以车门、侧围为主要产品的大型冲压件生产厂家和以前、后托架为主要产品的轿型专业生产厂家。公司建立有市级技术中心，有较完善的实验检测室。

重庆驰骋依托逐步完善的现代化企业管理和以人为本的管理理念，建设成为和谐、进取、具有较强竞争力的现代化工业企业。

## 四、企业品牌建设内涵和发展路径

根据董事长（戚守柱）的回忆，在改革开放前是重庆摩托车制造厂，是合作工厂的管理模式，主要生产摩托车和三轮车。改革开放初期，企业面临着城市改革，从军品转民品艰难的过程，使企业 1980~1983 年连续亏损三年。资金的紧缺，使企业瞬间土崩瓦解。后期通过重庆市政府的规划，将企业其中一部分的土地与厂房转入另一家国有企业，戚守柱带领剩余的一部分人跟 50 万元的债务，重新组建了重庆家用电器制造厂。此时，戚守柱已经意识到，企业改革的力度一定要大，一定要有自己的品牌与核心技术，只有自主创新才能使企业可持续发展。后期创业的成功，更使戚守柱对此深信不疑。

机会总是留给有准备的人，企业发展改制为重庆驰骋轻型汽车零部件股份有限公司，将达到甚至超越客户的要求定为企业的质量方针，凭借多年的生产技术经验，成为长安汽车供应商。后期产品的顺利开发，给全体员工的既是感动，也是企业诚信与品牌的宣传。

20 世纪 80 年代初，人们对品牌的认知与现在截然不同。当时，重庆市著名的五家企业，并称为重庆市"五朵金花"，但却没有一家企业能够发展至今。这些企业没有跟上时代的发展，他们所谓的品牌，并不是真正的品牌，而是政府授予的头衔与称号，他们并没有自己的核心技术与管理创新团队，只满足于当下的境况，才使这五家企业接二连三地走向灭亡。当代的企业也一样，没有真正的自主创新，一样不能立足于激烈的市场竞争中。品牌也并非经济规模，就如苹果手机凭借它的先进性、优越性、超前性成就了它的品牌。重庆驰骋的驰名商标不代表驰骋拥有高端的核心技术能力，而是市场占有与企业诚信并立的象征。但驰骋也在通过自己的努力，计划去投资成立自主品牌的研发中心。

整车企业通常采用招标的形式来最终确定供应商，通过供应商的多头竞争，在保证零部件质量的前提下，选择价值最低的供应商作为合作者。在这种供应商关系中，供应与需求之间的关系是临时性的，或是短期合作，而且竞争多于合作。由于缺乏合作与协调，互相扯皮的事情比较多，大量时间浪费在日常小事上，没有更多时间来做长期性的预测与计划工作。零部件供应商与整车企业缺乏合作的气氛增加了运作中的不确定性，双方的交易风险也相应增加。整车企业也因此失去大量的改善产品、提高产品技术含量的机会。更重要的是，企业与供应商之间的信任也将难以避免地遭到破坏。因此，长期稳定的客户合作关系是品牌建设的重要因素。当问到企业品牌建设发展路径时，公司副总这样表述："长安公司是驰骋的主要客户，与长安汽车将近 30 年的合作，铸造了驰骋公司中国驰名商标的美誉。近年来，企业也在不断地向合资品牌的客户靠拢，就如四川一汽丰田、长安福特、长安铃木等客户的开发。2007年，长安福特在重庆建厂，其公司对供应商生产现场的可视化、生产能力、质量的管控，新品开发等流程以及产品交付事项的审核都非常严格。经过长安福特的审核评估，驰骋公司通过不断的整改，最终顺利地进入了长安福特的配套体系。"

稳定和超出预期的质量管理体系是保障企业品牌建设的关键因素。重庆驰骋成立以来，还不曾发生过重大质量事件。在产品及时交付方面，虽然会有个别客户因客观原因，交付率不能达到100%，但企业也是采用空运、备货等方式，尽量去满足客户。后期，企业也将对超额运费的产生对各部门进行绩效考核与原因分析，避免二次发生。另外，企业对供应商的考核也是非常严格，目前也还没有发生过因原材料的短缺而导致客户停产的事件。

合理地选择供应商会直接促进汽车生产降低成本、增加企业柔性、提高企业竞争力。过去整车厂在选择和评价供应商的过程中主观成分较多，有时往往根据对供应商的印象来确定供应商的选择，供应商选择中存在一些个人主观的成分。供应商选择的标准不全面，大多只集中在评估要素的某一方面。现在整车厂已经形成一个全面的供应商评估指标体系，能对供应商做出全面、具体、客观的评价，评价内容包括产品质量、价格、交货准时性、环保、员工稳定性、管理质量、技术创新、协同研发和批量生产能力等。

在环保方面，重庆驰骋的排污系统经过2011年的整改，目前已达到重庆市环保局的标准。因厂区靠近居民区，企业对冲压车间已采用隔音装置，从未遭到过居民的投诉；在工伤安全方面，企业也采取了安全防护措施，并无重大安全事故的发生；在消防管理方面，企业也有较完善的配备。环境、健康和安全是社会责任，也是品牌立足之处。

另外，驰骋还在计划投资建立一个自主品牌的研发中心。随着客户要求的不断提高，企业也计划投入更多的智能化生产设备，提高生产效率，保证产品的一致性。目前已投入全自动焊接机器人，已有显著成果。没有研发就没有创新，没有创新就失去客户的依赖和产品黏性。

近年来，企业在品牌建设方面做了不少有效的投入。重庆市著名商标、中国驰名商标是整车厂客户和国家对驰骋品牌的认可。重庆驰骋在符合国家法律法规的基础上，通过提升技术人员的设计研发能力、降低采购成本、不断地引进客户新项目，并以客户为中心，提高产品和服务质量去建设品牌，促进企业的可持续发展，提高企业市场竞争力。

企业在具有可持续发展能力的基础上，才能去发展、维护品牌。在早期，重庆驰骋高层管理团队就已认识到品牌对于企业的可持续发展的重要性。企业在1984年成立之初，就已经开始了品牌的铸造。在开始给长安汽车配套生产时，企业申请注册了驰骋商标。2009年，驰骋申请的重庆市著名商标得到审批。后期，企业用了3年的时间，终于在2013年得到中国驰名商标。在汽车零部件行业，公司品牌并不需要做大量广告型的宣传，重庆驰骋目前已是多家客户的优秀供应商，从而可以看出客户对驰骋较高的认可程度，这也给企业做了很好的宣传。

## 五、企业持续经营的核心理念

中国有中国梦，企业有企业梦，梦想的实现必须要有自己的思想理念与战略部署。戚守柱也有自己的梦想，他希望企业能够做大做强，并可持续发展下去。做到这一点，依靠坚持不懈是远远不够的，一滴水只有融入大海，才能得到生命的延续。企业必须去技术创新，管理创新，以长远的眼光去考察市场，紧跟社会的发展去融入市场。

没有文化的军队，是一支没有战斗力的军队。企业也是如此，企业文化的建设非常重要，它是推动企业发展的不竭动力，能提升员工的整体素质，统一员工的价值观，凝聚员工的归属感，加强员工的责任感，赋予员工荣誉感，实现员工的成就感。一个企业的繁荣昌盛关系到每一个公司员工的生存，企业繁荣了，员工们就会引以为豪，会更积极努力的进取，荣耀越高，成就感就越大、越明显。

近年来，电子商务的崛起备受国家的关注。企业希望国家在关注电子商务的同时，也能提高对实体经济的重视，助企业一臂之力，企业也将严格坚持执行党和国家的政策，平稳而有序地可持续发展。公司副总这样表述："坚持不断，持续改进是企业发展的核心理念，也是重庆驰骋的质量方针。"在激烈的市场竞争以及客户要求不断提高的环境下，企业必须要缩短开发周期，降低原材料采购成本，以价格、服务和产品质量的优势去赢得客户。同时，企业生产部门应提高生产效率，使企业的生产能力基本达到饱和状态，更应保证生产的安全性，尽可能地避免生产安全事故的发生。

企业创办至今30余年，重庆驰骋在引进高级管理人才的基础上，根据市场需求情况，优化生产工艺，满足客户的特殊特性要求。同时优化员工薪资待遇，安排员工出国考察，帮助员工继续深造学习，更为员工解决食宿等后勤保障问题。这一举措，不仅降低了员工的流动率，也使企业平稳地可持续发展。

企业在财务方面，公司不曾发生过类似公关的事件。财务部长描述："财务主要与税务、政府补贴项目会有一些正常的业务交流，与银行也是一种长期合作、相互信任的关系，公关事件主要可能存在于销售部门。2011 年，重庆驰骋因 4000 万元固定资产的投入，导致企业的现金流紧张。重庆市工商银行通过对驰骋的项目可行性报告分析，最后特批给企业较高额度的贷款，当时若是没有银行的支持与帮助，企业恐怕很难度过这次财务危机。目前，财务的应收和应付款都比较正常。重庆市渝北区税务局采用抽查的方式，每年对部分企业进行不定时的抽查，而驰骋公司是重庆市 A 级纳税企业，所以按正规流程，企业在税务方面应是免检状态，但也会在税务局抽查的企业范围之内，2013 年，国税部门对企业财务纳税进行了抽查。"

环保是企业发展的根本，在环保方面，驰骋近几年有非常大的投入。当然，企业也非常重视环保问题，重庆驰骋污水处理站已达标，并多次得到环保部门的表扬；冲压车间降低噪声装置的配备，也未对周围的居民造成噪声干扰；焊接车间的除尘装置，给了工人们一个健康的工作环境。消防配备与安全事故方面，企业也是一刻都不敢松懈！迄今为止，媒体还不曾对企业有负面报道。

2007 年，重庆驰骋投入了大量的生产设备，开始转型生产车身车门件，企业采用稳扎稳打的战略部署，不断地去开发新客户、引进新项目。2011 年冲压、焊接车间已实现生产自动化。尽最大的能力满足客户的要求、团队凝聚力的建设是重庆驰骋发展的核心理念。企业可持续发展的重要因素，主要还是管理团队的稳定。在绩效评估方面，不同部门有着不同的绩效考核方法。就如从生产的保供、质量、安全等方面进行考核。依目前的发展现状来看，重庆驰骋在内部的管理等方面还需要加强。

企业核心管理团队的离职率较低，其他生产工人的离职流动率也相对正常。近年来，由于全国物价的不断上涨，在重庆市，整体劳动力成本相对较高。成本的控制是驰骋近年来面对的一个很大问题。在企业可持续发展方面，企业应该加强员工的培训力度，去寻找更好的方式来提高企业的管理模式。这也是重庆驰骋未来重点的发展方向。

## 六、品牌和可持续发展关系

品牌与企业可持续发展相辅相成，企业的可持续发展离不开品牌的建设，也离不开技术和管理的创新。品牌的建设重要的是品质的保障与企业的诚信，更重要的是企业核心骨干与员工的稳定。中国中小型制造企业的品牌特点主要是品质问题，实体经济是有实物产品的产生，而衡量产品的基准就是产品的品质，中国多数中小型制造型企业为了降低成本，提高利润，而忽视了产品的品质，导致企业不能持久而稳定地发展下去。中国的经济转型，给中国的中小型制造企业带来了更大的发展空间。但随着市场的发展，技术能力落后、生产低端产品的中小企业也必将遭到淘汰。中国政府应对中小企业制定优惠的税收政策，从而推动中小企业的发展。

中国中小型制造企业规模较小，对于品牌的发展不够重视，生命周期通常是2~3年，甚至更短。这类企业应提高管理模式和团队凝聚力。中国的经济转型，在给中国的中小型制造企业带来发展机遇的同时，也使部分企业被市场淘汰。制造业的发展，给多数工人提供了就业岗位，中国政府应放宽政策，更多地给实体企业一些税收方面的优惠。

当被问到企业面对的问题和挑战时，企业董事长戚守柱这样表述："目前重庆驰骋面对的问题和企业部件供应商一样，首先是供应链上下游企业缺乏交流与合作，我们不知道整车企业的销售情况、销售速度，不知道其什么时候订货，组织生产和准备货源，只能凭自己的主观判断。同样，整车厂也不知道我们的库存情况，不知道我们能否保证及时供应。信息不能共享、渠道透明度不高，增加了供应渠道的不确定性，加大了各个企业面临的经营风险，都倾向于增加自己的库存，造成库存成本上升，使物流成本维持在一个较高的水平。当供应链中各环节都在增加库存时，就造成产品过量积压，资金被不合理地占用，导致整个供应链运作效率低下。其次是在与整车厂进行技术交流时零部件商往往处于被动地位。一般都是根据整车企业设计好的图纸组织加工，零部件商很少有机会或能力向整车企业输出制造、设计技术，整车厂并不能完全了解供应商的生产技术和服务能力，造成信息不对称。这正是我国与国外同步设计、早期参与等合作理念的差别。这种单向的技术交流方式既不利于整车设计技术的提高，给整车厂在产品改进、革新等方面带来了诸多难度和不确定性，也不利于零部件设计技术的积累和释放。但随着我国市场经济的不断发展与完善，已经有更多技术更新、更有竞争力的零部件产品出现。与具有这种优势的供应商开展业务，更有利于整车厂采用更合理的策略进行生产组织，但由于这部分供应商的发展有相当大的不确定性，整车厂要准确地开发这些潜在供应商，必须进行适时的战略调整。"

### 七、理论框架的论证和补充

重庆驰骋案例表明，企业品牌与核心技术能使企业可持续发展，而其中重要的变量因素是品牌竞争力。品牌影响因素有质量、客户、市场和诚信（见图5-3）。访谈者这样表述："重庆驰骋将达到甚至超越客户的要求定为企业的质量方针，凭借多年的生产技术经验，成为长安汽车部件合格供应商。后期产品的顺利开发，给全体员工的既是感动，也是企业诚信与品牌的宣传。优质的质量是品牌的生命，质量差的品牌必然走向衰败。汽车行业中的配套，中小制造企业的品牌认可，既是合格供应商的代名词，也是质量稳定和技术能力的认可。稳定和超出预期的质量管理体系是保障企业品牌建设的关键因素。"

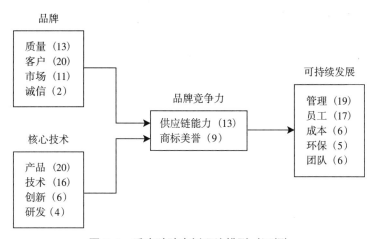

**图5-3　重庆驰骋案例理论模型（词频）**

资料来源：笔者整理。

中国汽车工业发展的同时也带动了一大批汽车零部件企业的快速发展和壮大。没有强大的汽车工业实力，就不可能出现领先的零部件制造商；同样，如果没有零部件供应商强有力的支撑，汽车产业规模再大，也不会形成持续的增长力。在访谈中，我们发现我国自主品牌汽车零部件企业存在零、散、乱的现象，总体实力不强，尤其在核心关键的零部件上没有足够的竞争力，因而亟须进行零部件企业的供应链整合。重庆驰骋董事长在访谈中这样表述："汽车行业有其特殊性，生产所用的设备和材料即汽车零部件品种繁多。对于大多数生产厂家而言，其自制率一般低于40%，即外购率达到60%以上。供应商的业绩对汽车制造企业的影响越来越大，在价值、交货、产品质量、提前期、库存水平、产品设计等方面都影响着汽车制造企业的发展。汽车制造企业中30%的质量问题和80%的产品交货期问题是由供应商引起的。在汽车行业的上游，采购成本已占到企业总支出的大部分份额。据统计，汽车总成本约70%来源于汽车零部件，如果采购成本能降低1%，利润将会提高5%~10%，而增加销售额1%仅能提高利润1%，通过降低采购成本来增加利润更为容易。"因此，汽车部件供应链和整车厂间的长期稳定合作关系是汽车品牌建设和行业持续发展的重要因素。

重庆驰骋案例中，我们也发现企业核心技术影响了品牌竞争力和可持续发展。汽车部件制造企业的核心技术影响因素有产品、技术、创新和研发。汽车部件的产品除了质量和技术，最重要的是供应链响应速度和能力。供应商管理在汽车行业的上游供应链中能够起到增强供应链上的可视性与响应性作用，为上游的业务运作带来更大的效益。它有助于提高汽车供应链上游业务运行的生产率，增加供应链上的可预见性和持续改进能力，降低库存和成本，通过供应商合理化和物料合理化过程优化供应分配；利用供应商绩效和质量数据来降低欺骗风险，保证采购质量；利用可靠的供应保障来降低缺货风险，最大化购买能力，提高通用部件的利用率，最终降低企业总成本。

另外，我国大零部件厂商，通常为某大整车生产商配套服务。这些大零部件厂商资金和自主研发能力很强，生产的产品具有一定的技术含量。它们和其服务的大企业之间的关系一般是按照订单合同生产，通常还没有加入整车厂商的早期研发活动和后期的生产经营活动中，还没有提升到战略联盟的关系水平并用供应链管理的思想加以整合，而只是简单的供应商和生产商的关系。在重庆驰骋案例中，我们恰恰发现重庆驰骋充分参与整车厂部件设计的前期技术研发和后期产品开发调试。在一体化供应链背景下，产品竞争不单是企业间的竞争，更是供应链的竞争。吸收供应商参加产品设计和开发有利于充分发挥供应链的竞争优势，增加供应链的敏捷性，有效地提高产品开发过程的竞争力。具体优点是：①缩短产品开发周期。统计结果表明，早期供应商参与的产品开发项目，开发时间平均可以缩短30%以上。②降低开发成本。供应商的专业优势，可以为产品开发提供性能更好、成本更低或通用性更强的设计。③改进产品质量。供应商的专业化水平提供了更为可靠的零部件，能够改进整个产品的性能。同时由于零部件可靠性的增加，避免了随后可能产生的因设计变更而导致的质量不稳定。

从市场整体竞争环境来说，基于供应链环境下的核心企业与供应商之间的关系是一种战略型的供应链合作伙伴关系，是在一定时期内共享信息、共担风险、共同获利的协议关系，是一种相互依存的共生关系。强调通过共同努力、共同计划解决共同的问题，强调相互之间的信任与合作。从供应链绩效最优出发，通过对双方资源和竞争优势的整合来共同开拓市场，扩大市场需求和份额，降低产品前期的高额成本，实现"双赢"。在此种关系下，选择供应商不再只考虑价格因素，更注重选择那些能在优质服务、技术革新、产品设计等方面良好合作的供应商。

品牌竞争力的影响因素有供应链能力和商标美誉度。在汽车部件行业里，品牌竞争力也就是供应链竞争力的表现，其中行业上下游对企业供应链能力的认可度可以从该供应商的商标美誉度中表现出来。品牌（商标）美誉度的形成是来源于产品功能性价值，辅之以优质的性价比和供应链能力。因为有了品牌美誉度的积累，企业在合作和价格谈判方面都拥有了比较优势。访谈中，我们发现中国汽车部件供应链能力在过去10年有质的发展。除了生产能力能满足市场需求，很多汽车部件制造商都拥有自主技术的研发、设计和制造能力，重要零部件已经向各国出口，逐步形成了成熟的产业链。

最后，汽车部件制造业的可持续发展影响因素包括管理、员工、成本、环保和团队等。随着中国汽车市场逐渐全面开放，国际知名汽车整车商及其供应商纷纷落地中国。作为进入WTO后过渡期的标志，行业专家表示，从2005年1月1日起，我国政府取消了汽车配额、许可证管理，进口汽车关税降到30%，汽车零部件关税降到13%。至2006年7月1日，我国的汽车关税下降到25%，零部件平均关税降到10%，中国汽车企业无疑将面临极其残酷的全方位竞争。综观国际汽车业经营模式，良好的供应商管理体系已经成为竞争的基础。用供应链管理的语言描述：企业面临的不仅是企业间的竞争，也是企业群或者整个供应链同另一个供应链之间的竞争。企业管理变革的策略从优化利用内部资源转变到尽可能利用社会资源，构建供应链体系，同步响应客户需求，以快制胜，实现从单一企业竞争到供应链竞争的战略转移。其中供应商管理是企业供应链战略中一个很重要的环节，它对制造、分销和配送环节的资金流状况、物流质量、物流时间控制和产品成本等有着直接影响。因此，在重庆驰骋案例中我们也发现，企业对整车厂的供应链配合度是高度重视的，企业积极推进管理创新，包括让流程精简化和扁平化、引进高级管理人才、稳定管理团队、提高管理模式和团队凝聚力等。

公司于 2000 年实施股改，将资本公积金 1170 万元、盈余公积 866.3 万元，总计 2036.3 万元转增资本，按章程规定的量化标准全部量化给职工。通过股改提高员工稳定性，已经成为企业留住核心员工、吸引优秀人才的大趋势。在访谈和现场考察时发现，重庆驰骋创造了一个和谐、轻松、公正、公平、进取、团结的企业文化。管理层和员工有很强的凝聚力，克服了很多运营和生产难关，团队气氛良好。在交流中发现各层员工的流动率很低，工作精神舒畅。所以，我们的管理者应该极力营造这样的文化氛围，有了这样的氛围，团队才会有凝聚力，企业才能可持续发展。在与员工交流中，笔者也发现企业领导（董事长）一直在努力塑造自己的人格魅力、提升自己的管理水平。领导人管理水平的高低，在很大程度上左右着公司的发展。同样，领导人的人格魅力及管理风格，也在很大程度上影响着员工的工作积极性及团队的稳定性。

# 第四节　重庆锦晖陶瓷有限公司

重庆锦晖陶瓷有限公司（以下简称重庆锦晖）是笔者 EDBA 2014 班同学企业。为保证访谈质量，笔者特意邀请 EDBA 同学 Jack Woo 执行访谈并帮忙记录和整理本案例访谈内容。以下内容主要是笔者和 Jack Woo 共同商议和整理访谈内容的结果。为保障被访谈人员有足够的自由发表意见，笔者朋友张民（本案例企业创始人和负责人）不参与本案例的任何访谈。与张民的访谈单独进行。

重庆锦晖的企业观察和访谈于 2015 年 7 月 25 日执行，访谈前笔者和 Jack Woo 共同制定访谈大纲并商议好需要收集的数据。同时，笔者也提前通过张民通知各被访谈人员学术研究访谈的目的和要求，并保证不涉及考核和企业机密，希望大家充分发表观点。张民在访谈过程中并不参与，让被访谈人员在没有压力和顾虑的自然条件下，充分表述想法和观点。访谈人员基本上是中层干部，并在个案企业有超过 6 年以上工作经验（见表 5-4）。

表 5-4　锦晖受访者个人信息一览

| 姓名 | 学历/专业 | 工作年限（年） | 本企业工龄（年） | 部门/职位 |
|---|---|---|---|---|
| 陈勇 | 大专 | 25 | 6 | 行政部/副总经理 |
| 欧武炼 | 大专/市场营销 | 13 | 10 | 营销中心总监 |
| 陈金 | 大专/化学 | 30 | 22 | 国际部总经理 |
| 熊越兵 | 大学本科 | 21 | 21 | 生产部经理 |
| 张稷一 | MBA | 21 | 21 | 总经理 |
| 张民 | 研究生 | 25 | 25 | 董事长 |
| 王春方 | 大专 | 21 | 21 | 质量部经理 |

资料来源：笔者整理。

## 一、中国陶瓷行业市场分析

### （一）中国日用陶瓷市场概况

陶瓷是我国对人类文明的巨大贡献之一。近 10 年来，随着改革的深入，特别是民营企业逐步崛起，我国量产化陶瓷又回升到迅速发展的阶段，并保持较高增长率。虽然我国已经成为世界上最大的陶瓷生产国和出口国，但目前我国陶瓷行业仍存在整体档次偏低的问题：一是技术及装备未达到世界最先进水平，二是过去很长一段时间内中国陶瓷产业发展缺乏在国际市场树立品牌的意识。民族品牌的建设是陶瓷行业未来发展的一个重点。

2012 年，我国陶瓷出口总体量减价升，出口金额稳步增长，出口企业持续减少，传统市场仍不景气，陶瓷出口企业的分布出现变化，详情如下：根据我国海关统计，2012 年，我国陶瓷出口额达 167.47 亿美元，同比增长 19.17%。其中建筑陶瓷出口 67.04 亿美元，占陶瓷出口总额的 40.03%，同比增长 35.12%；艺术陶瓷出口额首次超过日用陶瓷，达 31.48 亿美元，占陶瓷出口总额的 18.80%，同比增长 31.94%；日用陶瓷出口 27.42 亿美元，同比增长 1.70%；卫生陶瓷出口 9.33 亿美元，同比增长 10.36%；其他类陶瓷出口 32.20 亿美元，同比增长 1.74%。

2012 年，全国日用陶瓷总产值为 940 亿元，总产量 330 亿件，占世界总产量的 62%以上；出口总额 70.02 亿美元，进口总额 2.8 亿美元，占世界日用陶瓷贸易总额的 30%左右。2013 年，全国日用陶瓷总产量 375 亿件。据统计信息显示，2010~2013 年，我国日用陶瓷行业的市场规模及其增长率情况如表 5-4 所示。

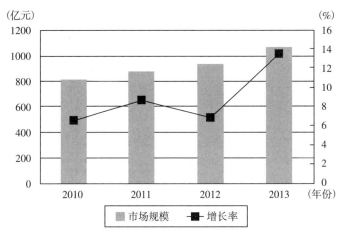

**图 5-4 我国日用陶瓷行业的市场规模及其增长率**

资料来源：产业信息网。

由于陶瓷产品同质化严重，并且各大厂家销售市场集中度高，导致市场竞争激烈，为了提高销量并占有市场份额，陶瓷企业不惜降低价格，薄利多销。对于陶瓷市场来说，2014 年可谓是内忧外患。产能过剩，产品附加值过低，国际竞争力不强，利润微薄，又遭遇多项反倾销调查。面临如此困境，陶瓷行业未来的出路在何方？

**（二）内忧：产能过剩利润微薄**

随着陶瓷企业不断扩张、生产线不断扩充、生产总量不断扩大，造成产能严重过剩，供需失去平衡。实际上，我国虽是一个陶瓷生产大国，却不是一个强国。产品以中低档为主，附加值较低，在国际市场售价不高。据介绍，一个价格 0.7 美元的陶瓷口杯，出口到欧盟售价约 3.5 美元，但国内企业仅获利 0.1 美元。其余大头被国外经销商拿走，他们除去运费等开支约 1.5 美元，实际获利超过 1 美元，是我国生产企业获利的 10 倍。

业内人士指出，我国陶瓷企业利润微薄，主要在于成本高以及销售价格相对便宜。这其中一个很重要的原因在于激烈的市场竞争，由于产品同质化严重，并且各大厂家销售市场集中度高导致市场竞争激烈，为了提高销量并占有市场份额，陶瓷企业不惜降低价格，薄利多销，这就导致了行业普遍利润微薄。上游原料高涨也是造成陶瓷企业利润微薄的原因之一。此外，由于我国房地产调控政策的出台，也让陶瓷产业面临的产能过剩问题更加严重。房产宏观调控制约了市场需求的增长，使得价格竞争激烈而提价困难。

### （三）外患：面临多起反倾销

中国陶瓷工业协会透露的数据显示，目前，我国已经是日用陶瓷第一大生产国，产量约占世界产量的70%。此外，我国日用陶瓷在欧盟市场占有率已经接近五成，是欧盟日用陶瓷第一大进口国。据中国陶瓷工业协会统计，2013年我国出口欧盟厨餐具累计金额超过7亿美元。

欧盟委员会日前发布《关于欧盟对中国陶瓷厨餐具开始反倾销调查的通知》，宣布对中国出口至欧盟的陶瓷餐具及厨房用具发起反倾销调查。2011年9月，欧盟对中国瓷砖反倾销案做出终裁，征收最高达69.7%的惩罚性关税，且有效期长达5年，并可视情况延长。这是一次影响范围最广、涉及金额最大的中国陶瓷行业反倾销案，涉及金额高达7亿美元，涵括企业超2000家。实际上，这已经不是陶瓷业面临的第一起反倾销事件。据商务部消息，印度尼西亚反倾销委员会在2014年初也发布了对中国陶瓷餐具产品反倾销调查终裁披露，拟对上述产品征收87%的反倾销税，这是2014年陶瓷行业遭遇的首个反倾销。"欧盟展开对我国陶瓷餐具及厨房用具的反倾销调查，其调查期间将会降低我国陶瓷出口数量和出口额，"业内人士说。但同时，此次反倾销对我国陶瓷业的长远发展也有好处。

随着经济的发展和生活水平的提高，消费者对于日用陶瓷产品的需求未来将发生一定变化，主要体现在以下几个方面：

（1）消费往高端、健康和环保升级的趋势。随着人们对安全、健康和环保等问题的关注度不断提高，消费者对与食品接触的陶瓷制品的要求不只是简单的经济实用，高品质、外观造型美、低铅、镉溶出量、热稳定性好将成为消费者选购陶瓷产品重要的参考指标，高品质日用陶瓷的市场需求将进一步提升。

为了满足顾客越来越高的消费需求，日用陶瓷的大型生产商每季度都会推出新设计的产品，产品朝健康、绿色、环保、高品质的方向发展，餐厅和星级宾馆的餐饮用瓷也保持了较高的更新速度。随着经济的不断发展，人民的收入水平和消费能力的不断提高，特别是旅游业和餐饮业的快速发展，未来我国日用陶瓷市场还将继续呈现这种量质齐升的良好态势，日用陶瓷消费升级的特征也会更加明显。

（2）需求的多元化、个性化趋势。由于消费者在生活水平、文化背景、艺术欣赏程度等方面存在差异，进而对产品的需求也不完全相同，因此，市场上单一品种的生产与销售很难满足不同消费者的需求。未来日用陶瓷将发生一系列明显变化，产品的主要特点表现在质量高、功能全、花色多、造型新颖，即产品朝着多元化趋势发展。陶瓷生产企业通过做好装饰图案设计、色彩搭配、装饰材料及造型的设计，并融入深厚的文化底蕴，来满足消费者对个性化、艺术化、多元化的特异性陶瓷制品需求，给予消费者超越物质意义的高品位精神生活享受。未来我国个性化日用陶瓷制品的需求将不断提升，高品质日用陶瓷将成为高端人士的馈赠、纪念、收藏佳品。

（3）经营的品牌化趋势。在国际日用陶瓷市场上，英国的皇家道尔顿、日本的诺里塔克、德国的唯宝、法国的哈瓦龙等均是国际知名品牌，这些品牌的形成都有较长的历史文化背景，且长期坚持精品化路线。随着近年来我国陶瓷企业的国际化步伐继续加快、产品的工艺技术水平不断提高，陶瓷企业的品牌化建设也日趋紧迫。通过品牌化建设，陶瓷企业逐渐由产品输出向品牌输出转变，从而不断提高产品的附加值和市场竞争力。未来，只有通过品牌形象的塑造，使企业的特色鲜明，具有统一性和稳定性，并蕴含深刻品牌文化的企业，才能拥有可持续的发展之路。

"目前的陶瓷企业缺乏自主创新能力，国际市场竞争力不强"，有业内人士说。这可能在一定程度上有利于我国陶瓷不断完善管理和经营，提升产品质量和市场透明度。若欧盟调查后我国陶瓷业不存在问题，这将使我国陶瓷产品和厨房用具获得极好的出口利好，有利于陶瓷业的出口。未来我国陶瓷业必须要提高技术水平，并提高研发实力，不断地推出多样化、个性化的高质量产品，以产品品质占领市场。此外，陶瓷企业应该开拓新兴市场，避免行业高集中度竞争，在产品和渠道两方面进行差异化竞争，进而提升市场竞争力、占领市场。[①]

## 二、公司历史和运营情况介绍

锦晖陶瓷是由华陶瓷业（原兆峰陶瓷）按现代企业制度改制而成立的股份有

---

① 资料来源：产业信息网。

限公司。主业设计、制造和经销高档陶瓷酒瓶、高档日用瓷，产能达 8000 万件，公司能同时提供五大瓷种：高级硬质瓷、强化瓷、无铅精细骨质瓷、超级硬质瓷、精细炻瓷。产品被选定为国宴瓷、国礼瓷、中国驻外使、领馆专用国徽瓷、铁道部专列用瓷、中南海紫光阁专用瓷。

公司全套引进世界最先进的德国陶瓷生产设备，聚集了多项世界领先技术，拥有 60 多项国家专利，全方位实施计算机集成制造与管理系统（CIMS）应用工程的企业。拥有完善的质量管理体系：ISO9001—2000，并获得世界产品质量标准认证机构（SGS）国际产品质量认证，符合美国食品药物检验署（FDA）卫生标准及中国日用高级陶瓷标准 GB/T 3532—95，是健康新陶瓷。

国内战略伙伴包括郎酒、剑南春、五粮液、茅台、沱牌、水井坊、西凤、稻花香、古井贡等名企；为人民大会堂、钓鱼台、中南海和驻外使领馆专供国宴用国徽瓷，以及万豪、洲际、希尔顿、凯宾斯基等国际连锁五星酒店的定点供应工厂；国际伙伴如美国俄伦达和利比，意大利亚利和古之妮，比利时贝高福和迪士特，俄罗斯 PIK 等国际名牌。

此外，公司以桌上艺术家和酒店用品专家为目标，提供家具、玻璃器皿、布草、厨房用品等全部家庭和酒店用品，一站式全套服务。公司服务的领域包括家庭用品、酒店用品、厨房用品、航空用瓷、高档包装容器瓷如高档陶瓷酒瓶、高档礼品、艺术品等。

公司与全球顶级进口商、批发商、零售商携手，打造成了全球服务网络。在中国这块潜力巨大的市场，公司更是不惜大力投入，建立了遍布全国的销售和服务渠道，打造出了中国最大的独家拥有的日用陶瓷、酒店用品等专业网络。

公司成立至今，一直引领中国陶瓷潮流，是中国陶瓷界公认的日用瓷和陶瓷酒瓶的领导者。

### 三、公司的关键发展历程

锦晖陶瓷是由重庆华陶瓷业有限公司按现代企业制度改制而成的股份制企业，主业设计、制造和经销高档陶瓷酒瓶、高档日用瓷，是 20 世纪重庆轻工行业著名的五朵金花之一，产能达 8000 万件，包括硬质瓷、强化瓷、超骨瓷、精细炻瓷和超级硬质瓷五大瓷种，拥有全套德国制瓷设备和工艺，近百项国家发明专利、设计专利和版权，是日用瓷和陶瓷酒瓶的领导者。产品抗热震性（耐急冷急热性）通过了英国陶瓷研究所认证的泰国 MTEC（National Metal and Materials Technology Center）检测，通过了英国陶瓷研究所（Ceram-Huaxia Ceramic Testing Center）认证的"冰箱到微波炉的使用性能测试"、"边沿抗冲击测试"、"耐化学腐蚀性测试"、"陶瓷器中铅镉溶出量"。通过了中国轻工业陶瓷研究所检验中心、国家日用陶瓷质量监督检验中心的检测。按 ISO9001：2008 标准建立公司的质量管理体系，并通过了中国质量认证中心 CQC 的认证。

现为全球最大的高档日用瓷生产企业之一，产品包括日用陶瓷、包装陶瓷、工业陶瓷和工艺美术陶瓷四大类。在改制前生产的产品已被评为"中国名牌产品"和"陶瓷行业名牌产品"，更被评为"中国陶瓷第一品牌"。现在还拥有"低温红釉、低温花纸、低温金装饰工艺"，"超级低温瓷制造方法"等 20 余项发明专利，拥有"天鹅堡系列茶咖具"、"皇家花园系列茶咖具"、"春色满园"、"吉祥如意"、"塞纳河畔"等 200 余项外观专利和版权。拥有"等静压高级陶瓷"、"釉中彩高级陶瓷"、"不规则异型类系列陶瓷"、"高档酒瓶器瓷"、"航空瓷"、"快烧高级瓷"等 20 余项高新技术产品。锦晖陶瓷的发展和精美陶瓷生产工艺，也受到国家领导人的关注，被人民大会堂、钓鱼台国宾馆、外交部、中国驻外使领馆选为"国宴瓷"，被中共中央国务院办公厅、外交部选定为国家领导出访的"国礼瓷"，为中国驻外使领馆专用"国徽瓷"、"铁道部专用瓷"、"中南海紫光阁专用瓷"。锦晖陶瓷在 2013 年作为中国陶瓷行业唯一一家被评为"国家级工业设计中心"的企业。20 多年来，锦晖陶瓷一直引领中国陶瓷的潮流，是中国陶瓷界公认的领导者。

公司稳健飞速发展也受到国家领导人的高度重视和关怀。江泽民、李鹏、乔石、吴邦国、温家宝、李瑞环等党和国家领导人都曾相继到公司视察。江泽民欣然题词"发展陶瓷技术，弘扬中华文明"（该题词是党和国家领导人为陶瓷行业的唯一题词）。

锦晖陶瓷设计制作的"金长城"在李鹏出访法国时作为礼品赠送给法国总统希拉克；"清明上河图"在江泽民出访美国时作为礼品赠送给美国总统克林顿、参议院领袖以及比尔·盖茨等世界级企业家。

锦晖陶瓷的国内战略伙伴包括知名的郎酒、剑南春、五粮液、水井坊、西凤、稻花香、古井贡、沱牌、诗仙太白、茅台酒业、泸州老窖、全兴酒业等名企，以及杭州黄龙集团、开元集团等知名集团公司。为人民大会堂、钓鱼台、中南海和驻外使领馆专供国宴用国徽瓷，为万豪、洲际、希尔顿、凯宾斯基等国际连锁五星酒店的定点供应工厂。国际伙伴如 WEDGWOOD、IKEA、ONEIDA、MIDASA、FRIESLAND、AAL 集团公司，美国俄伦达和利比，意大利亚利和古之妮，比利时贝高福和迪士特，俄罗斯 PIK 等国际名牌。全球知名的瑞典宜家就曾是锦晖陶瓷的大客户。此外，锦晖陶瓷还为英国航空、荷兰航空等国外航空公司的头等舱订制餐具。

世界著名的陶瓷经销商——美国 ONEIDA 公司总裁康寿伦先生和锦晖瓷业总裁张民先生签订了年供货 1500 万件的十年长期贸易协议。

美国最大的艺术挂盘、挂牌生产销售公司——CGC 公司董事长兼总裁罗伯特帕金斯博士与锦晖瓷业总裁张民先生签订了总额 1.4 亿美元的十年长期贸易协议。[①]

在 2008 年的金融危机中，以出口业务为主的锦晖陶瓷很快感受到了寒意，海外市场萎缩得厉害，海外订单迅速下滑。当时锦晖 70% 的产品是出口日用瓷器，内销只占 30%。张民回忆，在全球经济危机最严重而重庆经济还这边独好时，他就感受到了危机带来的巨大影响，当时的出口订单份额已由 70% 下降了60%，几乎停产。就在企业发展陷入困境的时候，谁也没想到，张民当年到贵州茅台酒厂的一次参观，竟为锦晖陶瓷窥见了另一片广阔的市场。

在茅台酒厂厂史博物馆，张民发现过去的人都是用陶罐装酒，而并非玻璃瓶。出于好奇，他问酒厂负责人，"陶瓷酒瓶高温烧制，既安全又美观，为什么不考虑用陶瓷瓶装酒？" 得到的回答是，陶瓷瓶装酒一是容易渗漏，二是封口的密封技术不过关。回到重庆后，张民立即启动了陶瓷酒瓶的研发。从调整配方开始，着力解决渗漏和密封两大难题。短短几个月时间，锦晖陶瓷的研发团队不仅攻克了这两大难题，还在一款外形流畅柔美的陶瓷瓶上调制出温润内敛的中国红——这便是后来的红花郎酒瓶。

将精美陶瓷用于白酒包装，锦晖陶瓷的这一创新举动，开拓出了一个大市场。此后，五粮液、舍得、茅台……向锦晖陶瓷下订单的白酒企业络绎不绝。2012 年，锦晖陶瓷销售收入达 3.7 亿元，陶瓷酒瓶完全取代了锦晖陶瓷的海外业务，占到公司销售收入的 70% 以上。"后来，一些同行也开始生产陶瓷酒瓶，整个

---

① 资料来源：公司网页。

行业把这个原本几乎为零的市场做到了 200 亿元以上"，张民说。自主研发自动注浆机生产线，这个创新让生产效率提高了 3 倍以上。

"酒瓶订单迅猛增加，我们原有的生产规模远远不够。于是，从 2010 年开始，我们启动了技术改造项目"。公司总经理张稷一说，"现在在锦晖陶瓷的生产车间，你看不到传统制陶用的转盘，取而代之的是从德国引进的全球最先进的制陶生产线，以及自动注浆机生产线——掺浆、注浆、烧制、烘干……各个环节的工艺均由光电控制、自动完成。"最让张稷一引以为傲的是，自动注浆机生产线是全世界独一无二的，因为，这条生产线是由锦晖陶瓷自主设计研发的。以前每个工人每天只能做 128 件产品，这条线投产后，现在每人每天可以做 469 件，同时还节约了生产场地，更加节约地利用了厂房。

近年来，锦晖陶瓷每年的研究与开发投入都超过公司销售收入的 3%，远远高于全国平均水平，有关陶瓷开发和生产工艺的发明专利就有 8 项，成为全国陶瓷行业技术创新和产品开发的佼佼者。在锦晖陶瓷明亮的展厅中，不同花型、不同器型、不同功能的陶瓷展品令人目不暇接。工作人员介绍说，展示的产品其实还不到锦晖陶瓷产品的 1/10，每天都会有新的品种走出设计室，等待市场的检验。

为了增强企业的抗风险能力，锦晖陶瓷开始把更多的精力放在了家用陶瓷的研发上。张民表示："同样一套碗，我们可能让我们自己的设计师设计一套花型，同时让国外的设计师设计一套花型，然后再比拼、再定型。要真正用好国家级的工业设计中心，就要让创新和设计的能力淋漓尽致地体现在产品上，走进消费者的生活。而要做到这一点，就必须研究消费者的喜好。"

据了解，为了更好地与市场终端互动，从 2013 年开始，锦晖陶瓷将在市内开设五家专卖店，并在旗舰店内开辟用户体验专区。消费者在购买产品的同时，也可以参与产品的设计。以后，专卖店还将以加盟的形式继续扩容，数量会达到 100 家，范围也将遍布全国。

张民表示："2015 年锦晖陶瓷在销售渠道上也将有所创新，除了开设专卖店，还将引入直销模式和电商模式，将线上线下业务紧密结合。"①

---

① 资料来源：公司网页。

#### 四、企业品牌建设内涵和发展路径

行政部经理认为企业应重视人力成本以及能耗的控制，只有降低成本，有盈利的空间，企业才能更好地可持续发展。以锦晖生产的陶瓷酒瓶为例，陶瓷酒瓶的瓶颈工艺技术含量相对较高，而锦晖通过不断的技术研发创新，目前已经获得了两项专利。锦晖生产的陶瓷产品价格并不是行业最低的，但企业在产能、质量、产品设计等方面在陶瓷行业却有着较高的知名度。陶瓷在福建和浙江一带都是小窑生产，价格非常便宜，运输费用低和物流方便。在这行业，客户看重的是性价比，并不注重品牌效应。

锦晖在发展期间进行过多次改制，从兆峰、华陶，再到现在的锦晖，品牌竞争力对企业可持续发展有着重大的影响，但从法律角度来讲，改制并未对品牌造成太大的影响。锦晖在 2011 年，销售额达到将近 4 亿元，而目前的产销只有 1 亿元左右，整个销售下滑与企业品牌没有太大的关系，主要还是市场环境的影响。近年来，酒瓶市场严重萎缩，随着市场环境的变化，企业在发展的同时，也在进行转型升级，通过开发不同的产品市场，多元化发展。企业坚持在做好内销推广的同时，也注重于出口、电子商务以及代理商等渠道进行分销。机遇与风险并存，在优胜劣汰的市场竞争中，企业目前还面临着市场开拓方面的问题，客户也本着成本控制的原则，大多会去选择可回收利用的玻璃酒瓶，所以，企业在稳步发展的同时，更要去巩固市场。与同行竞争对手相比，锦晖在满足客户产能的前提下，产品质量也绝对过关，目前企业有 800 多名员工，员工的稳定促进了企业产品的质量，但缺乏品牌竞争力，公司产品在市场上只能是比拼价格了。

国内营销部经理介绍说："目前锦晖整个营销团队有 20 人左右，因受市场环境的影响，2014 年国内的销售额达到 1 亿元左右，而锦晖主要是以内销为主，国际贸易占总销售额的 20%左右，主要通过 B2B、B2C 的模式营销。近两年，锦晖都在走双市场（B2B—酒瓶、B2C—日用陶瓷）路线，陶瓷产品性质比较特殊，它虽不是耐用消费品，但也绝非快销品，国内消费者购买日用陶瓷产品，首选的并不是品牌，品牌只是选择的一部分，消费者对于陶瓷的购买，可能首选设计风格，其次是价格，再来关注它的品牌。"

锦晖在企业品牌规划方面有着很好的愿景。企业管理层也有着较强的品牌意识，但由于近年来国内市场的波动，且日用陶瓷利润空间有限，以及原材料、人

工成本等的不断上涨，锦晖在品牌建设方面并没有做太大的投入，主要是通过一些展会进行宣传。后期，企业还是会在品牌建设与宣传方面，通过控制成本，提高质量，稳扎稳打地在激烈的市场竞争中生存的同时，去做更多有效的投入。

锦晖生产的日用瓷销售渠道主要是通过超市、代理以及电子商务。生产管理部经理认为，品牌对陶瓷行业而言，影响并不是很大。近年来，锦晖在品牌建设投入方面，主要是参加各地展销会。企业发展至今，较为重视产品质量以及准时交货，并未有过因生产原因造成的重大质量事故。

### 五、企业持续经营的核心理念

锦晖，从国有企业改制为民营企业时，并未想过自己制造的瓷器能进入美国白宫供奥巴马专用，更未想过能进入中南海紫光阁印上专用瓷的印章，成为党和国家领导人专用餐具。这个连重庆本地市民都不太熟悉的企业，却是亚洲最大高档日用瓷生产厂家，为包括万豪和希尔顿在内的全球数家五星级酒店提供餐具，垄断着国内 80% 以上的高端白酒瓶市场。在人们为郎酒红花郎、五粮液等高档酒瓶精美的陶瓷外包装惊叹不已时，很少有人会联想到制作这些酒瓶的人。锦晖更是拿下了为中南海紫光阁党和国家领导人烧制瓷器的特权，并为原国家铁道部设计制作了一批青花餐具，印上专门印章供主席专列使用。

2004 年，锦晖最大的业务不在中国，而在国外。作为老牌出口陶瓷企业，锦晖长久以来都处于墙内开花墙外香的局面。它和美国最好的陶瓷品牌俄伦达、利比合作，研发出比中国瓷器坚硬 2 倍的硬质瓷，让中国瓷适应了欧美等国洗碗机的使用，把锦晖烧制的瓷器带入了包括万豪和希尔顿在内的全球数家五星级酒店，又成功牵手世界家居巨头宜家，把锦晖的瓷器带入了欧美，成功囊括了瓷器市场高、中、低三个档次的需求。

2004 年，美国陶瓷巨亨俄伦达到锦晖考察，作为全美顶级瓷器商，它为全球数十家五星级酒店和米其林各星级餐厅提供餐具，甚至是美国白宫瓷器供应商，两家企业之前一直有着小批量但十分愉快的合作。在锦晖，从工艺、设备、价格和交货期进行全方位考察后，俄伦达总裁做出一个惊人的决定——关掉自己在美国的工厂，让锦晖成为俄伦达在中国的生产基地。这是一笔长远而巨大的订单，锦晖陶瓷董事长张民却有些犹豫了。

俄伦达全线产品超过 500 种，生产数量十分巨大，如果接受俄伦达总裁的建议，锦晖将有一半的生产力为俄伦达服务，出口额将占到整个生产比重的80%以上。虽然解决了销路问题，但也将很难有精力研发巩固属于自己的品牌和特色产品，如遇国际市场变动，企业将十分困难。

经过深思熟虑后，张民向俄伦达提出三条要求：第一，派一位工程师常驻锦晖予以技术支持；第二，预付35万美元的定金；第三，自己先扩大规模，一年后再为俄伦达服务。面对锦晖的要求，俄伦达总裁当即拍板，并主动把定金增加到70万美元。

虽然不愁销路，但张民也很担心。长期为世界知名企业贴牌，圈内知名度虽高，但锦晖已忽略掉国内的巨大市场，并且没有自己的品牌。更确切地说，锦晖烧制的日用瓷档次跨度大、品种多，却没有一样标志性瓷器，能让人一提起就能联想到锦晖。

2003年在法兰克福参展时，张民曾为芝华士的酒瓶深深震撼。1953年，芝华士兄弟为英国伊丽莎白女皇加冕礼，特别酿制出"皇家礼炮"，并由英国韦德陶瓷集团的工匠手工制成了"皇家礼炮"特制酒瓶。张民拿着酒瓶反复翻看，青灰的色泽，凹凸有致的瓶身是很精致，但酒瓶高达100美元的价格还是令他有些回不过神来。从古至今，中国白酒就一直用土陶瓶罐盛装，由于土陶易碎，瓶口易泄漏，200年前玻璃进入中国后，玻璃瓶就占据着白酒市场巨大的份额。无论几块钱一瓶的老白干还是价格上千元的茅台酒，都是清一色玻璃瓶身。不是说玻璃瓶不好看，但不得不承认，和那只青灰色的"皇家礼炮"陶瓷瓶相比，玻璃瓶确实要掉价得多。

过度依赖海外市场和日用品陶瓷让张民意识到危机感，企业需要多元化业务和产品，张民觉得可以把锦晖的产品适当向高端白酒瓶调整，只要能让瓶口尺寸精确到毫米的1/10，就能解决了瓶口防漏的问题。经过半年的钻研，陶瓷大师卢尚平和工业工程师一起攻克了这一难题，将陶瓷瓶口与塑料防伪盖结合的国家发明专利研发出来，伴随锦晖专利的还有高强度、不渗漏、多画面、多釉色等多项发明。2003年底，锦晖为舍得酒业设计、烧制的双色陶瓷酒瓶成功地上了酒厂的灌装生产线，伴随着舍得酒在中央电视台的广告亮相，国人被这只从未看到过的上下双色陶瓷酒瓶震惊了——原来白酒瓶还可以这样典雅。

这次小小的试水让锦晖看到酒瓶生产的巨大前景，就在他们为如何牵手更多白酒品牌而困惑时，郎酒集团董事长汪俊林亲自找上门来。2003年是郎酒蓄势待发的一年，汪俊林希望酿制和包装出一种名为红花郎的酱香型白酒。这瓶酒要口感馥郁，瓶身通体都是中国人喜爱的红，只看一眼酒瓶，人们就能爱上它。然而烧制通体红色的酒瓶却并非易事。在中国瓷器烧制史中，直到明朝宣德年间，这种专用于祭祀的红色瓷器才被烧制出，被称为祭红。历代皇帝都不惜财力烧制，不惜加入玛瑙、珊瑚和黄金，甚至人的鲜血，但出品依然稀少，很是珍贵，在景德镇陶瓷博物馆的近万件藏品中祭红也只有9件半。

如何让祭红批量化成为酒瓶？张民联系英国专做釉料的合作伙伴，通过无数次越洋电话的交流，2004年，一支技术队伍终于漂洋过海来到重庆。实验、失败、再实验，为了让中国陶炉适应进口釉，外国专家调整了釉料配方。经过反复实验，第一批现代祭红抗高冲击强度的低温红釉成功出炉。2008年春节，郎酒红花郎的广告在国内各个电视台播放得如火如荼，黄健翔（代言人）手里的那只红色酒瓶吸引了无数观众的眼睛，成为当年中央电视台广告标王。一只红花郎的酒瓶，让锦晖看到了新的出路，然而一场需要锦晖披荆斩棘的巨大危机也正在潜伏。

张民描述："虽然试水高端酒瓶成功，但外销业务仍占据锦晖陶瓷的生产线。2007年，一场百年不遇的金融危机席卷全球，美国雷曼兄弟倒闭，高档餐厅和酒店业务骤减，出口订单几乎为零，锦晖大部分的生产线都闲了下来，开不了工。与其坐以待毙，不如主动出击，锦晖迅速调整生产结构，借着舍得酒与红花郎成功的东风，加快了寻找国内高端酒商的步伐，与茅台、五粮液、剑南春、西凤等国内白酒巨鳄开始了尝试性的合作，仅半年时间就走出了全球金融危机带来的困境。"

2009年，锦晖的酒瓶烧制已占据国内中高端酒瓶市场的80%，圈内人一提起陶瓷酒瓶，第一个想到的一定是锦晖。日益壮大的国内市场，让锦晖果断地淘汰了宜家这类低端产品订单，把生产比例控制在30%出口高端日用瓷和70%的高端酒瓶上去。就在锦晖专注于自己的酒瓶事业时，一个欧洲老牌陶瓷品牌向锦晖伸出了诱人的橄榄枝。

在德国，罗森塔尔是高级瓷器和餐具的代名词，是欧洲高档餐厅里的名贵瓷器中绝对少不了的身影。这个成立于1879年的老牌德国瓷器品牌，在全球金融危机的影响下，遭遇了前所未有的困境，它向全球四家陶瓷商抛出了橄榄枝，希望实力强大的同行能并购自己的企业，而锦晖陶瓷是唯一一家收到合作函的亚洲瓷器厂商。面对巨大的诱惑，张民回答得肯定而决绝："我们不熟悉当地的文化和法律，贸然进入绝非明智之举，锦晖只在熟悉的领域做熟悉的事，我们等待甚至创造每一次机会，但绝不冒险！"张民认为："在熟悉的领域做熟悉的事是锦晖成功之道。"

稳定、深思熟虑、绝不冲动，1951 年建厂，从重庆轻工业的五朵金花到震惊全球的陶瓷巨鳄，锦晖陶瓷像烧制每件瓷器一样，调整着自己窑炉的时间和温度，以应对风云巨变的市场。从陶瓷大师卢尚平手里的五粮液永福酱香酒瓶的沙金与浮雕技术，到工厂墙壁上写着"一分之差，优劣分家"、"不让不合格产品流入下道工序"的标语，再到那些因为记者肉眼几乎看不到瑕疵而砸成的成箱酒瓶碎片，一个接一个的细节，为它搭建了通向全球顶级瓷器的阶梯，也构筑了锦晖的陶瓷帝国。

2013~2014 年白酒行业进入调整期时，包装产业也在积极进行调整及转型。从 2013 年上半年对白酒包装产业链的持续采访中不难发现，越来越多的包转设计开始从过去一味追求高端向提升产品性价比转变。总经理张稷一接受访谈时表示："对于专业做酒瓶包装的锦晖陶瓷来说，对行业形势变化非常关心。在白酒行业发生一系列变化时，包装产业更要及时进行自我调整。2014 年将有更多的企业加大对中等价位产品的投入力度，中等价位或可成为白酒市场的一个增长亮点。"

中国白酒产业进入调整期，而与之相关的上下游产业链也不可避免地要迎来一场挑战。作为陶瓷包装的领导者，锦晖仔细研究白酒行业的发展形势，紧跟白酒产业调整而提出了自身的调整计划。

随着中等价位产品在今年的集中发力，白酒企业逐渐将重心转向这一价位。对于和白酒行业联系密切的包装产业来说，也要紧跟行业变化并积极做出调整。于是，为了适应这一市场变化，一直致力于做高端陶瓷酒瓶的锦晖陶瓷，2014 年将加大与中等产品的合作。这次调整也可以说是企业最近几年做得比较大的一次改革。

高端白酒市场的变化在给白酒行业带来了影响、给包装产业链带来了新的转折和机遇的同时，对包装产业也提出了新的要求。将简单、实用、成本低的新材料导入白酒包装也将越来越成为积极的尝试，可以量化的、成本较低的新材料、新工艺、性价比高的包装材质会逐渐成为锦晖及行业厂商的首选。包装企业也应积极探索新材料和新工艺带来的进步。在新材料和新工艺层面，还有一个值得重视的现象，就是包装的绿色化、环保化和低碳化，过度包装将会引起政府限制和社会关注。

面对这样的变化，锦晖陶瓷根据陶瓷这种独特的包装材质进行了思考：如何能在考虑包装成本基础的同时，为中等价位的产品设计出好的包装产品来？实际上，锦晖陶瓷早在 2011 年 6 月就开始进行技改试验。技改试验不仅降低了生产成本而大幅度提高了生产效率，还达到了"两升一降"的目的，即产品质量提升了，产能提升了，而产品价格却下降了。技改试验使得全自动化生产线得以投入使用并代替了手工作坊式的加工。

技改试验的成功，使得锦晖陶瓷不仅能够充分考虑厂商对包装设计、品质等方面的要求，同时还进一步考虑了厂商的包装成本问题。现在锦晖陶瓷有足够的能力生产更多的陶瓷酒瓶，同样在价格方面也有了较大的下降，能够为生产中等价位产品的企业接受，又能保证食品安全。

包装产业在多年的发展中，逐渐成为白酒行业不可或缺的相关产业链上的一个重要组成部分。面对白酒行业调整期的来临，包装产业也应思考整个产业下一步的发展方向。就像白酒产品的包装在多年间发生了变化一样，包装设计对于白酒行业的影响也在逐渐加深。现在一个白酒的产品包装不仅只有实用价值，好的产品包装更能体现产品特质、展现企业文化价值等，这些都是随着包转产业的发展而衍生出来的。

同样地，包装设计也不仅是简单地设计一个酒瓶、一个包装盒，更要求能为产品进行系统化的设计。能根据不同产品的价位、特性，针对产品的市场目标人群，设计研发适合某个阶段的产品。

锦晖陶瓷的研发团队设计不仅包括酒瓶本身，甚至包含酒瓶盖子、外包装盒等其他相关设计。与此同时，还能为中小型企业提供营销推广及培训，并提供更多的资源。例如，在每年糖酒会上，以举行酒企高层答谢晚宴等多种方式与客户搭建交流平台。

张稷一表示："做好酒瓶是我们的主业，但一直以来我们强调的是：我们卖的不是酒瓶，而是服务——做系统化包装解决服务商是锦晖陶瓷的企业宗旨。为客户提供系统的服务，才是锦晖陶瓷的价值所在。"

锦晖陶瓷一直信奉一句话："质量一定是产品的生命线。"为保证产品质量，锦晖陶瓷严格执行 ISO9001—2008 标准，并获得世界产品质量标准认证机构认证，还通过了美国加州标准和国际标准。锦晖陶瓷的多项专利技术也很好地保证了产品质量上乘且稳定。锦晖陶瓷还严把质量关，产品从原材料进场、设计到出厂，拥有一整套严格的生产过程控制、过程检验、人员培训制度。不让不合格的产品流出公司，保证大批量供货的质量合格性及质量稳定性。

同时，锦晖陶瓷拥有最顶尖水平的设计师和 100 余人的优秀研发团队，可以根据客户的构想设计出最适合客户的产品。一支高效、专业化的团队，严格的系统化服务体系，为客户进行设计开发、在线生产、产品销售的全过程服务。无论是产品的设计还是产品的生产，无论是酒瓶质量还是瓶形设计，锦晖陶瓷在每一个环节都彰显出专业价值。

张稷一给出一个例子："现在做大红瓷瓶的产品有很多，但可以自信地说，我们锦晖陶瓷做的红是国内颜色最正的，这就是一种竞争力。加上大批量生产产品时，能够保证每一个产品的质量稳定，利用先进技术解决渗漏、洒酒等问题，给酒瓶增加防伪功能等多项技术，都给锦晖陶瓷在包装产业中赢得了竞争力。"

当然，加大对中等价位产品包装的生产不仅是行业形势变化下锦晖陶瓷的被动迎战，更是因为在完成技改工程以后，无论是从产能还是技术上，锦晖陶瓷都已经具备了做中等价位产品的能力，因此，与其说这是被动选择，不如说是锦晖陶瓷的主动出击。

经营方针：让顾客满意是锦晖永恒的动力。

战略目标：做世界陶瓷企业　创国际知名品牌。

### 六、品牌和可持续发展关系

国际营销部经理介绍说："锦晖进行过两次改制，第一次是在 1997 年由原来的兆峰陶瓷改为华陶，2003 年又由华陶改为锦晖，而整个企业涉及出口业务，是在 1997 年主要为国外知名品牌酒店生产日用陶瓷。目前，锦晖主要生产酒瓶与日用瓷两大类陶瓷产品，在企业宣传方面主要还是做一些展会推广。外销方面，后期的规划主推日用陶瓷，还以美洲市场为主线，东南亚为辅线。品牌对企业生产产品的价格、销售以及可持续发展都至关重要，品牌要靠企业的诚信、质量去维护。品牌是国际业务开展的一个敲门砖，没有品牌也就没有了市场认可。"

生产管理部经理表示："生产主要是积极配合销售部门按时完成生产订单。

我从业至今将近 22 年都在锦晖工作，见证了锦晖的变革与发展。锦晖目前有员工 800 多名，其中一线生产人员将近有 600 名，其他均为行政后勤人员。最初，企业只生产茶具、餐具等日用陶瓷，从 2000 年开始进军陶瓷酒瓶市场，2012 年之前，陶瓷酒瓶市场基本上是供不应求，几乎每家酒瓶生产企业都有很好的效益，但也是从 2012 年开始，酒瓶市场严重萎缩，订单量急剧下降，企业销售额也逐渐下滑，使企业又不得不重新转至日用瓷生产的市场。公司以日用陶瓷起家，之后因为金融危机海外市场萎缩，转而开拓陶瓷酒瓶，将生产线全部铺开在陶瓷酒瓶生产上，逐步放弃了日用陶瓷的市场和品牌。最近几年整体环境不好，中央的'八项规定'严重影响高端消费品市场，导致陶瓷酒瓶市场产能过剩、各家比拼价格和开工率低，锦晖转而向日常陶瓷产品重新发展，但因为前期放弃了华陶这个品牌，现在要重新把品牌做起来，要花数倍的费用和时间，但效果不明显。"

质量管理部门经理表示："我主要负责现场质量控制、出厂检验与客户售后质量服务，在本企业工作 21 年，在锦晖基本都是在做与质量岗位相关的工作。企业重视品质，深刻认识到品牌是由质量来支撑，只有产品品质获得了客户的认可，企业才能可持续发展。锦晖这个品牌，在陶瓷酒瓶行业，客户还是比较认可的。企业在 2012 年前，主推销售陶瓷酒瓶，但后期受市场环境的影响，业务量有所下降。目前，锦晖也将一半的精力投放在日用瓷市场。对于日用瓷，质量与价格会直接影响到消费者的选择。在创新方面，双色釉的生产难度较高，而锦晖现已有 6 种颜色，远远领先于其他同行业。"

我们再看一个陶瓷行业通过品牌和互联网转型的成功案例。当下，互联网新技术和新常态转型期的机遇叠加，行业急剧洗牌，企业面临战略重新定位的思考，转型升级迫在眉睫。然而多年的品牌沉淀与血统并不能轻易改变和丢弃，如何逆势而上，通过转型升级在市场上立稳脚跟，扩大品牌知名度和影响力，这是每一个陶瓷企业需要思考的问题。

当众多企业面对严峻的市场形势一筹莫展，利用停线、停窑等方式勉强支撑的时候，QD 瓷砖上半年产品销量却增长了近 30%。QD 瓷砖建于 1992 年，原名樵东瓷砖，是蒙娜丽莎集团创始品牌，曾实现了建陶史上首次烧成瓷质印花砖的奇迹。然而历经 10 年发展，名字易于记忆、传播的蒙娜丽莎品牌一跃发展成为集团知名度、影响力最高的品牌，而身为老大哥的樵东瓷砖，因地域性太强，不易传播。此外，其市场定位、品牌形象和营销模式与当下的市场环境格格不入，更与集团的生产研发资源不相匹配。

经过蒙娜丽莎集团资源整合，樵东瓷砖于 2014 年正式更名为 QD 瓷砖，品牌定位往小而精的高端品牌方向发展，实现了第一次转型。蒙娜丽莎集团 QD 瓷砖品牌事务部总经理孙世权表示，当下促销已是常态，价格再低也不能解决本质问题，品牌要有自身的特色才能长远发展。QD 瓷砖转型后，更注重品牌建设和产品投入。品牌实力的打造和整体风格的转变，经销商反馈消除了过往风格、定位不清晰的困惑，也为客户端销售提供了更明确的方向。可见转型艰难，但还是成功的。关键就在于坚持! 上半年的数据正是一个有力的证明。

2015 年 6 月，QD 瓷砖实现第二次转型升级。从意大利米兰时装上受到启发，QD 瓷砖品牌定位从过去较为多变的时尚、简约风格转变为独具文化底蕴、可传承千年的新中式风格，既与蒙娜丽莎品牌艺术、西方的风格进行了错位，更为 QD 瓷砖的品牌推广提供了个性的优势与爆发点，为经销商带来了更大的信心。

作为率先转型升级的企业，品牌发展定然不会是坦途，很多企业会把问题归结于经销商。但在孙世权看来，品牌发展的关键，在于自身综合素质与造血功能。经销商的成长与发展离不开厂家的指导，厂家的规划指引决定了经销商的出路，一旦遇到问题，如果厂家无法及时引导、培养、帮助，就很容易导致经销商萎缩，这是市场法则。

对 QD 瓷砖而言，除了坚持在风格上与其他品牌形成差异，在经销商培训方面，也有自己的一套模式。孙世权表示:"QD 瓷砖背后依靠的是蒙娜丽莎集团强大、完善的营销策划团队，针对不同层次、不同阶段的经销商所举办的终端营销活动，公司会专门派遣专业的营销策划人员到现场进行辅助、指导，为其提供切实可行的方案、信息帮助。此外，公司还会根据经销商的状况，有针对性地主动举办各种培训、黄埔军校学习活动等。市场形势不好，生意难做，经销商就容易胡思乱想。我们在终端销售上给经销商实际操作引导的同时，要不断激发经销商对市场的热情，避免松懈!"孙世权还强调，"越是在艰难的时候，企业就越要坚持，越要主动。坚持以人为本，全方位凝聚品牌力量"。

品牌转型相当于品牌再造，基础建设是关键。孙世权表示:"QD 瓷砖非常注重自身内功修炼，体现在以下四个方面:一是与优秀团队合作的同时，积极主动吸收经验;二是通过融合同行、顶级时装秀等各界创新元素，打造极具特色的新中式产品；三是通过全方位、多渠道进行品牌宣传推广；四是通过内部员工培训、野外活动等形式，提升团队素质，加强团队凝聚力。"

当下，很多企业都会用裁员、切掉产品线等常规营销手段节省成本，来逃脱优胜劣汰的命运，这并不是最好的办法。越是困难，我们就越要抢先抓住机会，把团队做好，把品牌基础做好，把招商宣传做好，等形势好转时，我们已快人一步。团队是企业发展的核心关键。陶瓷行业终究还是要靠人来做，没有团队，绝对不行。孙世权继续强调："只有团队成员之间同心协力，共克时艰，才能让品牌保持稳定增长。"

品牌发展布局，内功修炼必不可缺，但同时借助媒体、平台等外力宣传造势，是明智的选择。孙世权透露，"QD瓷砖计划在机场、高速公路、传统媒体等加大宣传推广力度，再者就是借助佛山陶博会这个客户质量与蒙娜丽莎集团发展相匹配、极具影响力的平台，进行新品展示与推广，进一步扩大影响。只有在夯实内功的同时，整合各方资源，全方位凝聚品牌力量，铆足劲向前冲，才能实现自我突破和发展。品牌转型要有壮士断腕的决心，不走寻常路，才能实现颠覆"。①

### 七、理论框架的论证和补充

重庆锦晖案例表明，内外部因素影响企业对品牌的投入和价值，品牌也影响企业可持续发展。缺乏品牌支撑，企业需要时刻调整业务来应对市场变化。影响企业品牌的因素有管理层意识、客户品牌关注度和价格敏感度（见图5-5）。案例访谈中发现，大部分被访谈者还停留在产品观念、推销观念上，认为产品品质好、品种创新是市场制胜的法宝；有部分人认为做品牌就必须有巨大资金投入；也有人认为只要把产品销售出去就是最大的成功，产品销售出去有利润了就等于是做品牌了。在越来越激烈的市场竞争中，企业为降低成本减少品牌投入，只有靠频繁的促销、降价和打价格战来参与竞争，形成恶性循环。因此，企业管理层缺乏品牌管理意识、品牌战略管理组织体系和专业化品牌战略管理人员，这往往会导致企业品牌影响力减弱。品牌关注度是指社会民众对某个品牌的关注程度，也是指眼前对品牌追求的状态和热度。陶瓷是一种低关注度的日用品和装饰品，一套陶瓷可以使用多年，它也不是日常生活消费品。假如你不买房子不装修，你

---

① 资料来源：陶瓷网。

就不会关心陶瓷产品，不会关心陶瓷的品牌、品质和功用。相对来讲，陶瓷是一种品牌关注度和品牌认知度低的产品。陶瓷品牌众多而集中度低，品牌关注度、品牌认知度也低。陶瓷品牌影响力不仅取决于产品的基本质量与相应的售前售后服务，还与当地经销商的营销能力、品牌推广力度、消费者的口碑等许多地域因素密切相关。另外，在经济学理论中，价格敏感度（Price Sensitive）表示为顾客需求弹性函数，即由于价格变动引起的产品需求量的变化。消费者对某一品牌越忠诚，对这种产品的价格敏感度越低，因为在这种情况下，品牌是消费者购买的决定因素。消费者往往认为，高档知名品牌应当收取高价，高档是身份和地位的象征，并且有更高的产品质量和服务质量。品牌定位将直接影响消费者对产品价格的预期和感知。品牌影响因素有质量、客户、市场和诚信。相关的分析已经包含在之前的案例中。

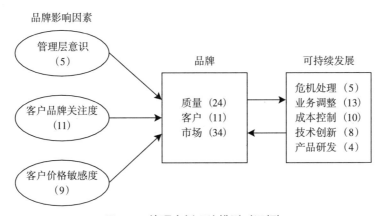

**图 5-5　锦晖案例理论模型（词频）**

资料来源：笔者整理。

除了品牌，影响可持续发展的因素还有危机处理、业务调整、成本控制、技术创新和产品研发。在市场经济的波动浪潮中，企业危机在所难免，如果危机处理不当，就会使企业多年辛苦建立起来的良好形象化为乌有，成功的危机处理不仅能将企业面临的危机化解，而且还能够通过危机处理过程中的种种措施增加对企业的了解，并利用这种机会重塑企业的良好形象，更好地促进企业可持续发展。在本案例中，张民反复强调，在 2008 年前过度依赖海外市场和日用品陶瓷让他意识到危机感，企业需要多元化业务和产品，锦晖及时把产品适当向高端白酒瓶调整，在众多企业陷入困境时，危机感挽救了企业。为适应战略部署及未来快速发展的需要，应对市场和竞争环境变化，企业需要及时调整业务结构，从产品驱动、部门驱动变为客户驱动、市场驱动。为调整业务结构产业升级，除了研发产品开拓新市场外，企业还要制定制度流程、人才培养等工作，以便更好地为客户提供服务。与其坐以待毙，不如主动出击，锦晖迅速调整生产结构，借着舍得酒与红花郎成功的东风，加快了寻找国内高端酒商的步伐，在金融危机中让企业得以存活下来。合理的成本控制决定了企业是否能够灵活地应对市场潜在风险，在市场低迷时，企业通过价格竞争求生存，有效的成本控制让企业在价格制定过程中拥有更多的应对措施，实现了企业经营决策的有效性，在经济不景气时获得可持续发展的机会。企业需要通过控制成本，提高质量，稳扎稳打地在激烈的市场竞争中生存的同时，去做更多有效性的投入。提高企业技术创新能力，要充分利用政府引导和市场调节的作用，企业掌握自主知识产权、创造自主品牌、提升核心竞争力，开拓创新发展之路。

案例中发现，锦晖陶瓷早在 2011 年 6 月就开始进行技改试验。技改试验不仅降低了生产成本，而且大幅度提高了生产效率，还达到了"两升一降"的目的，即产品质量提升了，产能提升了，而产品价格下降了。

最后，高附加值，往往不是高在技术上，而是高在产品设计上，满足客户基本需求，提高客户体验和生活质量，是产品实现其价值的必由之路。案例中我们认识到，锦晖每年的研究与开发投入都超过公司销售收入的 3%，远远高于全国平均水平，获得有关陶瓷开发和生产工艺的发明专利就有 8 项，成为全国陶瓷行业技术创新和产品开发的佼佼者。在陶瓷行业里，客户买的就是产品设计和使用体验。

# 第五节　浙江万能弹簧机械有限公司

浙江万能弹簧机械有限公司（以下简称万能）是笔者朋友的企业。为保证访谈质量，笔者特意邀请 EDBA 同学 Jack Woo 执行访谈并帮忙记录和整理本案例访谈内容。以下内容主要是笔者和 Jack Woo 共同商议和整理访谈内容的结果。

万能的企业观察和访谈于 2015 年 9 月 19 日执行，访谈前笔者和 Jack Woo

共同制定访谈大纲并商议好需要收集的数据。同时，笔者也提前通过金苗兴（企业创始人和负责人）通知各被访谈人员学术研究访谈的目的和要求，并保证不涉及考核和企业机密，希望大家充分发表观点。访谈以工作坊形式进行，为保障被访谈人员有足够的自由发表意见，工作坊通过轻松交流和鼓励发言方式进行，确保被访谈人员在没有压力和顾虑的自然条件下，充分表述想法和观点。访谈人员基本上是中层以上干部，并在个案企业有超过 6 年以上的工作经验。

表 5-5　万能企业受访者个人信息一览

| 姓名 | 学历/专业 | 工作年限（年） | 本企业工龄（年） | 部门/职位 |
|------|-----------|----------------|------------------|-----------|
| 金苗兴 | 本科/经济管理 | 37 | 23 | 董事长、总经理 |
| 邢剑波 | 大专/机械 | 35 | 8 | 销售部副经理 |
| 吴良惠 | 高中 | 30 | 18 | 生产部副总经理 |
| 俞唯锋 | 高中 | 19 | 9 | 生产部车间主任 |
| 王灵平 | 本科 | 32 | 23 | 高级顾问 |

资料来源：笔者整理。

## 一、中国弹簧机械制造市场分析

弹簧机械的制造是技术工种，也是设计工种。数控弹簧机分多种，有电脑机、扭簧机、压簧机、拉簧机、打扣机，还有一些国内的传统机械也有数控系统。目前国内先进的数控弹簧机大部分都是中国台湾造的。弹簧机械用途非常广泛，如电子、医疗、汽车、机械、玩具、家电等弹簧都要用到弹簧机械。在 2000~2012 年弹簧机械行业利润曾是暴利。如今因为业内竞争激烈利润有所下降，但其利润也远高于其他行业，且随着国内经济慢慢向国际接轨，各行各业都迅猛发展的同时，虽然宏观经济有下行压力，弹簧机械行业前景仍然非常乐观，目前对弹簧机械产品需求市场依然巨大。

### （一）弹簧机械制造业的发展状况

从当前中国制造业发展情况整体来看，制造业始终保持良好的发展态势，并且具有比较牢固的基础和抗冲击能力。即使受国际金融危机的影响和冲击，由于国家迅速颁布实施了《汽车产业调整和振兴规划》、《装备制造业调整和振兴规划》和一系列重大政策措施，中国制造业不但有效遏制了产业持续下滑势头，而且率先实现了恢复性增长。2009 年，全年总产值首次跃上 10 万亿元的新台阶，达到了 10.75 万亿元，比 2008 年增长了 16.07%，高出全国工业平均增速 2.8 个百分点。主要产品产量创下历史最好水平，其中汽车产销量双双突破千万辆大关，达到 1379 万辆和 1364 万辆，分别增长 48% 和 46%。进入 2010 年以来，中国制造业在后国际金融危机时期，继续保持稳定、协调、较快的发展态势。

### (二) 弹簧机械制造业技术水平

近十年来，随着科学技术的迅速发展和制造环境的变化，尤其是以计算机和信息技术为代表的高技术的广泛应用，为当代制造业的革命提供了众多的手段，正在使制造业的生产技术、生产方式、生产规模发生重大转变，高技术与传统制造技术相结合而形成的先进制造技术也引起了各国的高度重视。

中国弹簧机械制造业的综合技术水平近几年有了大幅度提高，企业通过引进技术的消化吸收、技术改造、工艺突破口和全面质量管理等工作的深入开展，使制造技术水平有了较大提高，一些先进的制造技术在生产中得到应用和普及，一大批重点骨干企业在关键工序增加了先进、精密、高效的关键程序。但与工业发达国家相比，仍存在阶段性的差距。

目前弹簧机械的制造技术来源大部分依赖国外技术，而自主开发的科技成果形成产业的较少。中国制造技术落后除了历史的原因以外，其他主要原因是：技术开发能力和技术创新能力薄弱，发展后劲不足；对引进技术的消化吸收仍停留在掌握已有技术、实现国产化的低层次上，没有上升到形成产品自主开发能力和技术创新能力的高度；技术开发经费不足；缺乏将科技成果转化为现实生产力的有效、健全的机制，作为其中最关键环节的企业没有真正成为开发的主体。还应看到，社会在注重以信息技术、生物工程、新材料、通信生产为代表的高技术发展的同时，对制造技术在整个国民经济建设和整个科技开发体系中的地位认识不足。

振兴弹簧机械制造业，必须建立起完整的、高效的工业科学技术研究开发体系，大力发展和推广应用先进制造技术。工业科技研究开发体系以企业为主，具体地说就是要以大中型企业和企业集团的技术开发机构为主体。大中型企业和企业集团的技术开发机构是企业的有机组成部分，与企业的生存与发展有着天然的内在联系，与企业的经济利益息息相关、兴衰与共，它既是企业科技行为的主要载体，也是企业长远发展的技术支撑。以企业为主体的工业科学技术研究开发体系，同时包容着一批政府部门的研究开发机构和高等院校的一部分研究开发力量，它们以企业的发展目标和经济利益为导向，分工协作，形成合力，共同作用于企业技术创新的全过程。

### （三）弹簧机械制造业的生产环境

在调查中发现，众多有广阔市场前途的新技术、新发明，由于缺乏相应水平的机械加工、模具生产、熟练技术工人等，它们在转化为商品的过程中总是遇到很大的阻力，常常形不成产业化。

企业生产环境的状况决定了其生产水平，因此，制造业只有努力改善生产环境，提高生产水平，才能保证产品质量，增强竞争力。企业职工教育要与劳动人事制度同步配套，建立企业内部强制性的岗位培训制度，提高职工的素质，同时加强激励机制的力度，对技术人才和技术工人给予必要的重视和物质奖励。

### （四）弹簧机械制造业存在的主要问题

虽然我国制造业已经有了很大的发展，但机械制造业仍存在以下几个问题：

1. *存在着许多技术"黑洞"*

业内人士认为，我国机械行业存在一个巨大的技术"黑洞"，最突出的表现是对外技术依存度高。近几年来，中国每年用于固定资产的上万亿元设备投资中，60%以上是引进的。作为窗口的国家高新技术产业开发区，也有57%的技术源自国外。业内人士认为"中国弹簧机械与德国制造相比至少有十年的差距"。主要是原材料、精密制造和质量稳定性的差距。虽然中国制造比德国制造弹簧机械采购成本低很多，但为满足整车厂的质量要求，国内弹簧企业不得不采购国外弹簧机械。

2. *创新和研发不足*

国家扶持的支点偏离产权激励制度是创新和研发产品的重要保障。国有企业对创新人才的产权激励基本上没有实行。一方面创新成果的知识产权没有得到有效的保护，另一方面创新者的贡献没有得到产权确认。企业研发的技术和产品，要么被国家无偿拿走，要么被其他的企业无偿抄袭。民营企业由于资金短缺、融资难，无法投入足够的资金和资源做产品研发和技术创新。[①]

---

① 资料来源：中国产业信息网。

## 二、公司历史和运营情况介绍

浙江万能弹簧机械有限公司位于闻名于世的越剧之乡、领带之乡……浙江嵊州市经济开发区，是一家专业生产电脑弹簧机械及配套产品设备的国家高新技术企业，是中国弹簧机械标准起草单位、中国机械通用零部件工业协会弹簧分会理事单位，企业率先通过 ISO9001—2000 质量管理体系认证。

公司现有省级高新技术企业研发中心，主要从事弹簧机械的新产品、新技术的科研和开发工作。公司占地面积 33000 平方米，现有员工 200 多人，其中高级工程师 5 人，工程师 10 人，专业工程技术人员 30 人，可根据用户要求设计制造各种规格的通用和专用电脑数控弹簧机械等设备。

企业精神：团结拼搏、开拓进取、求实创新、精益求精。

企业目标：致力于打造中国电脑数控弹簧机械第一品牌，创建国内一流企业。

经营方针：以质量为生命、以科技为龙头、以顾客满意为宗旨。

企业荣誉：2007 年 9 月，荣获浙江省高新技术企业称号，2011 年 9 月，荣获国家高新技术企业称号至今；2008 年 6 月，TK–320 荣获浙江省高新技术产品证书。2009 年 12 月，TK–5160 荣获中国机械通用零部件工业协会优秀产品奖；2008 年 11 月、2011 年 8 月两次荣获国家火炬计划项目证书；2008 年 12 月，荣获绍兴市著名商标；2014 年 11 月，荣获绍兴市名牌产品；2014 年 12 月，荣获浙江省名牌产品；2015 年 1 月，荣获浙江省著名商标；2014 年 10 月，TS–20 高精度数控异形弹簧制造成套设备获国家科学技术部的"国家重点新产品证书"；2014 年 12 月，荣获浙江省科技型中小企业；2016 年 2 月，设立了"浙江省博士后工作站"；2016 年 3 月，荣获 2015 年浙江省装备制造重点领域省内首台（套）产品证书；2016 年 8 月，荣获嵊州市 2016 年市长质量奖；2014 年 2 月、2017 年 2 月两次获嵊州市成长型企业三十优荣誉。

公司质量方针：质量第一，用户至上，一流的生产设备，一流的品质保证。公司通过了 GB、T19001—2008、ISO9001—2008 质量管理体系认证，并获得了欧洲 CE 安全认证。

质量是企业的生命，公司不断完善各种生产及检测制度，从原料进厂、产品设计开发、生产到产品出厂等过程进行全面控制，坚持自检、互检、抽检三检制度，每台产品出厂之前均进行模拟负荷试验，确保产品质量的稳定。

经营理念：诚信、负责、力创品牌。

客户服务：

（1）公司为了保证设备正常运转，设有一支专业的售后服务队伍，负责指导现场安装调试工作，实行终身跟踪服务。

（2）公司为用户免费培训操作人员，无偿向用户提供技术咨询、技术培训、解答产品相关的问题。

（3）在接到用户关于产品质量的信息（来电、信函）后，及时解决其生产过程中设备出现的难题，保证设备正常运转。

（4）公司为用户建立售后服务档案，定期进行用户访问。

（5）为了使设备运行更为稳定，请用户操作人员认真填写设备运行记录，按操作说明书进行操作、维护、保养。

（6）公司牢固树立用户就是上帝、一切为用户着想的思想，及时、认真、讲究信誉，确保用户满意。

（7）公司对设备质量问题按合同约定实行"三包"。

### 三、公司的关键发展历程

1993 年成立嵊县万能弹簧机械厂，是一家民营企业，于 2001 年更名为嵊州万能弹簧机械有限公司，2007 年再更名为浙江万能弹簧机械有限公司。公司在 1993 年厂房占地面积只有 1000 平方米，2003 年厂房占地面积扩展至 15000 平方米。目前厂房占地面积 33000 平方米。企业创始人利用自有资本白手起家，通过自身努力和对弹簧机械的热爱，获得了客户认可和品牌口碑，经历 23 年，营业规模已经达到目前 1.1 亿元的年度销售总量。

经过 20 多年的艰苦创业，企业规模日益壮大，目前，拥有电脑数控卷簧机、电脑数控十二轴无凸轮转线机、线材成型智能机器人、电脑数控回火炉、电脑数控磨簧机等五大系列 40 多个品种。产品已获国家发明专利 8 项，实用新型专利 32 项。浙江万能"WNJ"品牌已成为国内外弹簧机械行业知名品牌。连续三年获中国零部件协会优秀新产品奖，产品已获国家专利，成为省内第一、全国领先、规格品种齐全的电脑数控弹簧机械的龙头企业，产品销往全国各地，远销东南亚、欧美等国家和地区。国内销售主要是以汽车行业零部件为主，同时也会涉及玩具、工艺品、日常用品等行业；当然，为汽车行业、高铁相关的企业配套，也是万能日后的发展方向。

目前，公司生产的 1/3 产品销售至东南亚、印度、俄罗斯等国家和地区；2/3 销售至国内浙江、广东、江苏、河北等省份。万能的产品相对性价比较高，客户对万能产品的品牌较为认可。近年来，由于市场环境的不稳定，国内形势相对严峻，国际形势反而乐观。企业迄今为止，前三年产品基本上都是处于零库存状态，甚至供不应求。2014 年由于受市场大环境的影响，稍有些库存。汽车行业是一个非常大的市场，在未来三年，企业将通过转型升级，将低端落后的传统产品转化为尖端高科技产品，也会通过专业的行业分析预测，更专注于汽车行业市场。

为客户提供物美价廉的高性能产品，是万能的宗旨，只有物美价廉的产品才能使客户驻足。相比而言，德国厂家的产品价格较高，台湾地区厂家服务不及时，而万能成功地占领了价格与服务的优势。依目前国内弹簧机械行业企业的发展状况来看，无论是生产能力，产品质量、销售量，还是市场影响力，万能绝对是名列前茅。企业在逐步发展过程中，品牌建设也在同步进行。

## 四、企业品牌建设内涵和发展路径

万能 1993 年从机械发展到数控智能化，将机器组合自动化，达到无人化，产品经过多次检测、验收，符合行业标准。

万能品牌（WNJ）是中国弹簧机械知名品牌之首。万能在国内外品牌建设计划和投入方面情况如下：

（1）阿里巴巴网站建设，建立国际网站，设立国际经销商，与外商建立商贸关系，投入资金 50 万元，涉及欧洲、东南亚国家。

（2）阿里巴巴中国站及百度搜索，投入资金 30 万元。

2013 年产值 1100 万美元，2015 年 1600 万美元，不管在国际还是国内都有了品牌的影响力，销售额每年都在提升。

（3）广告费的投入每年 120 万元（国内展会、杂志书刊、网站、广告等）。

加强产品宣传力度的投入，通过不断的努力，获浙江省著名商标、名牌产品等称号。在国内品牌中，弹簧行业界品牌知晓率达到 90% 以上，在国外品牌建设逐步开展。如国际相关展销会，国际代理商，开展自主品牌建设 WNJ 国际网络推广。

公司目前在品牌建设方面的现状为：

（1）企业品牌国际化是主要的发展方向。

（2）大力开发及研究应用国际弹簧机械行业顶尖技术。

（3）高度重视反垄断多种经营抄袭。

（4）品牌标准化是企业品牌实践的唯一正确道路。

（5）避免市场成为品牌的实验室。

（6）建立科学的品牌组织，统一品牌发展重任。

当问起企业创始人如何理解品牌竞争力、有什么影响因素时，金苗兴这样回答："品牌竞争力是企业核心竞争力的外在表现，有不可替代的差异化能力，是企业所独具的能力，是竞争对手不易甚至无法模仿的，它具有使企业持续盈利的能力，更具有获得超额利润的品牌溢价能力。强势品牌竞争力，有更高的认知品质，企业的品牌产品可比竞争中卖更高的价格，获取超额利润，这就是品牌的溢价功能。强势品牌具有高知晓的忠诚度，统领企业其他所有竞争力，是处在核心地位上的能力，是企业长期积淀下来的能力，深深地扎根于企业之中。有持续性和非偶然性的特点，具有延展力，使企业得以扩展，有构建和竞争壁垒的能力。"

那万能是如何提高品牌竞争力的呢？

（1）产品在市场上的占有率不断提高，产品品质不断提高，机器人性化。

（2）销售模式的优化。

（3）售后服务跟进（省内 8 小时以内，省外 24 小时以内）。

企业哪方面做得好？哪方面还需要加强？

企业各方面做得都比较好，一直坚持"没有最好，只有更好"的原则。每年巩固老产品，开发新产品，使企业平稳持续发展。需要加强的地方：自身内部管理能力需不断地提升，在企业形象方面，员工岗位责任制要更加落实，销售、售后业务水平需要不断提升。

WNJ 用高品质、高性能、高科技含量的产品打造自己的品牌，与客户建立长久的战略合作关系。尤其在国内，物美价廉的产品颇受客户的青睐，而万能深知客户的需求，成功地利用市场的优势来开展产品的产销。未来，企业将研发设备GPS 定位追踪服务，在客户使用设备的过程中出现任何问题，无须客户反馈，企业售后技术人员将第一时间远程控制或赶赴现场，帮助客户更快速便捷地解决售后服务问题。

当问起企业的营销策略时，销售部经理表述："企业目前有七名销售人员，其中四人在处理外贸业务。另外，企业在全国各地设立的网点，包括重庆、江苏、京津地区，以后产业链将延伸至广东地区；国外，在印度、韩国、土耳其等国家设有代理。采用销售一体化模式，这不但为客户提供了便捷的服务，也为企业宣传奠定了基础。"弹簧机械是机械行业锻压的一个小分支，而万能则专注于弹簧机械的生产研发。企业随时了解客户的需求，以点带面，利用大型客户的资源，间接地去推广，带动企业品牌的发展，从而占领更大的市场。

销售部经理认为："企业较为重视人才的培养及引进，一个企业只有人力资源稳定，才能带动企业更好地可持续发展。万能企业品牌的建设经历了一个较长的过程，从最初的注重性能、品质，到服务，再到后来的企业网站建设。优胜劣汰的市场竞争，在抵制垄断的同时，也使企业成长进步。企业通过与各大网站（百度、阿里巴巴等）建立合作关系，参加国内外各地行业大型展会，宣传企业的产品，提高企业品牌的知名度。企业每年在国内外展销会、杂志书刊等方面的投入将近 120 万元，新品开发的投入占 5% 以上，新品的开发投入，给企业的发展带来了显著的效益。目前，万能在国内机械行业市场，知名度已经达到 90% 以上，现在正在加强网络推广，逐步打造国际品牌。"

客户的满意是万能最大的追求，企业摒弃传统的销售模式，以创新与服务去带动销售，占领市场。国内各售后服务网点（重庆、江苏、北京）的设立，为客户的售后服务带来了极大的便捷。企业 2013 年产值达到 1100 万美元，2015 年 1600 万美元，2016 年还在持续递增，不管是国际还是国内，万能的品牌都已具有一定的知名度。

分管生产的副总经理认为："品牌相对而言也有行业局限性，机械行业产品不同于日用品行业，日用品可通过电视广告，媒体等多种形式进行品牌宣传。而在机械行业，客户则需要亲自实地考察，以及通过同行业良好的口碑，较高知名度对供应商和产品进行选择。行业虽然有局限性，但是企业目前面对的客户面还是较广的，有汽车行业的高端客户，也有其他行业的中小型客户，企业在发展过程中，必须去适应各类客户的生产技术要求。在从传统机械转型至数控过程中，企业高层一再强调企业必须要做到国内甚至国际弹簧机第一品牌，依企业现在的发展状况来看，目标在不断地接近。目前，国内汽车行业客户基本上都用上了万能的产品，万能也因此而感到自豪。万能之所以有这样的能力，与最初产品的定位和原材料零部件供应商的选择有着莫大的关系。从原料到成品，企业不敢有丝毫懈怠，严控生产质量，争取让客户满意。"

企业以培训等多种方式，让一线员工了解、认识每个零部件的性能，以至于生产出更优质的产品。企业发展至今，高层管理人员流动率几乎为零，车间一线员工多数为本地员工，流动率情况也基本良好。信誉谋发展，质量求生存，企业较为重视产品品质与服务，良好的产品品质与及时的服务才能打造企业良好的品牌。

车间主任认为："产品的质量对于企业的品牌至关重要。生产部主要是控制好正确的生产工艺流程，加强内部管理，对客户提出的意见积极改善。首先抓质量，其次再求产量，保证产品的品质与交货的及时性。同时，企业通过培训，提高员工质量意识，从而保证产品质量的稳定，为企业产品的销售奠定了良好的基础。"

笔者认为，品牌是知名度、美誉度、信誉度和忠诚度的统一体，它能给消费者带来超值的使用价值和物质享受。通常，在消费者的心目中，品牌不仅代表着产品的质量，还是一种享受、地位的象征。如使用法国的香奈尔香水，让人感到富有魅力，驾驶奔驰汽车使人感到尊贵豪华。正因如此，此类行业的品牌吸引了消费者忠诚的追随。但品牌在具有竞争性、比较性与利益性的同时，也具有行业性和局限性。如机械以及制造零部件这类行业的产品，不与消费者直接接触，也无法通过广告媒体等多种方式进行宣传，因此，就无法为消费者创造品牌价值体验。制造行业只有通过提升产品品质与性能，用原材料以及零部件的品牌去带动提升主机的品牌，企业才能更好地发展品牌。

### 五、企业持续经营的核心理念

金苗兴认为："诚信是万能的立身之本，企业近年来都在稳步发展，只有走出去引进来，企业才能更好地可持续发展。企业每年新产品开发费用的投入是产值的5%以上。新产品的投入帮助万能产品销量节节上升，从1993年的300万元达到目前的（2015年）1.3亿元。目前公司可持续经营面对的挑战主要是研发能力的提升，提高技术人员的开发能力、技术水平及团队合作。企业采取的措施包括与厦门大学校企合作，研发电脑数控卷簧机的软件开发，提高自身品牌建设。"

当问起企业如何理解企业可持续发展能力时，金苗兴认为："首先对老产品的巩固优化，创新成为规范化行业标准化的生产企业。其次根据市场需求，用户不同，开发一些与国际市场接轨的新产品，提升产品档次，提高企业知名度和品牌建设。"

分管生产的副总经理认为："企业的可持续发展与产品合理的价格、优越的服务以及与客户建立长期的合作关系密不可分。企业更是以"没有最好，只有更好"的原则去要求企业的每一名员工，在练好内功的同时，也要向国外先进技术学习。提升企业，需从提升员工开始，包括员工的培训。企业不定期组织员工在业余时间进行基础知识培训、机械方面的精加工以及装配技能培训，提高员工技能。在产品开发方面，在原有的产品质量服务的前提下，去开发新的产品，适应市场环境的发展，满足高端客户的需求。同时，企业也在不断地进行自主创新，提升内部管理，提高业务、技术水平，利用产学研（目前已与厦门大学校企合作，研究电脑数控卷簧机的软件开发）等多种形式，去研究设计新产品。不管是销售，还是宣传，机械产品都不同于日用品，机械产品必须要有高质量、好口碑，才能立足于行业市场。"

笔者认为，企业的产品价格定价，一方面与国内外市场大环境有关；另一方面是在产品合理的定价基础上，企业为了宣传品牌、扩大商品销路、达到市场占有率，通过降低生产、销售以及采购成本，以产品的价格优势吸引顾客，实现企业的经营目标和营利目的。

金苗兴表示："由于受金融危机影响，弹簧机械生产经营出现了一定困难，订单更是大幅度减少。订单减少了，员工心里有些打鼓，没有了安全感。由于公司是计件工资，工人们也担心没有活干而减少收入。但万能没有裁员，没有减薪，大家都非常感动，干起活来也更有劲了，原来想辞职的一些技术骨干也打消了这一念头。这一段时间，董事长、总经理经常来到一线车间，为员工们鼓劲。而且表示现在公司有困难，希望大家吃点苦，加快新产品的研发，团结起来帮助公司走出低谷，公司会善待大家的。当困难来临，裁员或许是最简单的办法，但公司领导层却一致发出了这样的感慨。公司变减员增效为稳员增效，工人没有裁减，工资分毫不少，全厂职工的情绪十分稳定。为了减少国外市场大萧条带来的负面影响，公司发挥产品综合性优势，加快产品的研发，提高技术含量，在市场上取得主动，增强了产品竞争力。进一步提高企业内部管理，请来专家制定生产规范流程，先后通过了国内外质量测试认证。同时，大力开拓市场，拿到大批国外订单，最终与金融危机前的最高月产量持平。"

### 六、品牌和可持续发展关系

品牌建设的提高关系到用户信任度的提高、市场占有率的提升，产品做到人无我有，人有我优，企业经营走向高端化市场，也可以说与同行业中产品差异化道路，对企业可持续发展有着重要的意义。

企业如何建设创新能力？企业通过培训学习，用走出去请进来的方式让员工与相关研究人员共同合作，研发能力不断提升。由技术部门与其他部门分工合作，包括设计、制造、装配、调试及建立核心团队，发挥每个人的主观能动性。

信息技术在创新中扮演了什么角色？企业认为，未来将投入大量数据物联网GPS的控制，以互联网＋的形式去反馈机器的信息，了解客户设备正常运行情况。例如：客户在使用机器过程中在公司能直接反映问题，公司直接与客户联系，并给予意见和措施，这是未来的方向，以最快的速度、最短的时间来保证客户的正常生产和运行。

企业高级顾问认为："以目前的形势来看，人才、诚信、质量是企业最重要的。2015 年 7 月浙江省科技厅批复：万能与厦门大学产学研的合作，打开了万能自主创新模式的大门。在管理方面，企业在引进适合企业发展的人才，帮助企业更好地可持续发展；在生产方面，企业在质量的基础上追求效益，与 2014 年相比，虽然今年销量有所下滑，但今年企业更注重质量的把控与新产品的研发；在质量方面，从精加工开始，控制每一道工序的质量，没有产量要求的情况是提高一线生产人员质量意识最佳的时期，这也是提高企业核心竞争力的基础。企业产品后期的发展方向，是争取让国内汽车行业的客户不再依赖进口，认可万能的产品，认可万能的品牌。"

笔者认为，随着经济和社会的进步，企业不仅要对盈利负责、对环境负责，更要为企业的员工负责，这不仅是企业的法律责任，更是企业的社会责任。只有认真落实法律责任与社会责任，为企业树立良好的声誉和形象，才能提升公司的品牌形象，更容易地吸引企业所需的能帮助企业发展的优秀人才，并且留住人才。

### 七、理论框架的论证和补充

本案例发现，品牌和企业可持续发展是相互影响的，它们之间的调节因素是品牌知名度和品牌竞争力。机械制造业品牌的影响因素有机械质量、售后服务、技术能力、客户细分、市场分类、产品交付和科技创新（见图 5-6）。影响企业可持续发展的有社会责任、人才储备、企业诚信、员工稳定性、技能提升以及研发能力。影响品牌知名度的有市场口碑和展会宣传能力。影响品牌竞争力的有市场份额和客户满意度。其他相关影响因素在前面案例中已经有详细分析了，这里主要是分析售后服务对机械制造企业的品牌建设的影响。工程机械的售后服务并不是简单的维修与服务，其内容涉及产品销售之后的质量保证、维修服务、零部件供应、技术咨询及指导、维修技术培训、市场信息反馈等一系列内容，是工程机械生产企业、销售代理企业以及客户之间沟通与交流的纽带，是一个工程机械品牌形象能否获得市场认可的关键性因素。

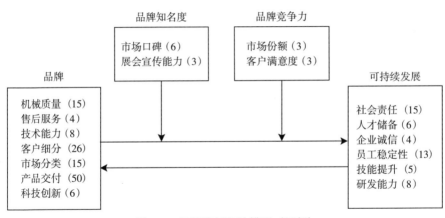

图 5-6　万能案例理论模型（词频）

资料来源：笔者整理。

虽然我国的工程机械行业起步并不晚，但售后服务理念的确立却是改革开放之后的事情。在计划经济时代，工程机械的购买者和使用者一般都为国有企业或机关，这些企业及机关拥有完善的维修、服务条件及设备，因而售后的维修、服务并不需要生产企业来考虑。随着改革开放政策的不断深入，我国经济发展的步伐不断加快，各种类型的工程建设如火如荼，为工程机械行业带来了巨大的发展契机。市场经济的发展同时也给了更多人发展的机会，原来只有国有企业或机关单位才可能拥有及使用的工程机械逐渐平民化，成为了各种建设项目中普遍使用的劳动工具。与此同时，工程机械的所有者结构也在发生着巨大变化，各种类型的企业及自然人都可能成为工程机械的使用者及所有者。在这些工程机械的使用者及所有者中并不是都具备工程机械的维修、服务能力，加之各种品牌之间的竞争日趋激烈，即使有维修、服务能力的所有者也不愿意亲自去维修这些设备了，因此在市场经济环境下，产品的售后服务与维修是产品生产企业必须为客户提供的服务。

目前正是中国工程机械行业飞速发展的关键时刻，各品牌间的竞争越来越激烈，竞争中需要每一个参与竞争的品牌都必须确立自己在某一方面或多方面的核心竞争力，否则很容易在竞争中被淘汰掉。工程机械的售后服务逐渐成了每一个品牌不得不关注的热点，因为它直接关系到一个产品品牌形象的确立，关系到一个企业的生存与发展。与此同时，几乎每一个品牌都发出了这样的感叹，那就是：售后服务难做，客户的要求越来越细、越来越高、越来越多。

因为缺少了售后服务所销售的产品就不是一个完整的产品，一个不完整的产品在市场上是没有任何出路的。笔者从事制造行业，一直关注售后服务甚至整个售后市场，做好售后服务就是满足用户购买产品后在维修、服务方面的需求。在这里客户的需求是其中的关键因素，及时地了解和把握客户的需求是我们做好工程机械售后服务工作的基础。

收集客户意见与建议，是用以提高产品质量的有效手段，每为客户解决一个问题，自身也就得到了相应的提高；每增加一个满意客户，产品的市场基础就更加稳固。也就是说，在整个工程机械售后服务工作中最终受益的不仅是客户，也包括生产企业及代理商。良好的售后服务工作在切实解决用户问题的同时，缩短了生产企业及代理企业与用户之间的距离，使生产企业及代理企业的品牌形象不断得到升华。在这种情况下，生产企业、代理企业、客户之间的关系是多赢的关系。

# 第六节　跨案例分析

以凯瑟琳·M. 艾森豪威尔（Kathleen M. Eisenhardt）为代表的学者偏好于多案例研究方法，其观点是，多案例研究能够更好、更全面地反映案例背景的不同方面，尤其是在多个案例同时指向同一结论的时候，案例研究的有效性将显著提高。

　　基于以上观点，笔者采用多案例研究，首先将每一个案例及其主题作为独立的整体进行深入的分析，本书的第五章第一节至第五章第五节共有五个案例内分析（Within-Case Analysis）。依托于同一研究主旨，在彼此独立的案例内分析的基础上，笔者又对所有案例进行归纳、总结，并希望得出抽象的、精辟的研究结论。

　　案例分析是对与案例相关的有价值的信息进行检验和考证的系统过程。笔者采用的案例分析过程涉及三个步骤：首先，将案例中所有的信息聚拢在一起，并将与案例分析相关的信息分离出来，接着，再试着描绘一个整体性的情景状态。例如，笔者先分析企业所在的市场环境，接着将访谈获得的信息分类梳理，这包括企业建设、品牌建设、企业可持续发展和其相互关系。其次，估计、推测和识别社会经济活动中出现的问题，并且详细描述这些问题。例如，针对被访企业面对的市场环境变化和挑战，笔者详细描述问题核心并在案例研究中分析企业的应对措施和有效性。最后，为解释或解决问题，提供一个答案（既可以是一个分析模型，也可以是一个解决方案），并提供充足的证据和必要的数据，以证明其合理性、有效性和可行性。例如，各个案例分析中，笔者均分析和解释企业品牌和企业可持续发展之间的关系及其影响因素，并建立分析模型说明。

　　笔者将按照 Yin（2003）推荐的方法，对采集的数据与笔者的理论主张（理论假设）（Theoretical Proposition）对比以聚焦相关的数据，验证假设并组织案例研究。在众多的分析技术上，笔者将主要采用建构性解释（Explanation Building）分析法，以使用逻辑模型（Logic Models）和跨案例分析（Cross-Case Analysis）为辅助分析。跨案例分析方法有很多，笔者运用案例中所反映出来的经验性数据、知识，与事先设定的对不同变量间关系的特定假设进行对比分析。

　　Gall 和 Borg（1996）从分析过程的总体特征出发，将数据分析过程归纳为三类，解释性分析（Interpretational Analysis）、结构性分析（Structural Analysis）和反射性分析（Reflective Analysis）。在案例分析中，笔者主要采用解释性分析法，通过对数据的深入考察，找出其中的构造主题和模式。通过跨案例分析，笔者发现各个案例的共性模式（Pattern）和通用性（Generalizability）。

## 一、 跨案例共性发现和启发

本书的跨案例综合模型如图 5-7 所示。

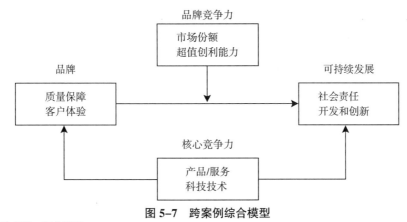

图 5-7 跨案例综合模型

资料来源：笔者整理。

综合分析，发现品牌的主要内在要素是质量和客户。首先，在全球化竞争时代下，品牌竞争所依仗的则是产品的内在质量。质量不是现代企业品牌战略的充分条件，但是，它却是一个不可或缺的必要条件。重视人才素质，严格质量意识，是品牌获得质量保证的基石。在质量保证方面，只有企业全体职工都重视质量，产品的质量才有保证。因此，企业应该注重企业文化，强调质量精神和全员参与，努力营造一种严格质量意识的企业理念。品牌产品一般都有企业自己的标准，企业标准在一些具体的指标上要高于国家标准。特别是产品的性能指标，包括安全性、方便性、舒适性等指标上，都会比国家标准还要高，并在此基础之上融入更多的品牌文化和人文理念。有了更高的质量标准，品牌在市场竞争方面有时可以突出自己的质量标准。中国产品的质量保证体系越来越成为争夺国内市场消费者的重要因素。因此，全面质量管理体系是企业品牌获得竞争优势的基本前提。中国产品在国际市场上的竞争优势主要体现在物美价廉。但是，外国企业除了通过反倾销手段遏制中国品牌思维进入，也往往要通过质量标准建立技术壁垒，阻止中国的产品进入本国市场。因此，质量决策是企业产品战略调控的一个重要环节。从企业经营的角度看，一个品牌要维持其市场影响力，首先要保证产品质量的稳定，在此基础上还要根据市场需求的变化，保持质量水平的稳步提高和创新。

张世贤（2007）认为，从产品质量与经济效益之间的关系来看，质量低劣的产品因缺乏市场竞争力，所以当然也就缺乏获利能力。随着产品质量的提高，品牌的知名度会逐渐增大，市场占有率也会提高，获利能力也相应增强。但是，如果达到一定的临界点，质量的提高会使产品的成本增大，盈利减少。只有当提高质量后，成本增加的幅度低于售价提高的幅度，才是有利可图的。技术是质量的基本保证。用自动化程控设备取代人工操作在许多方面可以使质量达到新的水平。中国的产品质量水平相对较低，原因可能是多方面的。其中一条是，我们的自动化设备比重较小，数控机床、加工中心等机电一体化技术比例小，大多数产品的加工，仍然要靠工人的手工操作。这是较难保证产品高质量的。最后，企业要有效地搞好产品的市场营销，树立起品牌形象，保持品牌的竞争优势，就必须在重视产品质量的同时，遵循服务至上的经营宗旨，强化服务质量，服务质量是品牌质量的有效延伸。

品牌的另一个主要内在要素是客户。客户在这里指的是客户体验。根据伯尔尼·H. 施密特（Bernd H. Schmitt）在《客户体验管理》一书中的定义，客户体验管理（Customer Experience Management，CEM）是战略性地管理客户对产品或公司全面体验的过程，它以提高客户整体体验为出发点，注重与客户的每一次接触，通过协调整合售前、售中和售后等各个阶段，各种客户接触点或接触渠道，有目的地、无缝隙地为客户传递目标信息，创造匹配品牌承诺的正面感觉，以实现良性互动，进而创造差异化的客户体验，实现客户的忠诚度，强化感知价值，从而增加企业收入与资产价值。客户体验是每个公司都在不断完善的任务。无论所处何种行业，企业的客户体验都不是单点覆盖的，而是由多方面所组成的，一般会包括品牌形象、产品、服务以及用户付出的金钱成本、时间成本等。正是这所有用户接触的感受差异，构成了用户对一家公司独特的体验认知。在这贯穿售前、售中、售后的长链体验中客户体验无疑变成公司业绩的重中之重。

一家企业（或一个品牌）可以直接或间接让客户体验的各种因素，在不同行业、对不同目标市场与客户，其重要性各不一样。但最终客户体验的好与坏都离不开这些因素，也是客户为什么光顾（或不光顾）的原因。这些因素有产品，包括实物和服务。有即时享用的（如餐饮业），也有以后才使用的（如电子及耐用消费品）；服务包括基本服务（服务于基本产品）及额外服务于基本服务（如售后、维修和咨询服务）；关系包括各种加强与客户关系的手段（如 VIP 俱乐部，特殊优惠予长期客户等）；便利性包括在整个客户周期流程（购买或消费前、中、后）的便利性，是否容易、省时、省力（如网上或电话银行）；品牌形象包括针对各种市场与目标客户的品牌定位；以及价格包括评价、规格、高性价比及客户细分定价等。

案例研究中，笔者发现品牌和企业可持续发展是相辅相成的。质量是品牌的企业生命之所系。我们不能说质量好企业就能可持续发展，但是，产品质量差企业肯定不能持续发展，甚至即使是百年企业，也会因为质量有问题而倒闭。反之，一个成功企业是由很多因素所决定的。外界的因素如市场环境、社会环境、法律环境、政策环境、竞争环境等，内在的因素如品牌、产品、创新、研发、服务和管理能力等。这些因素对企业经营者来说，有些只能去尽可能适应，却难以有效控制，但有些是可以通过自身努力加以提升改善的。对于企业而言，要使自己可持续发展，重要的是必须掌握决定企业成功的内在要素。认真把握这些要素，不断提炼其中的要素成分，认真分析研究决定企业成功的组合中，哪些是企业的薄弱环节，然后采取具体措施不断加强和弥补，这样才会使企业在市场上的竞争力强者恒强，建立品牌竞争力和优势，长期处于强势地位。

可持续发展的内在因素有社会责任和创新。首先，真正的百年企业是建立在高尚的企业社会责任之上的，企业只有认真肩负起社会责任，做合格的企业公民，才能构成公司更高层次的社会信誉和可持续发展能力。企业的社会责任是描述企业在发展中如何对待经济效益以外的因素——如何对待和保障其员工合法权益、如何保护和开放人力资源、是否遵纪守法以及怎样对自然环境进行正确利用和保护、对弱势群体的人文关怀等。这些因素同企业的经济效益放在一起，成为政府和社会评估企业促进社会持续发展的依据。企业的社会责任包括很多方面：①在强劲的收益率基础上为客户提供价值，尊重和保护员工，与相关利益方合作；②坚持依法纳税，可持续发展，不破坏环境；③强化人文关怀的价值观，为社会和更广泛区域内的人服务，重视企业在非商业层面的社会贡献。

在企业层面，推行 SA8000 社会责任标准，可以规范企业日常管理，丰富合理化经营目标。企业的目标不仅体现在财务报表上的盈利，更要关注整个社会的发展，关注劳工、关注环境，要把经济效益和社会效益、短期目标和长远目标相结合，更要有全球观念。推行 SA8000 社会责任标准，可以建立国际公信力，树立企业良好形象，使消费者对产品建立正面情感，使合作伙伴对本企业建立长期信心，让企业能安稳长期可持续发展。企业的社会责任包括许多方面，如禁止使用童工，禁止强迫性劳动，尊重员工的权利，不能有种族、性别、国籍、宗教和残障人等方面的歧视；严格执行最低工资法和休假制度，执行劳工保护制度；要有足够的措施和机制保障员工的健康和安全；保护环境，减少污染排放，节约能源；为社区建设贡献力量，支持公益事业和对社会弱势群体给予人文关怀等。没有这些约束，也就没有了健康的市场环境，企业也就无从说起可持续发展了。

中国的很多企业在国际市场上的竞争力实际上是靠劳动力和资源的低价格获得的。低工资报酬、强制性劳动、高能源消耗和环境污染的代价已经使这种血拼式的竞争走到了尽头。如何加强劳动保护，降低消耗，保护环境，都是企业面临的社会责任。在企业内部，重点在于对员工的人文关怀。如对生命的保护和关爱，尽可能减少频繁发生的灾难性灾害。环境意识是企业社会责任的重要内容。企业在生产产品的同时都生产垃圾，环境意识的培养有利于提高企业的整体素质，企业因环保意识而换来的美誉度可以提升员工的品牌美誉度，进一步提升企业的竞争力和企业的可持续发展能力。企业公民是企业是否负起社会责任的更为明显的表述。公民是自然人，企业作为法人与自然人一样拥有相应的权利和义务。在西欧国家，做一个负责任的企业公民是公司的首要任务（Top Priority）。好的企业都把企业公民作为公司的核心价值观之一并积极实践。这种企业应该像公民那样承担社会责任，这种价值观的普遍形成并不是自发的，在西方，除了人权组织、劳工组织、环保组织对企业形成制衡以外，更重要的是资本市场已经将企业公民的价值观量化。比如，越来越多的投资者正转向符合道德规范的投资公司，并根据这方面的表现评级，而且还据此估计未来股票市场的业绩，资本市场的认可给企业可持续发展提供了好的土壤。

在本书中发现，开发与创新是企业可持续发展的重要内在因素。一个企业究竟有没有生命力、能不能持续发展，并不取决于品牌自身的知名度或影响力，而主要的还是看企业的开发与创新能力。开发是指企业不断地推出新技术、新产品，创新是指企业对新技术、新产品的商业性应用。当然，创新也包括企业的制度创新和管理创新，按照熊彼特的创新理论，创新是指企业家创造出一种新的生产函数。这种新的生产函数，也许是一种技术方面的，如一种新材料的发明和使用、一种新的生产技术的发明和使用，或是增加了一种产品新的效用；也许是一种新的管理创新，它使得各种生产要素的重新组合获得了效用增加；也许是一种制度创新，这种创新可能从根本上提高了劳动生产率或是资产运营效率等。总之，创新与研究开发（R&D）相比，重点在于技术成果的商品化过程。它所强调的是新技术、新产品向商品化的转换，因而是一个产业化和市场化的过程。

技术与产品的开发创新对于企业的生命力，如同 DNA 对于细胞生命体是一样的。没有创新能力的企业早晚有一天会在市场上消失。对于这一观点，也确实有不少人是持否定态度的，他们往往列举一些至今还在市场上出现的老字号来驳斥这一观点。中国企业缺乏世界级的百年企业，原因可能是多方面的，但其中一条不可否认，那就是，我们的企业技术水平低、技术进步缓慢、技术开发能力弱、产品创新实力差。企业开发能力弱，从根本上说是缺乏开发所需的资金、人才和设备条件。技术开发能力弱一直是困扰中国企业技术进步的瓶颈。企业产品设计和技术创新跟不上市场的变化，根本在于缺乏应有的开发能力。中国企业的开发经费占销售收入的比重只有 0.8%，这一比例在发达国家一般为 3%~5%，日本的日立公司达到 7%。企业技术开发经费的投资普遍较低，造成技术水平提高得非常缓慢。

中国企业缺乏技术进步的实力。技术的开发、创新、改造和引进消化吸收，都需要一定的经济实力和技术实力。没有相当的资金投入和技术人才的培养，就缺乏一定的技术基础。一项产品创新，从构想到设计，从开发到中试，再到最后成功地投放市场，成功的概率只有 1%~2%。产品开发和中试的资金需求之比大约为 1∶10，产品引进和消化吸收的资金之比也大约是 1∶10 的规模。中国企业正常的生产流动资金尚且缺乏，更不可能拿出更多的钱来搞新技术的风险开发。绝大多数企业并不具备技术开发和创新的能力，缺乏资金和技术基础，没有中试条件，企业间又缺乏应有的技术协作，不仅难以进行技术开发与创新，对于引进技术的消化吸收也是被动的。现在很多国有企业的资产负债率都很高，正常的流动资金都要靠银行贷款，有限的资金首先要考虑技术改造，根本没有力量搞技术开发。因此，只有投入开发和创新中，企业才能有较好的可持续发展基础。

笔者发现，品牌和可持续发展之间有一个很重要的调节变量，即是品牌竞争力，其内部因素主要是市场份额和超值创利能力。而衡量品牌竞争力的主要指标是品牌价值，品牌价值是品牌竞争力的体现。不断提升品牌的价值含量，实际上也就等于在提高品牌的市场竞争力。品牌价值是品牌在市场竞争中的价值实现。一个品牌有无竞争力，就是要看它有没有一定的市场份额，有没有一定的超值创利能力。品牌的竞争力正是体现在品牌价值的这两个最基本的决定性因素上。同时，研究品牌的竞争力也要研究品牌的市场领导能力、品牌的国际化能力、品牌由于广告的投入所获得的知名度、品牌的发展趋向和扩展能力等。也就是说对品牌竞争力的量化研究和品牌价值的量化研究，在要素取舍、方法确立、模型设定等诸多方面，都有极其相似的地方。

从这个意义上说，当我们进行品牌竞争力量化研究的时候，是完全可以借鉴国际国内关于品牌价值量化研究的做法。这种研究至少可以为我们提供方法论上的启示和借鉴意义。一个品牌能不能发展成为名牌，就要看它的实际价值是否在同行业中居于领先地位。名牌是市场竞争实力的象征，名牌产生于市场，是消费者的货币选票选出来的。因此，名牌要靠实实在在的市场占有率和超值创利能力来实现。其基本结论是：品牌价值是品牌竞争力的直观表现。价值越高，竞争力越强；价值越低，竞争力越弱。一个品牌的竞争力可以用品牌的价值来直接表现。

品牌竞争力最为基本的是品牌开拓占领市场的能力。实际上，一个品牌究竟有没有竞争力，首先要看这一品牌产品的市场占有率如何。如果一个品牌的市场占有率比较高，在同行业中具有举足轻重的地位，品牌就有了最基本的竞争力基础。品牌市场占有率的直接衡量指标是由该品牌所实现的销售收入以及这一销售额在同行业销售总额中的比例所决定的。毕竟不同行业的品牌，销售收入的绝对额会有很大的差别，而在各自行业的市场份额则由其相对比率来表现。如果在一个边界比较清楚的市场里，一个品牌的市场份额比较高，则说明这个品牌的市场竞争力有一定的基础。

决定品牌价值的关键因素是它的超值创利能力。一个品牌只有具备了超过同行业利润水平的盈利能力，才能显示出品牌的竞争能力。如果一个品牌不能获得超过同行业利润平均水平，即使具有很大的市场份额，也只能表现出一般产业资本的盈利能力，却显示不出品牌的创利能力。不过一般而言，只要一个品牌的市场份额比较大，根据规模经济的一般原理，是完全有能力获得超过同行业平均水平的盈利。不同的品牌有着不同的超值创利能力，这正是竞争力差别的具体表现，同时也是品牌作为企业无形资产在经济意义上的实现。

品牌的发展潜力也是评价品牌价值的一个不可忽视的因素。一个品牌对于其拥有者来说，其意义在于未来能否为企业带来超额利润。这正是在资产评估业中，对于无形资产一般都采用收益现值法的根本原因所在。而对于品牌这样的无形资产，更大程度上则是看它的未来超值创利能力。因此，品牌的发展潜力是一个不容忽视的因素。

最后，通过跨案例分析，笔者发现企业核心竞争力影响品牌和企业可持续发展。企业竞争力的内部因素主要是产品和技术。品牌及品牌竞争力是企业核心竞争力的外在表现，有不可替代的差异化能力，是企业所独具的能力，是竞争对手不易甚至是无法模仿的；具有使企业能够持续盈利的能力，更具有获取超额利润的品牌溢价能力；强势品牌竞争力强，有更高的认知品质，企业的品牌产品可比竞争者卖更高的价格，获取超额利润，这就是品牌的溢价功能。强势品牌具有高知晓度和忠诚度，统领企业其他所有竞争能力，是处在核心地位上的能力，是企业长期积淀下来的能力，深深地扎根于企业之中。有持续性和非偶然性的特点；具有延展力，使企业得以扩展，有构建竞争壁垒的能力。反之，没有核心竞争力的企业，品牌必然缺乏优势和竞争力，企业可持续发展也会有困难。

企业核心竞争力是建立在企业核心资源基础上的企业技术、产品、管理、文化等的综合优势在市场上的反映，是企业在经营过程中形成的不易被竞争对手仿效，并能带来超额利润的独特能力。在激烈的市场竞争中，企业只有具有核心竞争力，才能获得持久的竞争优势，保持长盛不衰。其中，产品和技术是制造企业的核心竞争力。

企业之间的竞争首先体现在产品。产品市场的竞争首先来源于同种产品生产者，这种竞争很大程度上决定该产品市场竞争的激烈程度。其次产品市场的竞争者来源于该行业的潜在进入者，这类竞争者往往又是与资本市场的竞争者相关联。第一，产品市场的竞争来源于替代品的生产者。第二，企业的竞争者也来源于独立品的竞争者。特别是对于产品市场的领先者而言，可能对于企业最大的威胁是来源于替代产品的竞争，甚至可能是独立品的竞争，在科学技术快速发展及全球化加速的情况下更是如此。科技的快速发展不断创造出原来产品的替代品及独立品，使原来产品的生命周期缩短，特别是产品的成熟期大大缩短，从而使一种产品刚完成对原有老产品（包括替代品及独立品）的挑战，就不得不接受新产品的挑战。因而在科技进步不断加速的情况下，使有些产业产品的主要竞争对手已经主要变为替代品或独立品。全球一体化加速的结果不仅是商品进行全球流动、资本进行全球流动，需求与偏好也要进行全球化的流动。目前全球使用的产品品种已经基本同步，从而使消费者能选择购买商品的种类大大增加，对于大部分消费者由于预算约束只能将有限的购买力分配在能给他带来最大效用的商品上。因而全球化加速也使产品面临更多的替代品或独立品的竞争。对于企业而言，就会使企业在产品市场竞争中变得不确定，尤其是对某一产品的市场领导者而言，不仅要关注产品市场的现有竞争者，而且要关注替代品、独立品的出现，以及消费者偏好的改变。

金碚（2003）提出，企业竞争力是指在竞争性市场中一个企业具有的能够持续地比其他企业更有效地向市场（消费者，包括生产性消费者）提供产品或服务，并获得盈利和自身发展的综合素质。产品市场的竞争力可以用不同的指标来衡量，其中最主要的是市场占有率及销售利润率。一个企业的两个指标越高，企业在产品市场上的占有率越高，同时企业也能取得自身发展的资源与能力。产品之间的竞争关系又体现在对有限购买力的争夺上。企业之间的资源竞争较产品而言要复杂得多。因为对于企业而言有限的资源是多方面的，包括资金、劳动力、土地、原材料、市场甚至包括政府的许可证，而不是仅限于有限的客户资源。对于新兴行业，由于产品市场的竞争压力不是很大，企业成长的速度往往受限于企业的生产能力，而企业的生产能力实际上是受限于有限的资本或有限的劳动者。尤其是一些人才密集型的行业，我们往往发现企业能拿到合同，却没有合适的人去做，因而在一些行业企业之间的竞争往往是在人才市场上进行竞争，而不是在产品市场上的竞争。而一些资本密集型的行业，往往又有很明显的规模经济的特点，因而资本市场胜利往往会导致产品市场的胜利。企业多元化投资或者经营使企业之间的竞争关系从资源要素市场延伸到产品市场。在当代的技术经济条件下，任何产业的进入壁垒都是相对的，企业只要有足够的实力就可以涉足不同的行业。因此，产品技术和资源（产品的组成因素）的垄断对企业来说都是核心竞争力的表现。

企业之间的竞争体现在核心技术的掌握。技术创新需要研究和开发的投入强度作保证，同样的投入强度，规模大的企业，研发资金的投入量会大大高于规模小的企业。企业技术进步所需要的是两大支柱：资本和人才。对于企业而言，研究与开发的力度往往由 R&D 占销售收入的比例来衡量。在不同的行业，开发的投入比重有所不同，对于一般的行业这一比例为 3%~5%，而在高新技术行业这一比例往往要达到 8%~10%。大公司由于自身的资本实力雄厚，同样的比例，技术开发的投入就比较大。大企业为了从根本上提高在市场上的核心竞争力，无不在新产品的开发方面投入更多的资金，不断地推出新产品和新技术。

在技术进步方面，国内外的经验研究表明：在整个技术进步的链条中，研究开发—中间实验—规模生产之间的资金投入比例大致为 1：10：100。对于一般小规模的技术开发机构或公司而言，可能由于拥有专门的人才，因而在人才方面占有一定的优势。但是，在资金的投入方面，小公司总是显得捉襟见肘，难以同大公司相抗衡。特别是在新技术和新产品的中试阶段，应该说是风险最大的阶段，一般的小公司根本没有财力进行中间实验。企业之间技术实力的较量最终转化为经济实力的较量，这也是大公司在拥有资产实力的基础上对成熟的技术产品的垄断优势。技术优势被实力雄厚的大公司所垄断，在新产品的上市时机方面就掌握了主动权。它们总是及时地推出新产品，以自己的核心技术领导市场新潮流，这既是它们的品牌能够保持旺盛生命力的一个重要方面，也是促使企业可持续发展的重要因素之一。

### 二、跨案例特殊发现和启发

在钱江弹簧案例中发现，品牌本身也是一种文化。品牌文化所表现的实际上是企业的文化和价值理念。一个公司的品牌和产品往往渗透着公司的企业文化。从品牌战略学的角度来认识企业文化，笔者认为，企业文化是由企业中有影响力的人员所倡导的并为广大员工所认同的价值观，以及在这种价值观的指导下所共同遵守的各种行为规范。这种企业文化虽然是无形的，却能够通过员工的行为渗透到产品生产和设计开发、市场营销和服务之中，从而彰显企业的个性和品牌魅力。

企业的核心价值观不仅是企业文化的核心，也是企业竞争力的核心。一个企业要做到优秀和卓越，自然需要有高品质的产品和完善的服务，也需要有科技开发和创新能力，更需要有先进的制度作保证。但是，真正能够形成企业凝聚力，形成员工自觉行动的则是企业核心价值观指导和影响下的企业文化。产品可以开发，技术可以研制也可以购买，制度可以制定，技能可以培训。但是，真正属于企业自己的必须是下大功夫倡导和培养的核心价值观为基础的企业文化。这种文化是在长期的管理实践中形成的，不能复制，不能移植，不能克隆，难以模仿。它是企业核心竞争力的体现。一个企业没有自己的核心价值观，没有属于自己的企业文化，照抄照搬别人的价值理念，最终形成不了核心竞争力，更难以在市场上展现自己的品牌个性和魅力。中国企业尤其需要从树立企业核心价值观出发，塑造属于自己的企业文化。

塑造品牌靠产品质量，质量的背后是管理，管理的核心是客户，客户的忠诚度是对企业的信任度（企业信用）。一个企业的品牌究竟有没有市场信誉和影响力，有没有竞争力，有没有客户的认可，最终要看品牌所表现出来的长期的企业信用。诚实守信，不坑害消费者只是最基本的信用。更多的品牌价值则体现在为消费者着想，为消费者创造价值，让消费者满意。为达到这个目的，企业经营者还需要同经销商、代理商、供应商、投资者和市场管理监督机构建立起互信的关系。

在浙江万能和重庆驰骋案例中发现，企业信用对于企业实施品牌战略是最根本的。一个企业产品质量可能会因为一时的疏忽而出现问题，一个企业也可能会因为环境保护的问题而导致媒体的曝光和舆论的指责。但是，只要企业是讲信用的，暂时的质量问题可以通过召回、退换、修理等方式解决，从而重新赢得客户信任。对于环境污染、社会责任等问题，也完全可以通过承诺改正自己的过失和失误，重新赢得社会声誉。一个企业要把自己的品牌声誉做到最佳并长期保持，信用问题是至关重要的。我们不能指望那些做假冒伪劣的小企业去树立品牌信誉，更不能相信坑蒙拐骗的企业能够使品牌获得市场支持。没有信用就没有品牌，也就没有客户的青睐。在中国的市场上，真正赢得客户信任是一件非常困难的事情。从产品生产到服务交易，每一个环节都有产生虚假和陷阱的可能。客户很难相信一个从未尝试过的产品究竟是不是质量过硬，服务是不是到位。只有通过反复试错，不断吃亏上当，才能逐渐从众多的陷阱里认识到真正的讲信用的企业。这样的品牌才是真正信得过的品牌。诚信是一个最根本的因素。诚信已经成为一个企业品牌的力量。

品牌信誉是企业的无形资产，这种资产积累得越多，企业的信用就越好。有了良好的信用，企业就可以融聚各种经济资源为市场提供更好的产品和服务。品牌的竞争力主要来自于品牌所代表的企业信用。信守承诺的企业实际上是在积累自己的品牌信誉，不能信守承诺的企业则是在透支自己的品牌信誉。另外，产品的同质化倾向越来越强，质量差异的缩小使客户在消费选择方面不再把质量作为主要标准。客户也越来越看重厂商能否满足自己的个性化需求和能否提供高质量的、及时的服务。因此客户的满意度就成为品牌竞争的重要因素。对企业来说，仅仅知道和了解客户对企业已经和正在提供的产品和服务的满意程度是不够的。每个企业都希望拥有忠诚的客户群体，对自己的品牌忠心不二。企业信用是客户忠诚度的保障。

在重庆锦晖案例中发现，内外部因素影响企业对品牌的投入和价值，品牌也影响企业可持续发展。缺乏品牌支撑，企业需要时刻调整业务来应对市场变化。影响企业品牌的因素有管理层意识、客户品牌关注度和价格敏感度。案例访谈中发现，大部分被访谈者还停留在产品观念、推销观念上，认为产品品质好、品种创新是制胜市场的法宝；有部分人认为做品牌就必须有巨大资金投入；也有人认为，只要把产品销售出去就是最大的成功，产品销售出去有利润了就等于是做品牌了。在越来越激烈的市场竞争中，企业为降低成本减少品牌投入，只有靠频繁的促销、降价和打价格战来参与竞争，形成恶性循环。因此，企业管理层缺乏品牌管理意识、品牌战略管理组织体系和专业化品牌战略管理人员，这往往会导致企业品牌影响力减弱。品牌关注度是指社会民众对某个品牌的关注程度，也是指眼前对品牌追求的状态和热度。另外，在经济学理论中，用价格敏感度（Price Sensitive）表示顾客需求弹性函数，即由于价格变动引起的产品需求量的变化。消费者对某一品牌越忠诚，对这种产品的价格敏感度越低，因为在这种情况下，品牌是消费者购买的决定因素。消费者往往认为，高档知名品牌应当收取高价，高档是身份和地位的象征，并且有更高的产品质量和服务质量。品牌定位将直接影响消费者对产品价格的预期和感知。

在特锐德案例中发现，一个品牌是不是真正的强势品牌，是否真正具有市场竞争力，其直接的决定因素有三个——价格、质量、营销。这三个因素是相互联系、相互作用，共同促进品牌竞争力的实现的。某一品牌下的产品在市场上的竞争力，并不单纯由价格决定，毕竟不同的品牌有不同的市场定位，有的品牌定位于高端市场，有的品牌定位于低端市场，有的寻求中间档次的价格定位。在质量问题上，当然也并不是质量越高越好，同样有着不同的市场定位。品牌的市场营销战略也往往是围绕不同的质量和价格的市场定位来展开，针对不同的消费者群体，进行不同的广告宣传和促销。这里的关键问题是使质量和价格相互匹配，认真遵从质价相符的市场原则，高质才能高价。在市场竞争中，往往是同等质量比价格，价格越低越好；同等价格比质量，质量越高越好。

# 第六章　讨论和结论

　　本书通过对相关研究文献的解读和梳理，在认真进行案例实证研究的基础上，对中小制造企业的品牌与可持续发展关系进行了较为深入的探讨，得出了一些较为粗浅的学术见解，并在管理实践中提出了可供参考的建议。

　　首先，笔者先分析本书各个部分的依据和有效性，这包括研究理论和方法论的机制、特点与优劣。这里主要是说明研究方法的科学性，研究材料与对象的客观真实性以及研究数量的充分性等。同时，笔者交代研究方法的机理，指出其明显特点，评价其较过去方法的优越之处。此外，笔者也对本实验方法的不足之处，尤其是某些实验条件未能控制之处，以及明显的缺点也加以说明。

　　其次，笔者指出本书研究结果的新发现并加以分析和解释，根据本书的理论、国内外文献以及笔者的实践经验依据等比较分析。这部分着重从本书研究结果的理论意义和实践意义两方面讨论，即在理论上有何价值，有何指导作用，有无应用价值，经济效益与社会效益如何等。也将本书研究的结果与过去的文献进行比较，从而进一步证实本书研究结果的先进性和可靠性。

　　最后，部分是笔者对未来需要进一步研究的课题与设想。这部分主要是讨论在已取得的研究成果基础上提出目前研究的不足、今后努力的方向及有待进一步解决的问题。

# 第一节 本书的依据和有效性

## 一、理论选择

笔者选择了资源基础理论为本书的核心理论。笔者认为品牌是企业特有的综合竞争力的表现，是消费者的信任和认可，也是一种不可复制和替代的异质性资源。那么拥有独特性、价值性、稀缺性和非流动性的品牌资源自然而然是企业获得超额利润的源泉，而且这种资源难以被其他资源替代，也是企业赖以持续发展的能源。因此，企业要获取有利或统治性的竞争地位必须要具有一定的内部资源条件（如品牌竞争力、管理体系和技术创新能力），尤其是那些其他企业所缺乏的具有战略性资材特性的企业资源（如技术、渠道、垄断、人才和品牌），这也是资源基础理论的推导逻辑基础。

案例中发现，资源基础理论中的资源是一个集合概念，这和目前中国企业经常说的资源整合概念非常相似。品牌竞争力和核心竞争力是企业重要资源，其表现是品牌价值和企业可持续发展，这也验证了笔者之前的假设和理论应用的合理性。例如，钱江弹簧和重庆驰骋案例中显示，好的品牌不一定能保证企业可持续发展。这还需要品牌有竞争力，才能为企业创造价值。因此，只有竞争力强的品牌才能创造市场份额和超值创利能力，为企业可持续发展提供动力，品牌竞争力也因此可以被认定为是钱江弹簧和重庆驰骋的核心资源。特锐德案例中发现，特锐德的发展战略是通过中外合资、研发、创新产品和掌握核心技术，为客户提供精致产品和优质服务，继续拓展和巩固特锐德的核心竞争力。通过技术竞争力提升核心竞争力是一种发展模式。在形成企业核心竞争力的多种模式中，提升技术竞争力、核心竞争力是符合科学发展观的一种可持续发展的战略选择。中外合资互相取经，掌握核心技术和建立品牌价值是特锐德的长生之道。因此，核心竞争力和品牌竞争力可以被认定为特锐德的核心资源。重庆锦晖案例表明，内外部因素影响企业对品牌的投入和价值，品牌也影响企业可持续发展。缺乏品牌支撑，企业需要时刻调整业务来应对市场变化。影响企业品牌的因素有管理层意识，客户品牌关注度和价格敏感度。因此，在重庆锦晖案例中反映的问题是，因为缺乏品牌资源而导致企业可持续发展受到约束。浙江万能案例中发现，目前正是中国机械行业飞速发展的关键时刻，各品牌间竞争越来越激烈，竞争的结果需要每一个参与竞争的品牌都必须确立自己在某一方面或多方面的核心竞争力，否则很容易在竞争中被淘汰掉。因此，品牌竞争力是浙江万能的重要资源，在经济下行压力和市场萎缩下，帮助企业依然维持业务增长。

综上所述，品牌竞争力是企业竞争能力的市场表现形式；品牌竞争力的根源在于品牌对顾客的一贯承诺及由此带来的顾客价值；品牌竞争力是企业有效资源配置的结果，同时其自身也构成企业发展的一项重要资源。品牌竞争力是品牌参与市场竞争的一种综合能力，是由于其特殊性或不易被竞争对手模仿的优势而形成的占有市场、获得动态竞争优势、获取长期利润的能力，其实质是企业资源的一种表现。从企业的角度看，有竞争力的品牌具有以下作用：有利于吸引新老顾客；有利于强化顾客的品牌忠诚度和购后满意度，减少顾客试用新品牌的努力；在市场出现有竞争力的产品后，顾客对品牌的忠诚有利于企业赢得战略调整的宝贵时间；获得较高价格、较低促销成本；加强企业对渠道的影响力；品牌扩展的机会；竞争优势构成的对竞争对手的无形障碍等。从顾客的角度讲，有竞争力品牌的作用为：有助于增强购买信心、控制购买风险；有助于减轻顾客的购买压力，引导顾客从对产品鉴别过渡到品牌鉴别上等。品牌对企业和顾客产生作用不是来源于品牌自身简单的标识功能，在标识功能背后还有其他力量支持品牌产生竞争效应，形成品牌竞争力。品牌作为企业重要资源之一，有利于企业资产总值的扩充。一是通过品牌自身价值增值实现，二是品牌资产的存在促使社会资源向强势品牌企业聚拢也会增加企业总体价值（沈占波，2005）。

核心竞争力是能为企业带来相对于竞争对手的竞争优势资源和能力，核心竞争力来源于企业的资源和能力的有效整合，帮助企业从激烈的竞争中脱颖而出，同时反映出企业的特性。作为一种行动的能力，核心竞争力使得企业能超越竞争对手。通过核心竞争力，企业使自己的产品和服务为顾客创造出更多的价值。竞争优势可能来源于有价值和稀有的资源，但是如果要获得持久的竞争优势，就一定要具备无法被竞争对手模仿和抄袭的资源和能力，再通过有效的资源整合能力使资源有效发挥整体绩效，才能获得持久的竞争优势。

## 二、方法论应用

笔者采用案例研究方法的原因有以下几点理由：

第一，研究问题的性质。笔者发现已有的文献不能够完整地解释和回答所要研究的问题，需要从实践中总结、归纳出理论框架和概念模型，这时往往采取理论构建（Theory Building）过程而不是理论验证（Theory Testing）过程。因此，最佳的研究策略应该是一种定性的归纳方法，而不是从已有的理论假设出发进行演绎分析和推导。与其他的方法比较，案例研究就是通过深入的案例调研和系统的资料分析，做到更加充分地贴近现实，使研究者能够对现实产生足够的敏感和全方位的理解，能够将案例中生动的故事转化成理论元素。这样，一个理性客观的观察者通过案例研究能够打破现有的概念框架，建立一个有效的探索性理论框架。

第二，问题的复杂性和时效性。笔者发现所研究问题具有复杂性和动态性的特点，因此需要系统地从整体上把握问题的本质和全貌，以增强对问题的全方位的理解，这个任务往往是定量研究方法所不能承担的。例如，问卷调查法是管理学常用的研究方法，但是，这种方法往往预先将问题加以简单化和标准化，然后通过大量样本的数理统计分析得出结果，这种方法无法应付复杂性和动态性的问题，它容易限制观察的视角，使研究者丧失对信息的敏感性。相对于问卷调查范围宽而深度和丰富性不够的缺点，案例研究通过研究者与被访问对象的更加全面和深入的接触。例如，通过与管理一线的人员进行面对面沟通，倾听他们经历的生动故事，理解反映实际管理的经验和过程，使研究者能够发现与实际相关的知识，构建有普遍解释能力的理论框架，从而能够更好地解决管理中的实际问题。更进一步的案例研究本身不仅是一个获取数据的过程，而且是一个学习和认知的互动过程，这也是一般的定量研究方法所不能达到的。

第三，案例研究更有利于通过沟通获取丰富的信息。笔者认为面对面访问方式能够实现有效的沟通，而且是一种简单的方式。例如，问卷调查，只有在问题没有歧异和被访者彻底理解问题的情况下，才能够使有效深入企业现场的案例调研能够使得研究者有机会对被访问者进行有关概念的解释和说明，并且在调研的过程中，信息的沟通是双向的，通过多次反馈达到充分的沟通，双方能够对讨论的问题的本质有共同的认识，从而保证了研究者所获取数据的有效性。如果没有有效的数据作基础，再高明的分析方法也得不出科学的论断来。

第四，理论框架和数学模型的区别。案例的研究是要产生理论框架（Framework）的，而不是数学模型（Model）。这在工科院校往往是不合时宜的。李怀祖（2000）说："工科背景的研究生，偏爱某种数学方法，论文解决的问题还不明确，就先验性地选用某种数学方法和模型，这是违反基本规则的。"实际上，社科理论的越来越数学模型化在国际上也是一种风潮，国际上 1984~1990 年的管理文献只有 14% 采用了定性的研究方法，而其余的大多采用了定量的研究方法，造成这种现象的原因是美国学术界的影响所致，因为迄今为止，美国学术界主宰了国际管理文献，而他们是倾向于定量研究方法的。在这种学术风潮的带动下，研究似乎只有采用了高难度的定量的数学工具才能证明研究水平的高级。实际上，与经济学比较，管理学更接近于经济生活、管理实践的第一线，而管理的实践在日新月异地变化，用非常强的假设条件限定的模型去掩盖对管理现实的无知是十分荒谬的研究思维，从实践中来到实践中去，应该是管理学研究的基本方法。

从本质上讲，方法的选择必须和想要得到的结果、产出相适应，理论框架和数学模型适用于不同类型的研究：理论框架模式适合变量复杂、关系复杂的研究，它易于找出变量之间的联系、变量之间作用的方向、变量变换的模式和影响结果及其输出的方式；而数学模型方式只适应于有限复杂的问题，它将很多现象的鲜活情景过滤掉了，它善于将复杂的问题简化为几个关键的变量，因此，它只适宜于被小心定义的边界里面。数学模型和概念框架各有优劣，数学模型方法对理论框架方法中的变量及其变量产生的联系的精确性进行挑战，而理论框架对数学模型忽略的变量和重要参数的动态特性进行挑战。

案例研究的优点有：

（1）案例研究的结果能被更多的读者所接受，不局限于学术研究圈，给读者以身临其境的现实感；

（2）案例研究为其他类似案例提供了易于理解的解释；

（3）案例研究者有可能发现被传统的统计方法忽视的特殊现象；

（4）案例研究适合于个体研究者，而无须研究小组；

（5）案例研究不仅对现象进行翔实的描述，更对现象背后的原因进行深入的分析，它既回答怎么样和为什么的问题，也有助于研究者把握事件的来龙去脉和本质；

（6）案例来源于实践，没有经过理论的抽象与精简，是对客观事实全面而真实的反映，将案例研究作为一项科学研究的起点能够切实增加实证的有效性。

案例研究的缺陷和不足有：

（1）案例研究的结果不易归纳为普遍结论；

（2）案例研究的严格性容易受到质疑，比如，如何选择案例就不像问卷法那样有普遍意义；

（3）案例研究耗费时间长，案例报告也可能太长，反映的问题容易模糊；

（4）由于案例研究非常耗时耗力，通常不会调研大量的案例，而是应用小样本研究，当以小样本的研究结论被应用于较大群体时，案例研究法的效度大大降低。

虽然案例研究有许多的不足，但笔者认为案例研究最适合于本书所需，同时，笔者充分参考公司纸质文档和现场考察来验证访谈资料，三角验证提高了研究质量和保障了研究发现的可靠性。

### 三、研究质量及有效性

Yin（1994）认为案例研究设计有四个质量指标。笔者也采用这四个指标来衡量案例数据和发现的质量及有效性。

第一是建构效度（Construct Validity）：笔者采用词频方式对所研究的概念形成一套正确的、可操作性的测量。在五个案例研究中，笔者分别采用多元的证据来源来验证信息并形成证据链。笔者要求证据的提供者对案例研究报告草案进行检查、核实。笔者使用的策略为数据收集、数据分析、撰写报告的阶段性核实和三角验证。

第二是内在效度（Internal Validity）：内部效度与研究结果解释的唯一性有关，如果研究结果有且只有一种解释，那么该研究的内部效度就高；如果研究结果不止一种解释时，该研究的内部效度就低。因此，研究过程中所有导致对结果有其他解释的因素，都是对内部效度的威胁。笔者反复核对比较资料基础理论、国内外品牌和企业可持续发展相关文献，业内人士及笔者自身实践经验，验证研究结果和解释可信度。笔者反复审阅案例研究文稿，并根据访谈人员的反馈，优化案例分析解释。笔者认为本书内在效度高。

第三是外在效度（External Validity）：指特定研究的结果是否具有推广性。

研究具有外在效度，说明其结果可以推广到其他情境内；研究没有外在效度，则其结果不具有概括性。对外在效度的威胁主要来自三个方面：抽样、人工环境和重复研究过程。本书是属于多案例（Multiple Case）研究，以中国中小制造企业为样本对象，选取有代表性的企业（年收入超过 1 亿元，拥有自主品牌 10 年以上，占有市场份额超过 20%）来进行案例内分析（Within-case Analysis）和跨案例分析（Cross-Case Analysis）。本书共采用了五个案例（笔者自身企业和 EDBA 同学企业）作为研究对象。笔者认为本研究外在效度高，虽然案例研究发现会有行业环境、经济环境、企业环境等因素的影响，但笔者通过跨案例分析将影响因素隔离并得出普遍性结论。

第四是信度（Reliability）：即可靠性，它是指采用同样的方法对同一对象重复测量所得结果的一致性程度。本书中，笔者确保案例研究的每一步骤都有章可循，有记录并可重复测量。例如，资料的收集过程都具有可重复性，并且如果重复这一研究，能得到相似的结果。

# 第二节　理论与实践的论证

理论与实践二者是相互联系、相互推动的。脱离了任何一方，它们就都是独立的、不完整的。正如缺了一个轮子的车子，车子就无法前进。社会就是那架马车，而理论与实践两者就是轮子的组成部分。任何理论都是在实践的基础上总结出来的，而最后也必然要运用于实践。实践是检验真理的唯一标准，脱离实践的理论就不能称之为真理。

在管理实践中，如果没有前人的理论作为指导，那么必然要走更多弯路，也就必然导致低效。然而在现实社会中低效是非常忌讳的。这也造成了人力、财力资源的浪费。因此实践中也不能没有理论，二者是相互推动的，我们靠理论来指导实践，同时在实践中赋予理论时代性，不断更新理论，使之更适应于现代社会的理论指导实践，也在实践中为理论注以新鲜血液，使理论能够在时代前沿领导社会的进步。两者相互影响，相互促进，因此我们把它们的关系称为环形链。

## 一、研究启示

基于以上分析，笔者对中国中小制造企业在品牌建设和可持续发展方面有以下几个方面的发现：

（1）质量是品牌的重要内在因素。质量是创建名牌产品和服务的基础。中国制造的产品和服务与国际名牌的产品或服务比较，最明显的差距就在质量上。随着科技的进步、市场竞争的激化和消费需求的变化，质量的内涵不断演进和发展。产品的品质有更丰富的内涵，包括了产品的功能、特点、市场可信度、服务满意度等诸多方面。有的企业一味追求品牌外在的名誉，却忽视了品牌的根基是品质建设。

（2）技术是企业可持续发展的重要内在因素。科技创新是品牌建设最直接和最有效的途径。首先，一个企业的科技投入决定了该企业的综合竞争力，而品牌竞争力是构成企业综合竞争力的重要因素，企业的技术能力将直接决定企业的核心竞争力。其次，企业科技投入决定企业品牌质量。质量的形成依赖于技术和知识的集约，一个品牌的技术和知识集约化程度越高，它的科技含量就越高，同时由于有巨大的科技力量的支撑，企业能够不断开发研究出新的品牌或产品。市场中只有那些贴近顾客、细致入微地为顾客利益着想的产品，才能获得顾客的认同，才有竞争的优势。

（3）创新是企业竞争力的重要内在因素。创新特别是持续创新是企业面临的重要问题。其中，技术创新、管理创新和商业模式创新无疑是影响企业竞争力和可持续发展的重要因素。创新已经成为中国传统产业转型升级的必由之路，创新包括产品、企业文化、管理，特别是向品牌导向转型。中国企业要在全球竞争中真正脱颖而出，必须依靠创新。尤其是在目前的背景下，全球经济有着阴影，中国经济面临着艰难转型，移动互联、新材料、新能源等高新技术层出不穷。国家、企业未来的命运，很大程度上基于今天能否创新。创新成就中国梦，不创新就意味着被淘汰。

（4）市场占有率是品牌竞争力的重要内在因素。品牌竞争力是指品牌在激烈的竞争环境中所表现出来的一种区别或领先于其他竞争对手并支持自身持久发展的市场力量。品牌竞争力是企业通过实施品牌战略，整合自身可控资源，使其产品或服务比竞争对手更好更快地满足市场需求，从而提高企业获得市场占有率和超值利润的能力。有竞争力的品牌不一定有超值利润，但肯定有市场占有率。市场占有率是衡量品牌在市场上所拥有的销售份额的尺度，市场占有率说明品牌的市场地位强弱，是否有竞争力。

（5）品牌竞争力和企业竞争力是重要调节因素。品牌竞争力是品牌和企业可持续发展的调节变量。好的品牌不一定能保证企业可持续发展。这还需要品牌有竞争力，才能为企业创造价值。因此，只有有竞争力的品牌才能为企业可持续发展提供动力。同样地，仅仅有品牌竞争力还不足以保障企业可持续发展。企业必须有核心竞争力才能在竞争性市场中持续地比其他企业更有效地向市场（消费者，包括生产性消费者）提供产品或服务，并获得盈利和自身发展的潜力和素质。

（6）品牌和企业可持续发展是相辅相成、相互影响的。品牌和企业可持续发展具有密切相关的关系。品牌是质量的保证和信誉的基础，品牌做得好，企业的抗风险能力、融资能力、基于社会责任的美誉度、可持续发展能力等都会有很大的提高。企业的持续运营能力可以对品牌竞争力做出最好的诠释，持续运营和创新是企业品牌生命活力的源泉。企业的可持续发展离不开品牌的建设，也离不开技术和管理的创新；品牌建设重要的是品质保障与企业诚信，更重要的是企业核心骨干与员工的稳定。

## 二、给企业的品牌和企业可持续发展能力建设建议

中国的企业众多，貌似知名的品牌也多，但真正有价值的品牌却是凤毛麟角，在中国中小民营企业中，更是难以见到系统科学的品牌战略，尽管我们经常会看到一些企业创始人高呼：要做某行业第一，要打造某行业第一品牌！但绝大多数都是口号，这一宏伟目标固然重要，但并不一定代表企业真正会实施高效的品牌战略。事实上，中国绝大多数企业的品牌战略都是缺失的，是不系统不完整的。因为缺少思想，缺少格局和境界，更没有将品牌战略提升到企业整体战略的高度。因此，笔者希望通过本书给中国中小制造业企业一些关于品牌和企业可持续发展能力建设的建议。

（1）增强企业自主创新能力。技术创新本质上是技术资源和产业资源整合配置的过程和结果。通过制度创新，使企业成为真正的市场主体。强化企业在自主创新中的主体地位，建立企业以主体、市场为导向、产学研相结合的技术创新体系。强化企业在技术引进与消化吸收过程之间的有效衔接，提高技术配套和自主

开发能力。有条件的企业应该建立技术中心、工程中心和产业化基地，努力培育集研发、设计、制造和系统集成于一体的技术人才培训中心。

（2）提高企业质量管理水平。建立健全企业质量管理体系，推广先进技术手段和现代质量管理理念方法。明确企业质量主体责任，严格执行重大质量事故报告及应急处理制度，健全产品质量追溯体系，切实履行质量担保责任及缺陷产品召回等法定义务，依法承担质量损害赔偿责任。发挥优势企业引领作用，推动优势企业成为国际标准的主要参与者和国家标准、行业标准的实施主体，积极参与制定企业联盟标准。

（3）提升企业综合素质。企业家精神是推动经济发展最重要的动力，也是推动企业创新的原动力。推进企业制度改革，健全法人治理结构。通过多种形式，大力提高企业经营者的综合素质，强化经营者的战略思维和以环境应变、资源整合与规划控制为主的战略管理能力。鼓励企业引进先进的管理理念、方法与手段，克服经验管理、人治管理，建立科学管理体系，创新管理方式。优化企业组织结构、管理模式、管理标准，使企业管理体制能够有效适应市场竞争需要，管理效率不断迈上新台阶。

笔者认为，公司远景目标的三要素为：第一要针对未来，即任何一个战略远景目标都要基于对未来环境的判断，也就是对国家宏观环境、产业政策以及微观环境、竞争环境的展望。第二要考虑清楚公司将参加的业务范围、地理范围、竞争对手以及竞争优势的来源。第三是公司整体战略，这是非常重要的，公司制定整体战略是为了增加可持续发展能力，企业的发展战略有近期和长期规划。这样才构成一个完整的远景目标。

建立在对环境彻底分析基础上制定的公司整体战略，能够对企业外部环境的变化表现出应变性。成功的企业都有较强的适应环境变化的能力，这些能力是企业对市场信号显示的反应。因此，有人在界定长寿公司时指出："对周围环境的敏感，代表了公司创新与适应的能力，这是长寿公司一大成功要素之一。"这一点也是非常重要的。

企业的核心问题是有效益，有效益不仅要有体制上的保证，而且必须不断创新。只有不断创新的企业，才能保证其效益的持续性，即企业的可持续发展。伴随着知识经济时代的不断发展，知识创新、技术创新、管理创新、市场创新等已成为企业发展的动力，没有创新企业就无法在竞争中取得优势，也无法保持企业可持续发展的能力。所以，企业可持续发展重点强调的是发展而不是增长。无论是企业的生产规模还是企业的市场规模，都存在着一个增长的有限性。增长是一个量的变化，发展是一个质的变化。一个企业不一定要变得更大，但一定要变得更好。企业可持续发展追求的是企业竞争能力的提高和不断地创新，而不只是一般意义上的生存。

企业创新是全方位的创新，其核心是观念创新。观念创新是按照新的外部环境调整价值尺度、思维方式、行为方式和感情方式等诸多方面的文化心理，创新意识的建立是一种否定自我、超越自我的过程。这是企业创新的先导。观念创新中首先是价值观念的创新。价值观念主要是指企业经营的价值观念，包括消费者价值观、利润价值观和社会价值观等。价值观念的创新是指要随着形势的发展而不断改变自己的价值观。观念的创新决定着决策的创新、管理的创新，决定着企业行为的创新。所以创新应该反映在企业的各个方面，包括技术创新、管理创新、体制创新、经营创新等。所有这些创新，最后都会在企业的经营活动中反映出来，会落实在企业的产品创新上。

企业可持续发展与社会、生态系统可持续发展的不同之处是，社会、生态可持续发展要实现的是一种平衡，而企业可持续发展要实现的是在非平衡中求得竞争的优势。企业可持续发展的过程中，必须不断地提高自身的竞争能力和水平，才能实现可持续发展目标。

在市场经济条件下，同一种产品的生产与销售通常是由多家企业完成的。企业面对的是竞争性的市场，所以首先需要分析企业已经形成的核心能力及其利用情况。在竞争市场上，企业为了及时实现自己的产品并不断扩大自己的市场占有份额，必须形成并充分利用某种或某些竞争优势。竞争优势是竞争性市场中企业绩效的核心，是企业相对于竞争对手而言难以模仿甚至无法模仿的某种特点。由于形成和利用竞争优势的目的是为了不断争取更多的市场用户，因此，企业在经营上的这种特点必须是对用户有意义的，"竞争优势归根结底产生于企业为客户所能创造的价值"。

所以说，利润重要，市场份额更重要；市场份额重要，竞争优势更重要；竞争优势重要，企业核心能力更重要。有了企业核心能力才能创造竞争优势的可持续发展，有了竞争优势的可持续发展才能扩大市场份额，才能使企业基业长青。因此，企业核心能力是竞争优势、市场份额和企业利润的真正来源。

现在所处的环境，由于各种因素的作用和变化而处于不断的变动之中，甚至可以说已经达到动态或剧变的程度。环境的动态化严重削弱了企业经营决策与行为可能性预见的基础。由此就使得企业的每一种既定形式的竞争优势都不可能长久地维持，最终都将消散，只是时间的长短不同而已。所以，在动态的环境中，企业要想获得持续竞争优势，就不能只是凭借其战略资源、核心能力等被动地适应环境，而要求企业能够深刻预见或洞察环境的变化并迅速地做出反应。通过持续性创新，不断超越自己，从其既有的竞争优势迅速地转换到新的竞争优势，超过竞争对手的企业，从而获得基于其整体发展的持续竞争优势。也就是说，企业持续竞争优势源自于持续性的创新。

企业文化作为企业发展战略或企业家能力发展过程中的一种力量或动力，随着知识经济的发展，它对企业兴衰将发挥着越来越重要的作用，甚至是关键性的作用。一个企业在产品质量达到一定程度时，对产品的市场地位和由地位决定的价位，以及产品的市场销售量，发挥重要或决定作用的仍然是产品自身的文化内涵。经济活动往往是经济、文化一体化的运作，经济的发展比任何时候都需要文化的支持。任何一家想成功的企业，都必须充分认识到企业文化的必要性和不可估量的巨大作用，在市场竞争中依靠文化来带动生产力，从而提高竞争力。

哈佛商学院通过对世界各国企业的长期分析研究得出结论："一个企业本身特定的管理文化，即企业文化，是当代社会影响企业本身业绩的深层重要原因。"企业的生存和发展离不开企业文化的哺育，谁拥有文化优势，谁就拥有竞争优势、效益优势和发展优势。世界500强企业出类拔萃的技术创新、体制创新和管理创新的背后，优秀而独到的企业文化，是企业发展壮大、立于不败之地的沃土。

企业文化是企业员工普遍认同的价值观念和行为准则的总和，这些观念和准则的特点可以通过企业及其员工的日常行为而得以表现。文化对企业经营业绩以及战略发展的影响主要体现在它的三个基本功能上：导向功能、激励功能以及协调功能。文化的导向功能是指共同接受的价值观念引导着企业员工，特别是企业的战略管理者自觉地选择符合企业长期利益的决策，并在决策的组织实施过程中自觉地表现出符合企业利益的日常行为；文化的协调功能主要指在相同的价值观和行为准则的引导下，企业各层次和部门员工选择的行为不仅是符合企业的长期或短期利益的，而且必然是相互协调的；文化的激励功能主要指员工在日常经营活动中自觉地根据企业文化所倡导的价值观念和行为准则的要求调整自己的行为。

企业文化的上述功能影响着企业员工，特别是影响着企业高层管理者的战略选择，从而影响着企业战略性资源的选择、企业能力的培养和各种资产、技能、资源与能力的整合。正是由于这种影响，与企业战略制定或资源的整合、能力的培养过程中需要采用的其他工具相比，文化的上述作用的实现不仅是高效率的，而且可能是成本最低、持续效果最长的。从这个意义上说，文化是企业竞争优势可持续发展的最为经济的有效手段。

同时我们还要培育良好的企业文化，企业文化说简单点就是企业的人格。良好的企业文化是企业发展战略中必须具有的素质。因为与战略相适应的核心价值观、与战略相配套的企业制度准则，都在直接地影响战略的管理和实施。一个只拥有传统企业文化、价值观的企业，让它转型为高科技企业，它对高科技企业的人力资源制度和激励制度等都不能理解，涉及企业文化也一样。良好的企业文化将对战略管理起到事半功倍的效果。只有拥有良好的企业文化，人才才不会流失，企业才能够低成本运作，创造出很好的效益。

企业内部管理基础要扎实，如果一个好的企业战略没有强有力的企业基础管理作保证，就不可能很好地贯彻执行。可想而知，如果企业战略制定了，管理很松散，也就是组织机构得不到保证，战略就得不到很好的贯彻执行。海尔集团之所以把国际战略、多元化战略实施得非常好，就是因为它的基础管理做得非常好，这样它在扩散的过程中，在输出海尔理念的时候就能做得很好。如果换一家企业，它也许就不能成功。

企业要进行业务流程的重组，必须建立与之相适应的组织机构，改变信息的横向、纵向传输速度慢，管理效率低，决策慢的状况。重构企业的职权体系，明确各个部门和每个岗位的职责、权限，制定各项工作的操作规范，按章行事，提高员工的业务素质。建立完善的考核体系和合理的薪酬体系，以绩效为目标，使考核有依据，奖惩有办法，促进员工的成长、企业的进步。

总之，一个企业的可持续发展，一定要有前期的积累和投入，还要有长远的战略发展眼光，清晰自己的定位，然后要有执着的精神，一步一个脚印地修炼企业内功，最终形成一个创新型企业，一个百年企业。

### 三、给政府的标准和政策建设建议

在推动国家品牌建设方面，相关的政策具有举足轻重的作用。在这一问题上，发达国家和发展中国家之间存在着产业经济学理论的差异性。欧美国家偏重于产业组织理论，重在保护有效竞争；日韩等国偏重于产业政策，注重保护有竞争潜力的品牌发展。过去中国政府长期关注产业链的 GDP 增长，在政策引导方面也不够重视品牌建设所需要的政策环境。培养有竞争力的国家品牌，是可以而且必须有足够的政策支撑点的。笔者建议政府制定以下标准和政策以鼓励更多的世界一流中国品牌的诞生：

（1）国家要制定严格的生产标准。产品及其生产标准是国家品牌产生的基本条件，如果一个国家的产品标准不严格，甚至比较低，那么就很难产生有国际影响力的品牌。特别是当本国人民满足基本消费需求，需要适当提升品牌消费需求的时候，产品生产标准能否与时俱进，是国家品牌建设最重要的环节之一。中国的奶业标准由于过于迁就生产厂商而遭到社会诟病。从品牌发展的角度看，长期执行这种标准的话肯定不利于国家品牌的形成。国标的产生不仅要从最终产品和服务上把关，其生产过程也需要有程序把关，这是一个国家能不能产生世界级品牌的基本要求。

（2）投融资政策。投融资政策是国家品牌建设最需要的政策，无论是技术开发还是产业扩展，品牌发展都需要足够的资金支持，灵活高效的投融资政策可以为品牌融资提供良好的政策支持。没有倾斜就没有政策，在一定程度上，政策就是政府偏好的"晴雨表"和指南针。如果政府在投融资政策上对于有良好前景的品牌发展给予足够的倾斜，那么对于推动品牌发展会产生相当的示范效应。韩国的三星、LG、现代、浦象等代表国家水平的品牌的塑造，就是政府在 20 世纪 80 年代的投融资等政策方面发挥了重要作用。

（3）产业组织政策。产业组织政策是国家保护有效竞争的主要政策，积极推进产业的兼并重组，使有效的经济资源、科技资源和资本资源能够集中在品牌之下，或者由品牌来整合相应的资源，形成足够的市场竞争能力，是产业组织政策的着力点。另外，国家还要尽力通过产业组织政策打破垄断，形成有效竞争的市场态势，使品牌的影响力在市场上得到发挥，让消费者通过品牌消费形成品牌认知与认可，是品牌发展的必由之路，也是产业政策的着力点。

（4）科技发展政策。科技发展政策对于品牌发展的重要性无论怎么估计都不过分。一方面，能够在世界上代表中国品牌影响力的航天工业、航空工业、铁路运输业、纺织工业等都与先进技术开发有密切的关系。中国的航天运载技术、卫星遥感技术、高速铁路技术、超导技术、超高压输电技术、燃煤分解技术、第四代核电技术等能够处于世界领先地位，与我们的科技发展政策都有密切关系。另一方面，在支持民营企业发展新技术方面，我国科技发展政策还有很大的开发和组织空间。

# 第三节　研究局限和未来研究建议

## 一、研究局限

本书从案例分析和实证研究的角度讨论了品牌和企业可持续发展之间的关系，得出了一些具有一定实践意义的结论和启示，但由于实践经历有限以及资料受控等方面的原因，本书的研究也存在一些不足之处。

（1）案例研究部分。本书的案例研究企业范围仅限于笔者 EDBA 同学和朋友企业。虽然这样能提高访谈质量和信息可获取性，但同样会出现观点偏见和信息偏差。如果案例企业范围能扩大至其他与笔者没有任何关联的企业，相信本书的研究结论会更丰富和更有说服力。

（2）研究模型和假设过于简单。对品牌和企业可持续发展的关键要素影响作用机制仅仅进行了相关性研究，对于内在因素之间的相互作用，中介作用以及调节作用分析不够深入。

（3）定性研究的主观性。本书采用的是定性研究方法，其弊端是笔者的主观性和研究企业的影响因素，往往会影响研究结果的信度和效度。因此，笔者只能用公开数据和三角验证方式，提升案例研究质量，但研究人员的主观意识也会影响研究结果。

（4）研究案例的局限。本书的案例研究仅局限于中国中小制造业企业。制造业企业对品牌的重视度和品牌重要性比消费品低。消费品品牌可以通过广告宣传提升品牌定位和知名度，但制造业品牌因为受群众局限，品牌建设对企业来说并不是重点关注对象。因此，本书的普遍性应用有很大的局限性。

（5）缺乏定量分析支持。本书研究采用词频体现该概念的重要性。实际上，访谈中出现的词频数量并不能代表该概念的重要性。反之，访谈中出现频率比较低的概念可能是重要的内在因素，但却被忽略了。因此，本书可能会有重要的概念错误或漏失。

## 二、未来研究建议

一项管理理论研究的最伟大之处在于其普遍性和应用性，如波特五力模型为全世界企业和学者提供了对行业竞争的分析工具。关于本书笔者建议其他学者继续研究以下几方面问题或课题。

（1）中国消费品品牌国际化研究。本书局限于制造企业和本土品牌影响力研究。但随着消费品企业间竞争的日益加剧，产品的同质化时代的到来，中国消费品企业已经不能满足仅仅作为世界工厂的地位，他们开始建设自己的消费品品牌，掀起走向世界的浪潮。中国消费品品牌在国际化经营中的价值仍然较低。在全面国际化经营中，中国企业在如何提升品牌价值上依然存在很多困惑。

（2）中国区域品牌研究。本书没有区分案例企业区域，但实际上不同区域企业对品牌和企业可持续发展能力的理解和实践会有巨大的分别，因此中国出现了很多区域性品牌。区域品牌是一个地方经济社会发展的必然产物，往往代表着一个地方产业产品的主体和形象，对本地区的经济发展起着举足轻重的作用。因此，研究区域品牌问题成为一个强烈的客观需求。品牌经营者往往以中小型企业甚至是微型企业的形式出现，注册资本小，缺乏自身品牌。如何提升区域品牌影响力依然存在很多挑战和疑惑。

（3）量化研究分析。本书主要采用了定性案例研究方式，缺乏数据分析和普遍性支持。建议其他学者可以采用规范性较强的定性研究和定量研究结合法，遵循文献阅读、提出模型和命题、调研收集数据、实证分析、形成研究结论的基本研究思路。定量分析可以采用调查问卷和德尔菲法，扩大调查范围并通过统计学分析来验证量表和模型。利用SPSS统计软件作为分析工具，对调查数据进行深入统计分析，对问卷的信度和效度进行校验，以修改模型的准确性和普遍性应用。

# 附录一　案例分析访谈指引

访谈者：笔者（张涌森）、记录员（Jack Woo）

访谈对象：

1. 企业拥有或负责人（股东、董事、法人代表）

2. 企业管理者（总裁、CEO、COO、CFO、企业公关、生产总监、市场部门负责人、营销部门经理、质量部门负责人、战略和企业发展部门负责人等）

访谈时间：约为 1 小时/人

访谈前材料需求：

（1）公司简介、公司组织架构、部门架构、企业竞争力评估体系、企业绩效评估体系。

（2）公司品牌发展历程、公司国内外品牌建设计划和设入、企业品牌评估体系。

（3）公司发展历程、企业危机处理事件、公司可持续发展投入、企业可持续发展能力评估体系。

访谈对象信息需求：个人履历（年龄、学历、工作经验、专业、本企业工作年限、职位、部门架构等）（参见受访人员信息表 Excel）。

访谈导入：

（1）访谈者自我介绍、访谈目的、研究问题阐述、访谈内容保密性、学术研究成果分享、反馈和确认机制。

（2）请被访谈人员介绍其部门、职位和负责事项。

访谈问题：

1. 企业品牌建设和竞争力相关问题

（1）请介绍贵公司品牌建设的过程？有什么特殊事件？

（2）请介绍贵公司国内外品牌建设计划和投入的情况？如何评价其有效性？

（3）请介绍目前在公司品牌建设面对的问题或挑战？有什么应对措施？

（4）您怎么理解品牌竞争力？有什么影响因素？

（5）贵公司如何提高品牌竞争力？您认为哪方面做得好、哪方面需要加强？

2. 企业可持续发展能力相关问题

（1）请介绍贵公司建设的过程？有什么特殊事件？

（2）请介绍贵公司可持续发展投入的情况？如何评价其有效性？

（3）请介绍目前在公司可持续经营面对的问题或挑战？有什么应对措施？

（4）您怎么理解企业可持续发展能力？有什么影响因素？

（5）贵公司如何提高可持续发展能力？您认为哪方面做得好、哪方面需要加强？

3. 企业品牌竞争力和企业可持续发展能力的关系

（1）您认为品牌竞争力和企业可持续发展能力有什么关联？前后影响关系？

（2）您认为中国中小制造企业品牌和品牌竞争力的特点是什么？

（3）您认为中国中小制造企业可持续发展能力的特点是什么？

（4）您认为中国经济转型会给中小制造企业带来什么变化或机遇？

（5）您希望政府给中国中小制造企业哪方面的支持？

4. 其他问题

（1）您对以上问题有什么建议？

（2）您建议我还该访谈哪些人？

感谢和留下双方联系方式！

# 附录二 被访谈者分析表

## 1. 被访谈者工作履历

|  | 工作年限（年） | 本企业工作年限（年） |
|---|---|---|
| 最长 | 49 | 49 |
| 最短 | 2 | 0.5 |
| 平均 | 19.21 | 13.01 |

## 2. 被访谈者工作岗位

|  | 人数 |
|---|---|
| 公司副总经理级以上 | 18 |
| 公司部门经理 | 7 |
| 公司部门主任 | 9 |
| 总人数 | 34 |

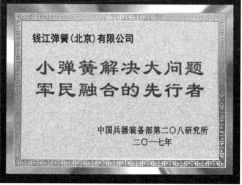

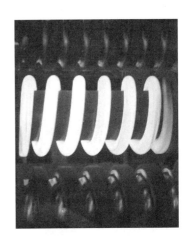

资料来源：企业官方网站。

# 附录四 相关企业图片资料：青岛特锐德

资料来源：企业官方网站。

# 附录五　相关企业图片资料：重庆驰骋

## 简介
Introduction

● 地理位置The geographical position

重庆市渝北区回兴街道宝桐2路39#
39#. Bao Tong second roal. Huixingstreet.
Yu Bei District. Chongqing city

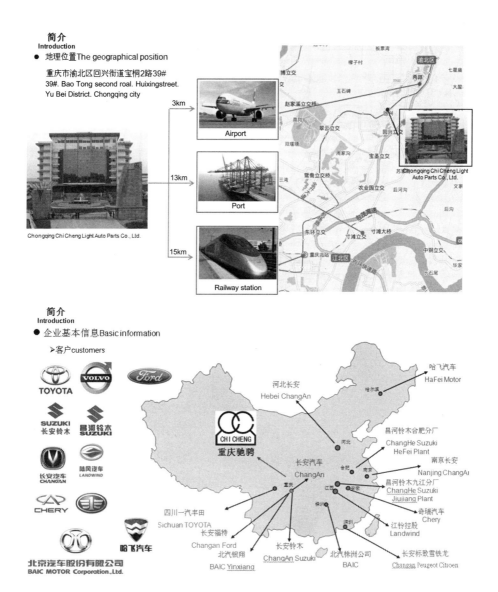

Chongqing Chi Cheng Light Auto Parts Co., Ltd.

3km → Airport

13km → Port

15km → Railway station

## 简介
Introduction

● 企业基本信息Basic information

➤客户customers

资料来源：企业官方网站。

# 附录六　相关企业图片资料：重庆锦晖

资料来源：企业官方网站。

# 附录七　相关企业图片资料：浙江万能

中国弹簧机械标准起草单位
Drafter of Spring Machinery Standard in China

机械零部件生产基地

CNC-635Ⅱ-A/B型、650Ⅱ-A/B型
电脑数控卷簧机（Ⅱ·第二代）
CNC-635ⅡA/B/650ⅡA/B 3 AXIS CNC SPRING FORMING MACHINE

## TK-5200-5型、5200-6型
五轴电脑数控卷簧机
TK-5200-5/5200-6　5AXIS CNC SPRING COILING MACHINE

## TK-316型、320型、335型
三轴电脑数控卷簧机
TK-316/320/335　3AXIS CNC SPRING COILING MACHINE

国家发明专利
National Patent

资料来源：企业官方网站。

# 附录八　坚守匠心，追逐梦想
## ——张涌森访谈录

中国工业 4.0 浪潮汹涌，"培育精益求精的工匠精神"已成为时代共识。在弹簧行业，有着一位对制造工艺的精雕细琢孜孜以求的工匠，他三十余年如一日，执着于把一个个看似平淡无奇的小小弹簧打造成一件件"艺术品"，书写着自己精彩的弹簧人生，践行着自己的拳拳报国之心。

### 一、将产品做到极致

"你看这些弹簧，就和艺术品一样。"张涌森在工厂拿起一个弹簧说道。张涌森是钱江弹簧集团的掌门人，跟弹簧打了 30 多年交道。在他看来，弹簧并不仅仅是"产品"，也是一种技艺的展现。材料直径从头发丝那么细到杯口那么粗，在钱江弹簧的工厂里，能见到各种各样的弹簧。别看不起眼的小小弹簧，但是在生活中一直扮演着重要的角色。之前，高端弹簧的技术都掌握在欧美发达国家手中。曾几何时，中国连最基本的汽车弹簧、冰箱压缩机弹簧都要进口。钱江弹簧自创立以来，就在高端产品领域不断耕耘，试图打破国际市场的垄断，造出国人自己的"好弹簧"。几十年来，钱江弹簧在不断地研究创新，走引进、消化、吸收、再创新的新路子，最终赢得了国际市场的认可。

钱江弹簧经过 30 多年的奋斗，在国内率先通过 ISO9001、美国汽车工业QS9000、德国汽车工业 VDA6.1、ISO/TS16949 等质量管理体系认证和 ISO14000环境管理体系认证。世界前 100 强汽车零部件公司中，与钱江弹簧合作的有近40 家企业，几乎涵盖了所有需要弹簧的汽车零部件企业。如油泵弹簧、ABS 弹簧、刹车系统弹簧、制动系统弹簧、转向系统弹簧⋯⋯在这些领域，钱江弹簧的产品都已经占据了全球市场的大半江山；法拉利、保时捷、宝马、奔驰⋯⋯在很多世界知名的汽车上和国际著名品牌的家用电器上都有钱江弹簧的身影。

正是由于张涌森的锲而不舍，小小的弹簧奏出了"大乐章"。

## 二、怀抱实业强国梦

1983 年，20 岁刚出头的张涌森，白手起家开始了钱江弹簧艰苦的创业之路。1988 年成为杭州首批试点的八家民营企业之一，那时租用来的农舍屋顶是漏的，外面下大雨里头下小雨；地面泥泞，弹簧掉地上一下就找不着了。张涌森亲自上屋顶添瓦修漏，又找来了水泥沙石自己动手浇了薄薄一层水泥地。张涌森就这样开始了他 30 余年的实业旅途。

"当时虽然还年轻，但仍有怀抱实业强国的梦想。"在谈到为何选择弹簧领域时，张涌森表示，在接触各种产业后发现国内的很多弹簧依赖于进口，心里便咽不下这口气。"我想，一个年轻人，应该做一点实业，为中国的民族工业做点贡献，用实业强国。作为一个热血青年，应有这些理想，所以选择了实业、选择了弹簧。"张涌森说。

自 1983 年创建钱江弹簧以来，在这 30 多年的时间里，张涌森深耕"弹簧"领域。当时，钱江弹簧是改革开放后，杭州市第一批八家民营企业试点之一，也是目前硕果仅存的一家。

作为钱江弹簧的掌门人，张涌森一直不断地摸索、不断地创新。钱江弹簧在1992 年，彻底打破了中国传统的弹簧制造工艺。中国传统的弹簧制造企业是劳动密集型、能源密集型的产业，产品质量差、精度低、寿命短。通过创新以后，钱江弹簧率先在国内实现节能减排、效率提高、劳动力减少的自动化生产模式，弹簧的品质也大大提高。这也为钱江弹簧未来的发展奠定了基础。

如今，钱江弹簧已经成为综合实力全国第一的弹簧制造企业，钱江弹簧杭州和北京公司都是国家级高新技术企业。产品主要为世界 500 强企业、全球行业领军企业和世界著名品牌配套生产。企业连续十三届获得全国百家优秀汽车零部件供应商、中国最具自主创新能力中小企业称号。

精益求精、推陈出新，张涌森的实业梦想终于成为现实。

## 三、打造弹簧"好品牌"

2016 年春节期间，中国某整车厂继续生产。该厂产能较大，几个车型主要弹簧是钱江的产品。而此时，钱江弹簧厂的工人很多都已经买好了回家的机票、火车票。是保障产品供应还是让员工放假回家？经过与员工们的沟通，张涌森决定要守住诚信，保障该厂弹簧的供应。于是，他帮员工们退掉了买好的机票、车票，年三十和大年初一还在车间慰问员工。这不仅得到了厂商的好评，也得到了员工们的支持。"宁愿为了诚信损失自己，也不愿意失去诚信。"张涌森说，为了诚信，他的付出只有自己知道。

除了诚信，有核心技术才能打造"好品牌"。高端弹簧领域，一直都是欧美等发达国家垄断的产品，发展中国家很少能够参与其中的竞争。"欧美发达国家的企业认为中国的企业做不出这些东西（高端弹簧）。"在谈到高端弹簧制造时，张涌森感慨道。通过30多年的不断研究创新，终于在高端弹簧制造领域站稳了脚跟。

品质依然是产品的试金石。"我们把小小的弹簧做到了极致，做大做强做精。把产品当作工艺品来做，当作工艺品来欣赏。我从事弹簧行业已经有30多年，所以对它们有感情。"张涌森说。汽车弹簧的质量好坏眼睛看不出来，但每一个产品都和人的生命安全联在一起。"每根弹簧都和人的生命安全息息相关。"所以张涌森要求把每一个产品都做到极致，每一个必须要100%保证品质。

不忘初心、诚信是金，让张涌森赢得了市场，更让"好弹簧，钱江造"深入人心。

### 四、自强不息工匠情

"没有工匠精神，做不好一个行业，甚至做不好一个产品。"张涌森说，实体经济是国家发展的支柱之一，但要做好实体经济，需要真正把每个产品、每个行业做好，做到极致。在30多年的创业和发展中，张涌森渐渐地认为工匠精神需要"不浮躁"。"当时一起创业的很多人，看到什么火就做什么，看到什么赚钱就转向什么行业，最后搞得企业都没了。"张涌森说，工匠精神就是要专注于一个领域、一个行业，把自己的产品做大、做强、做精，才能真正地走向世界。

"我一直全身心地研究弹簧，并拥有60多项专利，50%以上是发明专利。"30多年里，张涌森不仅做实业，也在不断地研究弹簧这个行业。发达国家有自己的品牌，有百年企业，而我国在这方面还是相当薄弱。张涌森认为只有自主创新，才能从跟随者变为领跑者，才能真正扎根于弹簧行业。

加强学习，提升自我，张涌森还利用业余时间不断学习，开拓自己。他利用工作以外的时间，获得双硕士研究生学历。此外，还获得了巴黎第九大学的最高荣誉博士学位。"只有不断加强自身学习，不断提高自我，才能不断为中国民族工业发展做贡献。"张涌森说。

志存高远、永铸辉煌。今天的张涌森，虽然收获了无数的掌声，受到社会各界的敬仰，可他依然谦虚冷静、不尚虚荣，保持着一颗赤子之心。他坚定地、一步一步地，向着行业的巅峰进发，追逐着自己的梦想……

《北京民革》2016 年第 4 期

# 附录九　张涌森博士新书发布会暨巴黎第九大学 EDBA 博士文库成立仪式成功举行

2017 年 7 月 1 日，巴黎九大 EDBA2012 级校友张涌森博士的《品牌与企业可持续发展关系研究》新书发布会暨巴黎第九大学 EDBA 博士文库成立仪式在清华园举行。清华大学校友总会副会长、原副校长胡东成教授，中国品牌营销学会副会长、中国社会科学院研究生院张世贤教授，中国管理研究国际学会（IACMR）副主席、上海交通大学安泰经济与管理学院井润田教授，巴黎九大 Pierre ROMELAER 教授、Bernard FERNANDEZ 教授、Hervé ALEXANDRE 教授、Jean-Pierre SEGAL 教授，巴黎第九大学 EDBA 项目老师、校友和学员代表，以及多位工商界的企业家代表出席了本次活动。活动由巴黎第九大学 EDBA 项目主任张英俊老师主持。

作为巴黎第九大学 EDBA 中国项目的创始人，清华大学校友总会副会长、原副校长胡东成教授深情回顾了他和巴黎第九大学 EDBA 项目的渊源，对这一项目情有独钟的原因，以及张涌森新书出版的重要意义。胡东成教授认为，著书立说的艰巨性辉映着作者品格的坚毅性，巴黎第九大学高级工商管理博士文库第一本正式出版物的诞生不仅对张涌森博士本人意义非凡，也代表着项目重要的阶段性成果，更为重要的是，这本兼有理论与实际价值的新书，深入分析了企业品牌的内涵以及品牌与企业可持续发展的关系，提出了若干独到的创新性论点，对处于经济转型升级关键时刻的中国企业家，特别是中小企业家，有着重大的指导和启迪意义，能够帮助广大企业家提高理论水平、拓展思路视野、造就品牌优势、增强企业可持续发展能力。同时，胡东成教授还鼓励张涌森博士以新书出版作为研究深化的起点，鼓励同学们进一步总结提炼自己的实践经验或应用理论，以解决自己和社会的实际问题。

巴黎第九大学 Bernard FERNANDEZ 教授表示，这本书是中法教育成功合作的见证，弘扬了 EDBA 项目的理念：创立哲学—分享知识—推动社会发展。

作为张涌森博士论文导师兼新书出版人，张世贤教授表示，这是 EDBA 学生首次将研究成果转化为学术著作，是企业家在实践经验的基础上形成自己的管理哲学，并且将管理哲学汇总出版的优秀成果。作为导师，他非常自豪能有这样一位在学习上孜孜不倦的学生；作为经济管理出版社社长，他非常自豪能出版这样一本高质量的研究著作；作为授课教授，他也非常荣幸能够为巴黎第九大学高级工商管理博士文库添砖加瓦。

张涌森博士在发布会上介绍了本书的核心观点：质量是品牌的重要内在因素；技术是企业可持续发展的重要内在因素；创新是企业竞争力的重要内在因素；市场占有率是品牌竞争力的重要内在因素；品牌竞争力是企业竞争力的重要调节因素；品牌和企业可持续发展是相辅相成、相互影响的。品牌是质量的保证和信誉的基础，品牌与企业的抗风险能力、融资能力、基于社会责任的美誉度、可持续发展能力等呈现显著正相关。企业的持续运营能力可以对品牌竞争力做出最好的诠释，持续运营和创新是企业品牌生命活力的源泉。

随后，与会嘉宾与张涌森博士共同为新书揭幕，本次《品牌与企业可持续发展关系研究》新书发布会圆满落幕。新书发布会落幕，但著书立说之事永不落幕，正如胡东成教授所建议的，企业家们应该向张涌森博士学习，不仅要关注利润，还要关注理论；不仅力求企业发展，而且力求学术成长；不仅当成功的企业家，而且争取成为成功的企业思想家。人人立下志向，常有著述文章。巴黎第九大学高级工商管理博士文库不能只有一本书，它需要大家群策群力，为它添砖加瓦。当然，同学们的写作不只是为了充实文库，说到底，也是为了在企业界互相交流，为了给国家和民族以至给世界做一点贡献。我们期待张涌森博士新书的出版发行，能够在我国的企业界产生积极正面的蝴蝶效应。

资料来源：巴黎第九大学 EDBA 管理博士项目。

# 参考文献

［1］Aaker D. A. & Joachimsthaler E. Brand Leadership: Building Assets in an Information ［M］. New York: The Free Press, 2009.

［2］Aaker David A. Managing Brand Equity ［M］. New York: The Free Press, 1991.

［3］Aaker David A. Measuring Brand Equity across Product and Markets ［J］. California Management Review, 1996, 38 (3): 102-120.

［4］Aaker David A. The Value of Brand Equity［J］. Journal of Business Strategy, 1992, 13 (4): 27-32.

［5］Aaker David A. Toward A Normative Model of Promotional Decision Making ［J］. Management Science, 1973, 19 (6): 593-603.

［6］Alvin A. Achenbaum. The Mismanagement of Brand Equity ［M］. Akf Fifth, Annual Advertising and Promotion Workshop, 1993.

［7］AMA. Dictionary of Marketing Terms ［M］. American Marketing Associa－tion, 1960.

［8］Arvidsson A. Brands: A Critical Perspective ［J］. Journal of Consumer Culture, 2005, 5 (2): 235-258.

［9］Baldinger Allen L. Defining and Applying the Brand Equity Concept: Why the Research Should Care ［J］. Journal of Advertising Research, 1990, 30 (3): 2-5.

［10］Bamey J. B. Firm Resources and Sustained Competitive Advantage ［J］. Journal of Management, 1991 (17): 99-120.

［11］Benbasat I., Goldstein D. K. & Mead M. The Case Research Strategy in Studies of Information Systems ［J］. MIS Quarterly, 1987, 11 (3): 369-385.

［12］Biel A. L. How Brand Image Drives Brand Equity ［J］. Journal of Advertis－

ing Research，1993（6）：6–12.

［13］ Blackett R. W. & Boad T. Co–Branding the Science of Alliance ［M］. Palgrave（Macmillan Business），1999.

［14］ Blackston. Observations：Building Brand Equity by Managing the Brand's Relationships ［J］. Journal of Advertising Research，1992，May/June：78–83.

［15］ Blattberg R. C. & Deighton J. Managing Marketing by the Customer Equity Test ［J］. Harvard Business Review，1996，75（4）：136–144.

［16］ Blattberg Robert C. & Scott A. Neslin. Sales Promotion：Concepts，Methods，and Strategies ［M］. Englewood Chiffs，N.J. Prentice–Hall，1990.

［17］ Boush David M.，Shipp S.，Loken B.，Gencturk E.，Crockett S.，Kennedy E.，Minshall B.，Misurell D.，Rochford L. & Strobel J. Affect Generalization to Similar and Dissimilar Brand Extensions ［J］. Psychology & Marketing，1987，4（3）：225–237.

［18］ Brodsky B. & Geis J. Finding Your Niche：Marketing Your Professional Service ［M］. Bart Brodsky，1991.

［19］ Chernatory L. & Harris F. Developing Corporate Brands through Considering Internal and External Stakeholders ［J］. Corporate Reputation Review，2000，3（3）：268–274.

［20］ Chernatory L. & McDonald M. Creating Powerful Brands in Consumer，Service and Industrial Markets ［M］. Biddles Ltd.，Guildford and King's Lynn，1998.

［21］ Chernatory. The Managerial Challenge of Brand Diversity ［J］. The Journal of Brand Management，1996（3）：300–309.

［22］ Cova B. From Marketing to Societing：When the Link is More Important than the Thing ［M］// D. T. Brownlie，R. Wensley & R. Whittington. Rethinking Marketing：Towards Critical Marketing Accountings ［M］. Sage Publications，1999：64–83.

［23］ David Ricardo & Udayan Chanda. A Model for Adoption of Suceessive Generations of a High Technology Product ［J］. International Journal of Technology Marketing，1997（1）：53–64.

［24］ Davidson J. H. Even More Offensive Marketing ［M］. Penguin London, 1997.

［25］ Davis S. M. NEW Brand Asset Management ［M］. Wiley & Sons., 2002.

［26］ Dierickx I. & Cool K. Asset Stock Accumulation and Sustainability of Competitive Advantage ［J］. Stralegic Management Science, 1989, 35 (12): 1504-1511.

［27］ Duncan T. & Moriarty S. Driving Brand Value: Using Integrated Marketing to Manage Profitable Stakeholder Relationships ［M］. New York: McGraw-Hill, 1997.

［28］ Duncan T., Duncan T. R. & Moriarty S. Driving Brand Value: Using Integrated Marketing to Manage Profitable Shareholder Relationships ［M］. Tom Duncan, Thomas R. Duncan, Sandra Moriarty. McGraw-Hill Companies, 1998.

［29］ Durkin D. M. The Loyalty Advantage: Essential Steps to Energize Your Company, Your Customers, Your Brand ［M］. Amacom, 2005.

［30］ Eisenhardt, K. M. Building Theories from Case Study Research ［J］. Academy of Management Review, 1989, 14 (4): 532-550.

［31］ Ellwood. The Essential Brand Book ［M］. London: Kogan Page, 2002.

［32］ Farquhar P. The Management of Trademark Assets ［J］. Market Marketing Research Magazine, edit. US. Prentice Hall, 1989.

［33］ Foss N. J. Knowledge-based Approaches to the Theory of the Firm: Some Critical Comments ［J］. Organization Science, 1996, 7 (5): 470-476.

［34］ Foss N. J. More Critical Comments on Knowledge-based Theories of the Firm ［J］. Organization Science, 1996, 7 (5): 519-523.

［35］ Fournier S. & Yao J. Reviving Brand Loyalty: A Reconceptualization within the Framework of Consumer-brand Relationships ［J］. International Journal Research and Marketing, 1997, 14 (3): 451-72.

［36］ Gall M. D., Borg W. R. & Gall J. P. Educational Research: An Introduction ［M］. NY: Longman Publishers, 1996.

［37］ Gallon M. R. & Stillman H. M. Putting Core Competency Thinking into Practice ［J］. Research Technology Management, 1995, 38 (3): 20.

［38］ Gardner Burleigh B. & Sidney J. Levy. The Product and the Brand ［J］.

Harvard Business Review, 1955 (33): 33–39.

[39] Glaser B. & Strauss A. The Discovery of Grounded theory: Strategies of Qualitative Research [M]. London: Wiedenfeld and Nicholson, 1967.

[40] Gordon I. H. Relationship Marketing: New Strategies, Techniques, and Technologies to Win the Customers You Want and Keep Them Forever [M]. Toronto: John Wiley & Sons. Canada, 1998.

[41] Gracia E., Bakker A. B. & Grau R. M. Positive Emotions: The Connection between Customer Quality Evaluations and Loyalty [J]. Cornell Hospitality Quarterly, 2011 (52): 458.

[42] Haig M. Brand Royalty: How the World's Top 100 Brands Thrive and Survive [M]. Kogan Page, 2004.

[43] Hamel G., Doz Y. L. & Prahalad C. K. Collaborate with Your Competitors—and Win [J]. Harvard Business Review, 1989, 67 (1): 133–139.

[44] Hammersley M. & Atkinson P. Ethnography Principle in Practice [M]. London and New York: Routledge, 1990.

[45] Henderson R. & Cockburn I. Measuring Competence? Exploring Firm Effects in Pharmaceutical Research [J]. Strategic Management Journal, 1994 (15): 63–84.

[46] Hill S. & Lederer C. The Infinite Asset: Managing Brands to Build New Value [M]. Harvard Business School Press, 2001.

[47] Hill S. & Lederer C. The Infinite Asset: Managing Brands to Build New Value [M]. Boston: Harvard Business School Press, 2001.

[48] Hufbauer G. C. Synthetic Materials and the Theory of International Trade, Cambridge [M]. Harvard University Press, 1966.

[49] J. A. Joseph Alois Schum Peter. Innovation Networks and Capability Building in the Australian High-technology SMEs [J]. European Journal of Innovation Management, 1950, 10 (2): 236–251.

[50] Kamakura & Russel. Measuring Brand Value with Scanner Data [J]. International Journal of Research in Marketing, 1993 (10): 9–22.

[51] Kapferer J. H. Strategic Brand Management [J]. Marketing Science, 2010

（2）：52-61.

[52] Keller K. L. Branding Perspectives on Social Marketing [J]. Advances in Consumer Research, 1998（25）：299-302.

[53] Keller K. L. Conceptualizing, Measuring, and Managing Consumer-Based Brand Equity [J]. Journal of Marketing, 1993（1）：1-22.

[54] Keller K. L. Strategic Brand Management: Building, Measuring, and Managing Brand Equity [M]. Upper Saddle River NJ: Prentice Hall, 1998.

[55] Kotler P. Marketing Management [M]. New Jesey: Prentice-Hall Inc., 2002.

[56] Kotler P. Marketing Management: Analysis, Planning, Implementation, and Control [M]. New Jesey: Prentice-Hall Inc., 2000.

[57] Kotler P. Marketing Move: A New Approach to Profits, Growth and Renewal [M]. Harvard Business School Publishing Corporation, 2002.

[58] Kotler P. Principles of Marketing [M]. New Jesey: Prentice-Hall Inc., 2001.

[59] Kwang-Yong Shin. The Executor of Integrated Marketing Communications Strategy: Marcom Managers Working Model [M]. Springer, 2013.

[60] Lannon P. C. Humanistic Want Advertising Holistic Cultural Perspective Consumer Evaluation of Brand Extension [J]. Journal of Marketing Research, 1994（12）：229-241.

[61] Lehu J-M. Brand Rejuvenation: How to Protect, Strengthen and Add Value to Your Brand to Prevent It from Aging [M]. Kogan Page, 2006.

[62] Leonard-Barton D. Core Capabilities and Core Rigidities: A Paradox in Managing New Product Development[J]. Strategic Management Journal, 1992（13）：111-125.

[63] Leventhal R. Branding Strategy [J]. Business Horizons, 1996（10）：17.

[64] Manfred Bruhn. Marketing: Grundlagen Fur Studium Und Praxis [M]. Gabler, 1990.

[65] McAlexander J. & J. Schouten. Interpersonal Relationships within the Context of the Commercial Marketplace [J]. International Network on Personal Relation-

ships, 1996 (13): 53–72.

[66] McAlexander J. H., Schouten J. W. & Koenig H. F. Building Brand Community [J]. Journal of Marketing, 2002, 66 (1): 38–54.

[67] Michael E. Porter. Competitive Advantage of Nations [M]. New York: The Free Press, 1990.

[68] Michael E. Porter. Competitive Strategy Techniques for Analyzing Industries and Competitors [M]. Simon & Schuster US, 1980.

[69] Miles M. B. & Huberman A. M. Qualitative Data Analysis: An Expanded Sourcebook [M]. CA: Sage Publications, Beverly Hills, 1994.

[70] Moore J. F. The Death of Competition [M]. New York: John Wiley & Sons., 1996.

[71] Mozota B. B. Design Management: Using Design to Build Brand Value and Corporate Innovation [M]. Allworth Press, 2004.

[72] Muniz Albert M. Jr. & Thomas C. O'Guinn. Brand Community [J]. Journal of Consumer Research, 2001, 27 (3): 412–432.

[73] Nilson T. H. Competitive Branding: Winning in the Market Place with Value-added Brands [M]. Wiley & Sons., 1998.

[74] Ogilvy D. Confessions of an Advertising Man [M]. New York: Ballantine Books, 1963.

[75] Oliver C. Sustainable Competitive: Combining Institutional and Resource-based Views [J]. Strategic Management Journal, 1997, 18 (8): 697–713.

[76] Park & Srinivasan. A Survey-Base Method for Measuring and Understanding Brand Equity and Extendibility [J]. Journal of Marketing Research, 1994 (31): 271–288.

[77] Penrose E. T. The Theory of the Growth of the Firm [M]. Oxford: Blackwell, 1959.

[78] Peppers D. & Rogers M. The One to One Future [M]. New York: Doubleday, 1993.

[79] Peteraf M. A. The Cornerstones of Competitive Advantage: A Resource – based View [J]. Stralegic Management Journal, 1993, 14 (3): 179–191.

［80］ Pitta D. A. & Katsanis P. L. Understanding Brand Equity for Successful Brand Extensions ［J］. Journal of Consumer Marketing, 1995, 12（4）: 51-64.

［81］ Posner M. V. International Trade and Technical Change ［J］. Oxford Economic Papers, 1961, 13（3）: 323-341.

［82］ Prahalad C. K. & Hamel G. The Core Competence of the Corporation ［J］. Harvard Business Review, 1990, 68（3）: 79-91.

［83］ Prahalad C. K. & Gary Hamel G. The Core Competence of the Corporation ［J］. Harvard Business Review, 1990: 5-6.

［84］ Price L. L. & Arnould E. J. Commercial Friendships: Service Provider-Client Relationships in Context ［J］. Journal of Marketing, 1999, 63（4）: 38-56.

［85］ Rangaswamy, Burke & Oliva. Brand Equity and Extendibility of Brand Names ［J］. International Journal of Research in Marketing, 1993（10）: 61-75.

［86］ Regis Mckenna R. Relationship Marketing: Successful Strategies for the Age of the Customer ［M］. Basic Books, 1997.

［87］ Ricardo D. On the Principles of Political Economy and Taxation ［M］. London: John Murray, 1817.

［88］ Ries A. & Trout J. Positioning ［M］. McGraw-Hill Professional, 1972.

［89］ Rust R. T., Lemon K. N. & Zeithaml V. A. Driving Customer Equity: Linking Customer Lifetime Value to Strategic Marketing Decision. Working Paper Series ［J］. Marketing Science Institute, Cambridge, MA, 2001.

［90］ Schau H. J. & Muñiz A. M. & Arnould E. J. How Brand Community Practices Create Value ［J］. Journal of Marketing, 2009, 73（5）: 30-51.

［91］ Schultz D. E. & Barnes B. E. Strategic Brand Communication Campaigns ［M］. McGraw-Hill, 1999.

［92］ Schultz Theodore W. Reflections on Agricultural Production, Output and Supply ［J］. Journal of Farm Economics, 1956, 38（3）: 748-762.

［93］ Schumann M. & Sartain L. Brand for Talent: Eight Essentials to Make Your Talent as Famous as Your Brand ［M］. Jossey-Bass, 2009.

［94］ Schumann M. & Sartain L. Brand from the Inside: Eight Essentials to Emotionally Connect Your Employees to Your Business ［M］. Jossey-Bass, 2006.

［95］ Schumpeter Joseph. Capitalism, Socialism and Democracy ［M］. New York: Harper and Roe Publishers, 1942.

［96］ Senge P. M. The Fifth Discipline: The Art & Practice of the Learning organization ［M］. Crown Publishing Group, 2010.

［97］ Smith D. & C. Park. The Effects of Brand Extensions on Market Share and Advertising Efficiency ［J］. Journal of Marketing Research, 1992, 29 (8): 296-313.

［98］ Srivastava Shocker. Brand Equity: A Perspective on It's Meaning and Measurement ［R］. Cambridge, MA: Marketing Science Institute, 1991.

［99］ Strauss A. & Corbin J. Basics of Qualitative Research: Grounded Theory Procedures and Techniques ［M］. London: Sage, 1990.

［100］ Strauss, Anselm & Juliet Corbin. Basics of Qualitative Research: Grounded Theory Procedures and Techniques ［M］. Newbury Park, California: Sage Publications, 1990.

［101］ Sveiby K. E. The New Organizational Wealth: Managing & Measuring Knowledge-based Assets ［M］. Berrett-Koehler Publishers, 1997.

［102］ Tauber E. M. Brand Leverage: Strategy for Growth in a Cost-control World ［J］. Journal of Advertising Research, 1988 (8/9): 26-33.

［103］ Turkel B. Building Brand Value Seven Simple Steps to Profitable Commu-nications ［M］. NJ: Prentice-Hall, 2006.

［104］ Vaidyanathan R. & Aggarwal P. Strategic Brand Alliances: Implications of Ingredient Branding for National and Private Label Brands ［J］. Journal of Product & Brand Management, 2000, 9 (4): 214-228.

［105］ Vernon & Raymond. International Investment and International Trade in the Product Cycle ［J］. Quarterly Journal of Economics, Cambridge, 1966: 191.

［106］ Webster F. The Changing Role of Marketing in the Corporation ［J］. Jour-nal of Marketing, 1992, 56 (10): 1-17.

［107］ Wernerfelt B. A Resource-based View of the Firm ［J］. Strategic Manage-ment Journal, 1984, 5 (2): 170-180.

［108］ Winkler A. Warp-Speed Branding: The Impact of Technology on Market-ing ［M］. Wiley, 1999.

［109］Yin R. K. Case Study Research，Design and Methods ［M］. CA：Sage Publications，Beverly Hills，1994.

［110］Yin R. K. Case Study Research：Design and Methods ［M］. Thousand Oaks，CA：Sage，2003.

［111］彼得·K. 康纳利斯等. 世界经济论坛 2002~2003 年全球竞争力报告 ［M］. 北京：机械工业出版社，2003.

［112］邴红艳. 品牌竞争力影响因素分析 ［J］. 中国工程科学，2002（5）：80-87.

［113］陈枫，刘群京. 关于企业生命力和竞争力的思考 ［N］. 中国企业报，2005-01-20.

［114］陈昊雯，杨一端，陆振华. 烟草行业核心竞争力研究 ［J］. 中原工学院学报，2009（6）：7-11.

［115］陈静. 上市公司财务恶化预测的实证分析 ［J］. 会计研究，1999（4）：31-38.

［116］陈通，张国兴. 企业核心能力初探 ［J］. 天津大学学报（社会科学版），1999（2）：123-126.

［117］陈伟航. 行销教战守策 ［M］. 北京：企业管理出版社，2003.

［118］陈云岗. 品牌规划 ［M］. 北京：中国人民大学出版社，2004.

［119］程杞国. 论企业的核心资产 ［J］. 发展论坛，2000（5）：23-24.

［120］戴雯. 价值链视角下铁路客运行业核心竞争力研究 ［J］. 长春工业大学学报（社会科学版），2010（2）：31-35.

［121］董昭江. 论企业诚信的经济价值及其构建 ［J］. 当代经济研究，2003（7）：20.

［122］杜云月，蔡香梅. 企业核心竞争力研究综述 ［J］. 经济纵横，2002（3）：59-63.

［123］范二平. 论现代企业如何提升品牌价值 ［J］. 中共山西省委党校学报，2005（3）：31-33.

［124］范秀成. 品牌权益及其测评分析 ［J］. 南开管理评论，2000（1）：9-18.

［125］菲利普·科特勒. 市场营销原理 ［M］. 北京：清华大学出版社，2004.

［126］冯巧云. 企业社会责任与企业可持续发展关系探析 ［J］. 北方经贸，

2010（7）：20.

[127] 管益忻. 多元化战略中的核心竞争力构塑 [J]. 浙江经济，1999（1）：30-32.

[128] 管益忻. 培育、强化企业核心能力：亟待划清的十个界限 [J]. 市场经济研究，2000（5）：13-17.

[129] 管益忻. 企业核心竞争力——战略管理赢家之道 [J]. 中国人力资源开发，2003（4）：65.

[130] 韩志锋. 左公关右广告 [M]. 北京：机械工业出版社，2008.

[131] 胡大立，谌飞龙. 论品牌竞争力的来源和其形成过程 [J]. 经济管理，2007（18）：31-33.

[132] 黄永红. 我国上市公司可持续增长的实证研究 [J]. 统计与决策，2002（12）：52.

[133] 季六祥. 我国品牌竞争力的弱势成因及治理 [J]. 财贸经济，2002（7）：89.

[134] 姜秀华，任强，孙铮. 上市公司财务危机预警模型研究 [J]. 预测，2002（3）：56-61.

[135] 金碚. 论企业竞争力的性质 [J]. 中国工业经济，2001（10）：5-10.

[136] 凯文·莱恩·凯勒. 战略品牌管理 [M]. 北京：中国人民大学出版社，2003.

[137] 凯西·查马兹. 扎根理论：客观主义与建构主义方法. 定性研究：策略与艺术 [M]//诺曼·邓津，伊冯娜·林肯主编. 风笑天等译. 重庆：重庆大学出版社，2007.

[138] 李长江，汪艳霞. 浅析奢侈品的营销策略 [J]. 商业时代，2006（26）：32-33.

[139] 李钢. 企业竞争力研究的新视角：企业在产品市场与要素市场的竞争 [J]. 中国工业经济，2007（1）：63-69.

[140] 李光斗. 品牌竞争力 [M]. 北京：中国人民大学出版社，2004.

[141] 李怀祖. 管理研究方法论 [M]. 西安：西安交通大学出版社，2000.

[142] 李小敏，陈德棉. 医疗器械行业核心竞争力分析 [J]. 现代管理科学，2009（2）：61-63.

[143] 李兴旺. 核心能力的培育模式 [J]. 企业经济, 2003 (4): 114–115.

[144] 李学荣, 刘小利. 基于权变观的企业核心竞争力的识别与构建 [J]. 商场现代化, 2008 (19): 122.

[145] 李占祥. 矛盾管理学 [M]. 北京: 经济管理出版社, 2000.

[146] 李茁新, 陆强. 中国管理学案例研究: 综述与评估 [J]. 科研管理, 2010, 31 (5): 35–44.

[147] 廖志溶, 章征文. 论企业核心竞争能力及其培育 [J]. 商场现代化, 2006 (2): 83.

[148] 刘帮成, 姜太平. 影响企业可持续发展的因素分析 [J]. 可持续发展, 2000 (3): 2–5.

[149] 刘力钢. 企业可持续发展论 [M]. 北京: 经济管理出版社, 2000.

[150] 刘世锦, 杨建龙. 核心竞争力: 企业重组中的一个新概念 [J]. 中国工业经济, 1999 (2): 64–69.

[151] 刘迎秋, 赵少钦, 刘艳红. 自主创新与民营企业品牌竞争力提升——中国民营企业品牌竞争力 50 强和品牌竞争潜力企业 100 家分析 [J]. 财贸经济, 2007 (1).

[152] 卢泰宏, 周志民. 基于品牌关系的品牌理论: 研究模型及展望 [J]. 商业经济与管理, 2003 (2): 4–9.

[153] 陆娟. 现代企业品牌发展战略 [M]. 南京: 南京大学出版社, 2002.

[154] 罗瑟·瑞夫斯. 实效的广告 [M]. 张冰梅译. 呼和浩特: 内蒙古人民出版社, 1999.

[155] 马红岩. 论现代企业社会责任与企业可持续发展 [J]. 当代经济, 2008 (8): 24–25.

[156] 马歇尔. 经济学原理 [M]. 朱志泰译. 北京: 商务印书馆, 1979.

[157] 曼弗雷·德布鲁恩. 传播政策 [M]. 上海: 复旦大学出版社, 2005.

[158] 迈尔斯·M. B., 休伯曼·A. M. 质性资料的分析: 方法与实践 [M]. 张芬芳译. 重庆: 重庆大学出版社, 2008.

[159] 毛基业, 张霞. 案例研究方法的规范性及现状评估——中国企业管理案例论坛 (2007) 综述 [J]. 管理世界, 2008 (4): 115–121.

[160] 毛艳华. 电信行业核心竞争力探讨 [J]. 内蒙古科技与经济, 2004:

50–52.

[161] 潘成云. 品牌生命周期论 [J]. 商业经济与管理，2000（9）：19–21.

[162] 普雪梅. 我国企业品牌竞争力提升的障碍性因素分析与战略举措 [J]. 辽宁经济职业技术学院学报，2009（1）：24–26+38.

[163] 祁顺生，廖鹏涛. 企业品牌内涵的探讨 [J]. 湖南大学学报（社会科学版），2006（2）：77–80.

[164] 芮明杰，吴光飙. 可持续发展：国有企业战略性改组的目标 [J]. 中国工业经济，2001（3）：48–54.

[165] 沈占波. 品牌竞争力的理论基础分析 [J]. 商业研究，2005，22（330）：46–48.

[166] 施鹏丽，韩福荣. 品牌竞争力的 DNA 模型解析 [J]. 北京工业大学学报（社会科学版），2008（2）：23–27.

[167] 宋剑峰. 会计盈余的可持续性和对资本市场的意义 [J]. 证券市场导报，2000（1）：40–43.

[168] 苏冬蔚，吴仰儒. 我国上市公司可持续发展的计量模型与实证分析 [J]. 经济研究，2005（1）：106–116.

[169] 苏晓东. 720 度品牌管理：概念与应用 [M]. 北京：中信出版社，2003.

[170] 孙成章. 现代企业生态概论——企业五五五管理法 [J]. 北京：经济管理出版社，1996.

[171] 孙苏. 提升中小企业品牌竞争力的研究 [D]. 西安：西安电子科技大学硕士学位论文，2007.

[172] 孙晓娥. 深度访谈研究方法的实证论析 [J]. 西安交通大学学报（社会科学版），2012，32（3）：101–106.

[173] 汪纯孝，韩小芸，温碧燕. 顾客满意感与忠诚感关系的实证研究 [J]. 南开管理评论，2003（4）.

[174] 王新新. 新竞争力品牌产权及品牌成长方式 [M]. 长春：长春出版社，2000.

[175] 王兴元. 名牌生态系统初探 [J]. 中外科技信息，2000（2）：70–75.

[176] 王毅，陈劲，许庆瑞. 企业核心能力：理论溯源与逻辑结构剖析 [J].

管理科学学报，2000（3）：24-32.

[177] 王玉.企业战略管理教程［M］.上海：上海财经大学出版社，1997.

[178] 王子平，张景成，杨洁.企业生命论［M］.北京：红旗出版社，1996.

[179] 吴帮模.重庆市地区核心竞争力评价与对策分析［J］.南方农业，2010（5）：28-31.

[180] 小林太三郎.広告宣伝［D］.密歇根大学，1957.

[181] 肖海林，王方华.企业可持续发展新论［J］.当代财经，2004（7）：69-72.

[182] 谢恩，李垣.组织内部要素与竞争优势的获取［J］.中国管理科学，2001（4）：58-65.

[183] 谢洪明，王成，葛志良.核心能力：组织文化和组织学习作用［J］.南开管理评论，2006（4）：104-110.

[184] 谢洪明，罗惠玲，王成等.学习、创新与核心能力：机制和路径［J］.经济研究，2007（2）：59-70.

[185] 徐碧美.如何开展案例研究［J］.教育发展研究，2004.

[186] 徐国样，檀向秋，胡穗华.上市公司经营业绩综合评价及其实证研究［J］.统计研究，2000（9）：44-51.

[187] 许基南.品牌竞争力研究［D］.南昌：江西财经大学博士学位论文，2004.

[188] 许基南.品牌竞争力研究［M］.北京：经济管理出版社，2005.

[189] 许晓明，徐震.基于资源基础观的企业成长理论探讨［J］.研究与发展管理，2005（4）：91-98.

[190] 许正良，王利政.企业竞争优势本源的探析——核心竞争力的再认识［J］.吉林大学社会科学学报，2003（5）：99-106.

[191] 旭晓.SA8000与企业可持续发展［J］.企业文明，2004（3）：4-6.

[192] 亚当·斯密.国富论［M］.北京：商务印书馆，1981.

[193] 晏双生，章仁俊.全球化背景下中国医药企业品牌战略研究［J］.医药导报，2004，23（4）：276.

[194] 杨杜.企业成长论［M］.北京：中国人民大学出版社，1996.

[195] 约翰·菲利普·琼斯.强势品牌的背后（从广告战略到广告攻势）［M］.

北京：机械工业出版社，1999.

[196] 张伯伦. 垄断竞争论 [M]. 北京：商务印书馆，1961.

[197] 张建民. 对企业核心竞争力的再认识 [J]. 技术经济与管理研究，2011（1）：55-59.

[198] 张林格. 三维空间企业成长模式的理论模型 [J]. 南开经济研究，1998，5（5）：45-49.

[199] 张蕊. 金融危机下企业经营业绩评价的思考 [J]. 会计研究，2009（6）：23-27.

[200] 张锐，张焱. 品牌生态学：品牌理论演化的新趋向 [J]. 外国经济与管理，2003（8）：42-48.

[201] 张世贤. 现代品牌战略 [M]. 北京：经济管理出版社，2007.

[202] 张焱，张锐. 品牌生态管理：21 世纪品牌管理的新趋势 [J]. 财贸研究，2003（2）：75-80.

[203] 张燕平. 企业社会责任与可持续发展关系研究综述 [J]. 理论研究，2010（6）：45-47.

[204] 周卉萍. 如何提升企业核心竞争力 [J]. 政策与管理，2000（11）：4-15.

[205] 周玫，余可发. 基于顾客忠诚的品牌竞争力评价分析 [J]. 当代财经，2005（9）：74-77.

[206] 周全. 基于核心竞争力的建筑企业可持续发展研究 [D]. 武汉：武汉理工大学博士学位论文，2009.

[207] 周三多. 战略管理新思维 [M]. 南京：南京大学出版社，2002.

[208] 周水银，陈荣秋. 上市公司的可持续发展问题研究 [J]. 中国软科学，2000（6）：46-49.

[209] 朱开悉. 上市公司可持续增长模型分析 [J]. 技术经济与管理研究，2001（5）：60-61.

[210] 朱磊，马翠柳. 基于民营企业提升品牌竞争力的研究 [J]. 经营管理者，2009（13）：23-27.

[211] 邹海林. 论企业核心能力及其形成 [J]. 中国软科学，1999（3）：57-60.

[212] 左建军. 浅谈企业核心竞争力 [J]. 长江论坛，2000（5）：38-39.

# 后　记

　　本书是在笔者博士论文的基础上经过进一步修改加工而成的，在不影响基本逻辑思路和整体架构的前提下，进一步充实和丰富了案例实证和理论分析的内容。本书的思路、资料和方法、各章节的主要内容及逻辑等，都严格按照法国巴黎第九大学博士论文要求，以生动的案例为主，深入浅出地分析了中国中小制造企业品牌和可持续发展的问题，并提出一些见解和建议，希望能为实体经济发展做出一些贡献。

　　笔者的博士论文是在张世贤教授的悉心指导下完成的。导师渊博的专业知识、严谨的治学态度、精益求精的工作作风、诲人不倦的高尚师德、对学术严谨态度的崇高风范、平易近人的人格魅力对本人影响深远。不仅使笔者树立了远大的学习目标、掌握了基本的研究方法，还使笔者产生了对管理科学研究的浓厚兴趣。

　　在博士论文的研究和写作过程中，笔者有幸与德国和法国制造业界代表、巴黎第九大学的学者和教授们，就欧洲制造业经济转型、品牌建设和可持续发展等实际案例进行深入探讨和相互学习，笔者深有感触和启发，受益匪浅，并坚持实体经济才能强国安民的理念。在这里要感谢巴黎第九大学的 Emmanuel Monod 教授、Pierre Romelaer 教授、Bernard Fernandez 教授、Anthony Hussenot 教授、Hervé Alexandre 教授和 Jean-pierre Segal 教授等对于本论题的真知灼见。

　　除了吸收国外优质案例外，在清华大学教授及校友们的指导和帮助下，笔者在博士论文研究思路、逻辑结构、开题报告、论文答辩等各方面也有了新的思想提升。在逻辑思维和学术研究上对自己的要求更加严谨，不仅在商业决策上通过定量和定性分析展现理性和说服力，笔者更利用所学反哺社会，坚持企业必须承担社会责任，成为优秀的企业公民。笔者非常感谢清华大学的范玉顺教授、朱武祥教授、金占明教授、井润田教授以及香港大学的陈建行教授等众位良师的悉心教诲和引导。

在学习和研究的道路上，除了良师当然还有益友。特别要感谢巴黎第九大学和清华大学高级工商管理博士2012级同班同学：清华卓尔教育投资有限公司总经理卢志强博士、戴德梁行房地产咨询（上海）有限公司大中华区商业解决方案主管胡国联（Jack Woo）博士、青岛特锐德电气股份公司董事长于德翔博士、武汉特来电新能源有限公司总经理王奎博士、法国乐华梅兰（中国）服务发展总监陈荟伊博士、天脉聚源（北京）传媒科技有限公司首席运营官林毅博士、吉林省松原市工信局局长费书慧博士、富士康电脑接插件（昆山）有限公司事业处执行负责人黄朝栋博士、宝鸡市天安工贸有限公司董事长兼总经理蒋光华博士、鑫桥联合融资租赁有限公司董事局副主席李然博士、鑫桥联合融资租赁有限公司执行董事兼首席执行官施锦珊博士、重庆南方集团有限公司董事长孙甚林博士、黑龙江省建工集团天津公司执行总裁赵冬辉博士、三棵树涂料股份有限公司信息管理部总监洪欢中博士、上海正颐投资公司副总经理项超羽博士、海南圣煜投资有限公司董事长吴虓博士以及加拿大宝佳国际建筑师有限公司北京代表处总建筑师郭全民同学。感谢同学们的包容和指导，并在具体案例切磋交流、管理思路上和各方面给予笔者的启发和帮助。特别感谢巴黎第九大学对笔者的论文答辩所给予的"最高荣誉"毕业论文称号，并在毕业典礼上作为首届毕业博士的代表发言，也是给予笔者学术研究所取得成就的高度肯定。

三年多的学习，所收获的不仅是愈加丰厚的知识，更重要的是在阅读、实践和研究中所培养的思维方式、表达能力和广阔视野。很庆幸这三年多来我遇到了如此多的良师益友，无论在学习上、生活上，还是工作上，都给予了我无私的帮助和热心的照顾，让我在一个充满温馨的环境中度过三年多的博士研究生崖。感恩之情溢于言发，谨以最朴实的话语致以最崇高的敬意。

写作是一个加法与减法的过程，一个构思，通过加法增枝添叶，形成一棵大树。蔚为大观以后，再通过减法减其陋枝，除其病叶。最终修成自己心中的大树，一个作品也就完成了。这部作品从动笔到最终完成，就经历了这样一个删繁就简、反复修改的过程。

写作是一项艰苦的劳动。曹雪芹在《红楼梦》中说，都云作者痴，谁解其中味？当自己开始写作，尤其是写一篇数十万字，具有理论阐述的学术性论文时，才真切地了解了这句话的含义。任何一部作品，要想具有学术价值，必须下深入细致的功夫，必须付出无数的汗水和心血。笔者是企业经营者，在这部作品的写作中，笔者深深体会到，写作的辛苦，不亚于创办一家企业，而这种辛苦，旁观者是很难感同身受的。外人看来或许是简单平淡的一句话、一个结论，对作者而言，却是"看似寻常最奇崛，成如容易却艰辛"。

写作也是最具个性化、最独特的创造性劳动，每个人都有不同的表达方式。观察、思维、想象角度也不一样，因此，每个人的风格、特色也就不尽相同。只要能准确自如地表达自己思想的，就是好作品。我不会什么写作技巧，但非常认同巴金曾经说过的"写作的最高技巧为无技巧"。我觉得，写作贵在真实，独特审视，独到见解，升华提炼。一种观点、一个结论，如果用朴实无华的表达方式体现出来，更能让人信服。

从开始进入课题到论文的顺利完成，一直都离不开老师、同学、朋友给笔者的热情帮助，在这里请接受笔者诚挚的谢意！在此笔者向清华大学和法国巴黎第九大学的所有老师表示衷心的感谢，谢谢你们三年多来的辛勤栽培，谢谢你们在教学的同时更多的是传授我们严谨的管理科学、研究方法和理论思维，谢谢你们三年多来孜孜不倦的教诲！

最后要感谢的是我的家人，他们的无私关怀和付出，让我在漫长苦闷的研究过程中有了心灵的安逸，并且也为笔者毕业论文的写作提供了巨大的支持与帮助。在未来的日子里，笔者将会更加努力地工作和学习，不辜负父母和家人对我的殷切期望。

张涌淼

2017 年 3 月 30 日

杭州西子湖畔